闽南师范大学学术著作出版专项经费资助

《左绣》与《左传》评点研究

庄丹 著

社会科学文献出版社
SOCIAL SCIENCES ACADEMIC PRESS (CHINA)

序

评点是文学批评的一种样式。关于评点的缘起，以往学者多认为起于梁代，如章学诚《校雠通义·宗刘第二》云："评点之书，其源亦始钟氏《诗品》、刘氏《文心》。然彼则有评无点，且自出心裁，发挥道妙；又且离诗与文，而别自为书，信哉其能成一家言矣！"[1] 曾国藩也有此看法，其《经史百家简编·序》说："梁世刘勰、钟嵘之徒，品藻诗文，褒贬前哲，其后或以丹黄识别高下，于是有评点之学。"张伯伟《中国古代文学批评方法研究》概括前人之说后认为："考文学评点之成立，实始于南宋。"[2]

其实，评点式批评的滥觞，可以推至先秦。

评点时往往用数语几字，或概括题旨、主旨，或用以解题。我们看上博楚简中的《孔子诗论》，即用评点的方式来评《诗》。如《孔子诗论》第二十一简，作者引孔子曰："《宛丘》，吾善之。《猗嗟》，吾喜之。《鳲鸠》，吾信之。《文王》，吾美之。"用"善""喜""信""美"几个字来概括自己阅读作品的感受。第二十二简又说："《宛丘》曰：'洵有情，而亡望。'吾善之。《猗嗟》曰：'四矢反，以御乱。'吾喜之。《鳲鸠》曰：'其义一氏，心如结也。'吾信之。《文王》曰：'文王在上，於昭于天。'吾美之。"这是对前一简所善、所喜、所信、所美的具体解释。在《孔子诗论》中，作者多以感悟的方式论《诗》，犹喜以一字评之，如第十简："《关雎》之改，《樛木》之时，《汉广》之知，《鹊巢》之归，《甘棠》之保，《绿衣》之思，《燕燕》之情……"第二十六简："《邶风·柏舟》，

---

① 章学诚：《文史通义校注》，叶瑛校注，中华书局，1985年，第958页。
② 张伯伟：《中国古代文学批评方法研究》，中华书局，2002年，第544页。

闷。《谷风》，背。《蓼莪》有孝志。"或点出作品的内容，或点出作品的情感，大都是准确而精当的。[①] 上博简和郭店简的《缁衣》，开头的两句"夫子曰：好美如好《缁衣》，恶恶如恶《巷伯》"也是评点式的批评。

而在传世的纸本文献中，评点式的评论也可见到，如《孔丛子·记义》中有一段记录，与《孔子诗论》评点式评诗很相似[②]：

> 孔子读《诗》及《小雅》，喟然而叹曰："吾于《周南》《召南》，见周道之所以盛也。于《柏舟》，见匹夫执志之不可易也。于《淇奥》，见学之可以为君子也。于《考槃》，见遁世之士而不闷也。于《木瓜》，见苞苴之礼行也。于《缁衣》，见好贤之心至也。于《鸡鸣》，见古之君子不忘其敬也。于《伐檀》，见贤者之先事后食也。于《蟋蟀》，见陶唐俭德之大也。于《下泉》，见乱世之思明君也。于《七月》，见豳公之所以造周也。于《东山》，见周公之先公而后私也。于《狼跋》，见周公之远志所以为圣也。于《鹿鸣》，见君臣之有礼也。于《彤弓》，见有功之必报也。于《羔羊》，见善政之有应也。于《节南山》，见忠臣之忧世也。于《蓼莪》，见孝子之思养也。于《楚茨》，见孝子之思祭也。于《裳裳者华》，见古之贤者世保其禄也。于《采菽》，见古之明王所以敬诸侯也。"

其实此类例子在先秦时期多有，如《左传》襄公二十九年吴公子季札观周乐，其用简洁的几个字评价《周南》《召南》以至于《雅》《颂》；孔子对《诗》的评价"思无邪""《关雎》乐而不淫，哀而不伤"等，都可以看成是评点式的批评。再如《礼记·经解》，开头论"六经"之教，接

---

① 参见郭丹《关于〈孔子诗论〉研究的几点思考》，《湖北大学学报》2006年第1期，第69—71页。

② 关于《孔丛子》，历来有争议，谓为伪书。朱熹《朱子语类》谓："《孔丛子》乃其所注之人伪作，读其首几章皆法《左传》句，已疑之。及读其后序，乃谓渠好《左传》便可见。"李学勤先生在其《〈孔子家语〉与汉魏孔氏家学》中认为："《孔丛子》具有较高的学术价值，可称为'孔氏家学的学案'。"李存山《〈孔丛子〉中的"孔子诗论"》根据上博简中的《孔子诗论》与《孔丛子·记义》中孔子论诗的材料，通过比勘认为，《孔丛子》六卷当出自汉魏孔氏家学，其前三卷可能是先秦孔氏遗文。作者认为，《孔丛子》"诗论"与上博简《诗论》都反映了先秦儒家早期说诗的风格和内容，《孔丛子》中的"孔子诗论"，与上博简《孔子诗论》有内在关系，二者可以纳入同一个体系。

着说："故《诗》之失，愚；《书》之失，诬；《乐》之失，奢；《易》之失，贼；《礼》之失，烦；《春秋》之失，乱。"与简帛本《孔子诗论》的形式颇为相似。《荀子·儒效》："《诗》言是，其志也；《书》言是，其事也；《礼》言是，其行也；《乐》言是，其和也；《春秋》言是，其微也。"也是如此。

由前述举例可知，不论是出土简牍文献还是传世先秦文献，感悟评点式的论诗方式早已有之，并不留待齐梁或南宋的学者开创。从《孔子诗论》中可以看到，时人以评点的方式点评作品，常用此法且手法已相当娴熟。再看后世如曹丕《典论·论文》评价七子，也是用只言片语概括作家的特点，言简意赅。这都说明评点式的批评，源远流长。有趣的是，评点体不仅在后世的小说评点中多见，其他文人文章中持论也有此例，如曾国藩评点古文和历史人物时说："偶思古文、古诗最可学者，占八句云：《诗》之节，《书》之括，《孟》之烈，韩之越，马之咽，庄之跌，陶之洁，杜之拙。将终日三复，冀有万一之合。"① 类似《孔子诗论》中的评点体式。② 或许可以说，评点式的批评，发端于先秦，后人延续以用，以至形成一种批评体式。

在中国文学评点的发展史中，《左传》评点是一个值得重视的领域。

关于《左传》的评点，南宋吕祖谦《东莱左氏博议》等，可视为对《左传》的评点之作，只是吕祖谦的评点专注于史学方面。其后，南宋真德秀《文章正宗》第一次将《左传》当作文章评点，其目的，主要是为理学服务。虽是如此，评点者无不浸淫于《左传》文章之妙中，恰如明代学者凌稚隆说的："《左传》为文章之冠，亡论他名家无能仰窥藩篱，即太史公称良史才，其所规画变化，亦不越其矩度。迹其首尾起伏，近在一篇；方之开阖张弛，包括全传者，分量似别。嗣则班《书》步骤太史，范《书》模拟两家，盖渊源有自矣。"③ 类似评点，为后人阅读《左传》提供很大的帮助。

---

① 吴家凡编著《曾国藩点评历史人物》，海潮出版社，2003 年，第 50 页。
② 参见郭丹《出土简牍文献之文体与文则研究》，《福建师范大学学报》（哲学社会科学版）2019 年第 1 期，第 70 页。
③ 凌稚隆：《春秋左传注评测义》卷首，《续修四库全书》第 126 册，上海古籍出版社，2002 年，第 611 页。

清代《左传》评点著作更为兴盛。清前期，就有金圣叹《唱经堂左传释》、托名韩菼《批点春秋左传纲目句解汇隽》、王源《文章练要左传评》、方苞《方氏左传评点》、张昆崖辑评的《左传评林》，以及乾隆朝姜炳璋辑评的《读左补义》等。康熙朝出现的冯李骅、陆浩的《左绣》，是清代《左传》评点学中颇具特色且极重要的一部著作。元好问说："鸳鸯绣了从教看，莫把金针度与人。"所谓"左绣"，即要把《左传》的文章秘要揭示给世人看。《左绣》虽然着眼于文章评点，但是在今天看来，在清代《左传》评点的众多著作中，却是以文学眼光评点《左传》的最重要的一部，也可以说是里程碑式的《左传》评点著作，代表了古人《左传》评点的最高成就。

《左绣》评点的突出特征，是虽然还未能完全摒弃经学的束缚，但已经能用文章学和文学的视角对《左传》进行品评。冯李骅说："凡百妙境，任古今作手得其一体，皆足名家，而左氏则兼收并蓄，又皆登峰造极也。"（《读左卮言》）所以对《左传》文法，特别是命意谋篇、剪裁布局、锻句炼字等，津津乐道，着意揭示。研究《左绣》，可以更深入地揭示《左传》的文学特性，也可以通观清人评点学的特点。

但是，过去对《左绣》的重视不够，甚至有些《左传》学术史研究之书也未提及。近几年，已经有一些学者对《左绣》做过某些方面的探索，如李卫军《〈左传〉评点研究》、罗军凤《清代春秋左传学研究》（均为博士学位论文），虽有涉及，但是，却没有单独对《左绣》做全面深入的研究。所以，对《左绣》的研究还有很大的空间。

庄丹的《〈左绣〉与〈左传〉评点研究》，是一部专门对《左绣》及其他《左传》评点进行深入研究的成果。他在前人研究成果的基础上，进一步以清代评点学的学术背景作为审视《左绣》评点学的立足点，结合《左传》评点的学术源流变化，探索《左绣》评点的特色。作者注重评点学的背景和当时各体文学评点的学术背景，使得揭示《左绣》的评点学成就有了坚实的学术依托。作者还将《左绣》与清前期主要的《左传》评点著作进行比较，如与林云铭《古文析义》、方苞及桐城派的《左传》评点学、王源《左传评》、盛谟《于埜左氏录》进行比较，以见《左绣》的特出之处。在具体论述方面，作者涉及《左绣》评点与时代思潮之关系，与经学、史学、文学以及时文写作对《左传》的借鉴之关系；在探索《左绣》评点特色研究方面，作者总结出经学评点、史学评点、文学评点的具体方法。除了分析《左绣》对《左传》文章学的评点论析外，庄丹还深入分析了《左绣》对《左传》人物描写的特点与成就。对于《左绣》评点的成就，作者的分析相当细致，总结出前人所未曾注意到的特点；并试图从《左传》评点里程碑式的著作《左绣》中总结清前期以至历代《左传》评点的特征。这些都是此书的创获。

庄丹此书，是在博士学位论文的基础上加工修改而成的。在我指导的博士生中，有三位致力于不同时代的《左传》学术史的论题，包括汉魏六朝、宋代和清代。由于各种原因，他们都只选取了这个时代中的一部代表作品进行解剖，这种以管窥豹的方式也是可行的。现在，庄丹的这部著作就要出版，他把修改后的书稿发给我，并求序于我。我认真再读了他的书稿，又有新的收获，因此乐为之序，并以此就教于方家。

郭　丹
2020 年 2 月 9 日于福州适斋寓所

目　录

第一章 绪论

张高评先生于《〈左传〉学研究之现况与趋向》一文中指出："研究《左传》评点之作，当有助于解读《左传》之事、文、义；且可由一人之学，而知一代一派学风之趋向。中国传统文学批评亦于是乎在也！世有欲构建中国本土之文学批评、古文义法、修辞学之理论者，其留意之。"① 在《左传》文学研究上，《左传》评点著作当是进一步"解读《左传》之事、文、义"的重要领域。而研究《左传》文学评点代表作《左绣》不仅可以由一书之学知"一代一派学风之趋向"，而且有助于"构建中国本土之文学批评、古文义法、修辞学之理论"，从而进一步推动对《左传》学史的深入研究。

（一）《左传》评点研究综述

在《左传》文学研究史上，曹道衡先生在《光明日报》上较先发表《论〈左传〉的人物评述和描写》一文，称《左传》为"史传文学"而不是"历史散文"，这其实是对《左传》文学特征的进一步强调。郭丹《左传战国策讲演录》② 则真正从文学角度全面把握《左传》的艺术成就，具体从小说化的叙事写人、工侔造化的梦境描写、语言艺术、文学思想四大方面深入阐释了《左传》这一"文学的权威"。在分析《左传》的文学思想时，重点说明了讲实用与重功利的文学观、多样统一的艺术辩证思想、惩恶劝善的内在审美特质。同时还在《光明日报》上发表《〈左传〉"言事相兼"的叙事特点》一文说明："即以《左传》一书而

---

① 张高评：《春秋书法与左传学史》，上海古籍出版社，2005年，第10页。
② 郭丹：《左传战国策讲演录》，广西师范大学出版社，2008年。

论，它创造了多样的精密的篇章结构，创造了富于魅力的精练流畅的语言，又善于渲染故事情节，善于对人物作细致入微的描绘，还能揭示出人物的复杂的内心世界，对于纷繁复杂的历史事件包括战争，都能曲尽其详，写得引人入胜，无疑是史学与文学相结合的典范。"① 张高评先生在《左传》文学、文章学研究上可谓建树卓著，其《左传导读》② 《左传之文学价值》③ 《左传文章义法撢微》④ 在经学、史学的基础上对《左传》文学进行深入研究，《左传之文韬》⑤ 《左传之武略》⑥ 则对《左传》的文章章法做了全面梳理，《春秋书法与左传学史》⑦ 又着重阐述春秋书法与文章章法的内在关联。总之，随着《左传》学研究专家对《左传》文学研究的重视，《左传》文学研究在叙事、人物、梦境、战争等领域都取得了丰硕的成果。

1. 关于《左传》叙事方面的研究

《左传》叙事研究一直是学者关注的焦点。近年关注《左传》叙事研究的有张新科先生《〈左传〉叙事文的艺术结构》⑧，其认为《左传》叙事文的艺术结构主要体现在"明断"与"暗续"、"曲径通幽"与"一以贯之"、"前埋伏笔"与"后文应对"、"单线发展"与"双管齐下"等方面；《左传》叙事文结构的安排不只是艺术手段问题，还与作者的史识和思想倾向有密切的关系。立足中国叙事文学传统研究《左传》叙事代表的则有童庆炳先生《中国叙事文学的起点与开篇——〈左传〉叙事艺术论略》，该文指出"中国古代叙事文学强调'故事情节化'，最早就是从《左传》开始的。《左传》通过揭示事件之间的因果关系而把史实情节化。中国叙事文学受儒家、道家之'道'的影响，即要说明事件发展过程的来龙去脉、因果关联、来由根据。事件发展过程中的'突转'还是'发现'等，都要有'道理'贯穿其间，都有因果关系使其联系起来，成为一个由主旨

① 郭丹：《〈左传〉"言事相兼"的叙事特点》，《光明日报》2005 年 7 月 29 日，第 6 版。
② 张高评：《左传导读》，文史哲出版社，1982 年。
③ 张高评：《左传之文学价值》，文史哲出版社，1982 年。
④ 张高评：《左传文章义法撢微》，文史哲出版社，1999 年。
⑤ 张高评：《左传之文韬》，丽文文化事业股份有限公司，1994 年。
⑥ 张高评：《左传之武略》，丽文文化事业股份有限公司，1994 年。
⑦ 张高评：《春秋书法与左传学史》，上海古籍出版社，2005 年。
⑧ 张新科：《〈左传〉叙事文的艺术结构》，《人文杂志》2005 年第 3 期。

贯穿的整体性情节"①。《左传》是中国古代叙事文学的开篇,从叙事文学的角度来研究《左传》意义非凡。姚明今《〈左传〉叙事视角研究》②认为《左传》作为中国叙事文学的真正起点,对于中国叙事结构的形成产生了重要的影响,并从全知叙事、纯客观叙事和限知叙事三个方面对《左传》叙事结构的生成过程进行了辨析;认为《左传》在叙事上以"言事相兼"为手段,真正实现了中国历史记叙从账簿似的大事记向写人物活动的历史叙述的转移,且在文史互见的基础上,发现了中国叙事"由史入文""允文允史"的基本特质。郭丹《〈左传〉叙事传人书法论略》③认为《左传》以历史叙事解释孔子《春秋》经,以历史叙事破解《春秋》之"言外之意",其手法丰富。概括其法大体有四:第一,原始要终,寻其枝叶,究其所穷,把历史事件的来龙去脉详细地展现出来;第二,离合变化,奇正相生,于激烈矛盾冲突的情节和细节之中,揭示历史进程的曲折变化;第三,虚实相生,以虚构与夸饰补充叙事;第四,"众美兼善",不守一隅,注重"叙"的多种手法。

而随着西方叙事新理论的影响,《左传》叙事研究出现了蓬勃发展的新态势。较早具有影响的是王靖宇先生的单篇文章《中国早期叙事作品的典范——〈左传〉》④。王靖宇先生立足于情节、人物、叙事角度、思想内容和艺术效果等叙事作品的基本要素来分析《左传》的文学意义,这可视为国内用西方叙事学理论研究《左传》文学价值的先声。其《〈左传〉与传统小说论集》⑤《中国早期叙事文研究》⑥等著作也运用西方的文艺理论对《左传》的叙事方式和修辞手法进行剖析,其理论视角及研究方法影响颇广。国内受其研究方法影响的代表性专著有潘万木《〈左传〉叙述模式论》⑦,其运用经典叙述学和后经典叙述学相关原理,结合中国叙述之传

---

① 童庆炳:《中国叙事文学的起点与开篇——〈左传〉叙事艺术论略》,《北京师范大学学报》2006年第5期,第43页。
② 姚明今:《〈左传〉叙事视角研究》,《西安交通大学学报》(社会科学版)2015年第3期。
③ 郭丹:《〈左传〉叙事传人书法论略》,《海峡教育研究》2018年第2期。
④ 〔美〕王靖宇:《中国早期叙事作品的典范——〈左传〉》,《成都大学学报》(社会科学版)1991年第1期。
⑤ 〔美〕王靖宇:《〈左传〉与传统小说论集》,北京大学出版社,1989年。
⑥ 〔美〕王靖宇:《中国早期叙事文研究》,上海古籍出版社,2003年。
⑦ 潘万木:《〈左传〉叙述模式论》,华中师范大学出版社,2004年。

统，就《左传》的叙述特色及征引、评论、语言、人物、战争等方面形成的模式进行梳理和总结，并从接受、传播、影响的意义上借鉴接受美学、传播学、阐释学理论，针对征引、评论、语言等叙述模式做了探本溯源的研究。

大陆以外的学者对《左传》叙事方面的研究也尤为下力，代表研究有与王靖宇同时的美国学者 Ronald Egan《〈左传〉的叙事》①、美国学者 Burton Waston《〈左传〉：中国最古老的叙事史选篇》②、Stephen Durrant《光滑的边角与填充的缝隙：〈左传〉和一般读者》③，这些论著大多能从西方叙事理论的不同角度进行创新研究，反映出海外学者对研究中国文学的兴趣。运用西方叙事理论研究《左传》，固然可以带来研究方法上一定程度的创新，但在运用西方理论研究时存在明显的弊端。近年对运用西方叙事理论研究《左传》存在弊端纠正贡献最大的是罗军凤先生。罗军凤《文化和传统在"中国早期叙事文"中的迷失——对王靖宇〈左传〉研究的批评》④指出王靖宇先生将《左传》纳入"叙事文"的研究领域，史书性质和史官职责却在"中国早期叙事文"的分析解读中缺失，以致其在对《左传》的意义和人物的理解上，与中国文化产生了隔膜。罗军凤先生的《左传》学研究视野开阔，颇有新见，对立足中国传统叙事文化以研究《左传》叙事艺术极有借鉴意义。

2. 关于《左传》人物描写方面的研究

对《左传》人物描写研究方面较早产生影响的是陈咏先生在《光明日报》上发表的两篇长文《试谈〈左传〉的文学价值并与巴人同志讨论郑庄公的典型性问题》和《略说〈左传〉创造人物形象的艺术》，突出表现了《左传》在人物描写方面的成就，标志着《左传》的文学研究迈出了坚实

---

① Ronald Egan, "Narratives in Tso Chuan," *Harvard Journal of Asiatic Studies* 2 (1977).

② Burton Waston, *The Tso Chuan*: *Selections from China's Oldest Narrative History* (New York: Columbia University Press, 1989).

③ Stephen Durrant, "Smoothing Edges and Filling Gaps: Tso Chuan and the 'General Reader'," *Journal of the American Oriental Society* 2 (1992).

④ 罗军凤：《文化和传统在"中国早期叙事文"中的迷失——对王靖宇〈左传〉研究的批评》，《中国文化研究》2006 年夏之卷。

的一步。郭丹《〈左传〉人物形象系列及其意义》① 从《左传》全书着眼，将《左传》中的人物归纳为霸主、明君、贤臣、昏君、奸臣、妇女等典型形象系列加以论析，并由此探寻典型人物形象所蕴含的思想意义与审美意义，指出："《左传》作者通过塑造人物形象来实现其劝惩目的，这是一个创举。"作为"第一部以美善统一的标准对历史人物进行审美观照的叙事文学作品"，《左传》"为中国古代小说的发展提供了'史'的营养和审美标准"，而这正是《左传》作者创造人物形象系列的意义之所在。郭丹《〈左传〉写人艺术综论》② 则对《左传》塑造历史人物的艺术手法进行综合论述，从内外并行的双重结构、小说化的属词比事特色、"众美兼善"的表现手法、虚实相生的夸饰描写四大方面来探寻这一部中国叙事文学开山之作的巨大文学价值。

孙绿怡《〈左传〉的写人：文学作品人物描写之滥觞》③ 认为《左传》由于受编年体结构、分年记事的局限，《左传》人物形象的"塑造"主要可以分为两种："累积型"人物形象和"闪现型"人物形象。而且《左传》的写人，重在使用细节描写的手法以表现人物性格特征；《左传》在写人方面表现出来的文学性，是后代文学作品，特别是古典小说人物描写的缘起。何新文《〈左传〉人物论稿》④ 综论《左传》对人的认识以及其中蕴含的以人为中心的思想，在综述古今对《左传》人物研究概况的基础上，高度评价了《左传》独到的写人艺术成就。在《左传》人物形象系列论及《左传》人物专论中，指出《左传》正是通过对"人"及其活动的描写来反映历史，将现实生活中各种各样真实的人的形象再现于作品中，取代了以往神、祖先和天子帝王占据的重要地位，从而给我国古代叙事性文学的发展带来了划时代的变化。总之，何新文的《〈左传〉人物论稿》集中研究了《左传》人物艺术和语言文学价值，是建立在前辈学者研究成果基础上的对《左传》人物及语言艺术研究的全面总结。近年关于《左

---

① 郭丹：《〈左传〉人物形象系列及其意义》，《福建师范大学学报》（哲学社会科学版）1991 年第 1 期。
② 郭丹：《〈左传〉写人艺术综论》，《中国文学研究》1991 年第 4 期。
③ 孙绿怡：《〈左传〉的写人：文学作品人物描写之滥觞》，《江苏广播电视大学学报》2009 年第 2 期。
④ 何新文：《〈左传〉人物论稿》，中国社会科学出版社，2004 年。

传》人物方面的研究则更集中于对某一类人物形象空白点研究的补充，如《〈左传〉鲁人形象研究》① 认为前贤研究《左传》人物，多集中在郑庄公、春秋五霸和少数女性等人物上，而对鲁国的国君、卿大夫等形象鲜有涉及，且对鲁国的女性形象更是未有关注。该文通过深入探究《左传》中鲁人幽微复杂的内心世界，还原他们鲜活生动的人物形象，从而推动鲁文化研究更加细化和深化。又如董丽文《〈左传〉晋卿赵氏人物研究》② 从晋国霸业的发展历史出发，通过对晋君及晋卿家族的分析，展开对晋卿家族之一赵氏的人物的研究。论文以春秋时期的晋君与晋卿关系为切入点，以晋国霸业的兴衰为叙述线索，在对《左传》中有关赵氏家族的描写进行归纳整合的基础上，通过研究历代赵氏家主其人其事进而探索他们在春秋时期赵氏家族发展历程中的作用，从而对《左传》塑造的世族及世族人物有更加全面深刻的认识。

3. 关于《左传》梦境描写方面的研究

对《左传》梦境及预言的研究是《左传》文学研究的重要内容，当代学者们从不同角度解析《左传》之梦，成果显著。郭丹《思涉鬼神工倕造化——〈左传〉梦境描写的艺术魅力》③ 指出《左传》中的梦境描写，体现了历史真实与艺术真实的辩证统一，是中国古代叙事文学中梦幻作品的滥觞。无论是数量之丰富，手法之多变，还是想象之奇特，都无愧于这样的评价。李炳海《〈左传〉梦象与恐惧心理》④ 认为《左传》中的许多梦象生于恐惧心理。有的梦象生于对复仇的恐惧，有的梦象生自对权力危机的恐惧，有的梦象生自对战争的恐惧。说明《左传》中的诸多梦象，是恐惧心理无意识的流露，都和人的恐惧心理密切联系。潘万木《〈左传〉之梦叙述范型》⑤ 认为自春秋以降，梦的权力叙述更多的是在历史叙事中得到继承和发展，而梦的预言性象征性叙述却在虚构叙事里获得了大显身手的机会。认为《左传》把梦变成了书写预言的工具，并以多样化的预言性叙述方式，通过史实说明梦作为预言的准确性。其释梦的方法则以象征性

① 王玲：《〈左传〉鲁人形象研究》，博士学位论文，山东师范大学，2013 年。
② 董丽文：《〈左传〉晋卿赵氏人物研究》，硕士学位论文，陕西理工学院，2016 年。
③ 郭丹：《思涉鬼神工倕造化——〈左传〉梦境描写的艺术魅力》，《求索》1992 年第 2 期。
④ 李炳海：《〈左传〉梦象与恐惧心理》，《社会科学战线》2007 年第 5 期。
⑤ 潘万木：《〈左传〉之梦叙述范型》，《荆门职业技术学院学报》2002 年第 1 期。

叙述为主，把梦中出现的各种视象置换成其所象征的内涵，表现出单一对应和复杂交叉之关系。杨胜朋《论〈左传〉中的梦境表现及文学成就》① 首先对《左传》的梦境描写进行了统计分析，从而探求记梦在春秋社会表现出的规律，并由此窥探春秋时期相关的社会特点；其次由社会而及记梦，分析记梦在春秋社会中的运用情况，探求其在反映社会历史真实中所表现出的艺术特质；再次从美学特征、结构、语言等方面总结《左传》梦境描写的文学特色；最后阐述了《左传》梦境描写对后世文学的深远影响。韩霞《〈左传〉梦占预言的文学价值》② 一文介绍了《左传》中梦占预言的主体，即梦的叙述、梦的解释和预言的应验，并对预言应验和使用的原因进行了分析。阐述了梦占预言的思想本质，说明作者通过对于梦占预言应验的描写来试图寻找隐藏在历史事件背后的决定因素，以求指导人世。从结构功能、塑造人物、审美特征三大方面来具体分析梦占预言的艺术成就，从史传和小说两大方面着眼考察梦占预言对于后世文学的影响，并总结《左传》中梦占预言在思想、艺术及对于后世影响等方面的文学价值。王章睿《〈左传〉梦例研究》③ 在综观前人研究的基础之上，证实了《左传》记梦确为二十九处，对《左传》梦例提出了六部分类法，即政治类、战争类、祭祀类、子嗣类、恩仇类和死生类，不仅阐释了春秋时期记梦的多元化与世俗化倾向，而且从释梦工具、释梦依据、梦的应验情况三个角度出发，对《左传》梦例做了一个全方位的观照。彭飞《〈左传〉梦现象研究》④ 认为《左传》关于梦的记录主要由梦由、梦境、占筮、遵验、梦果等五个基本结构组成。文章在研究《左传》梦现象上力求有所创新，跳出仅就艺术特色和心理学关联来研究梦现象的拘囿，关注梦现象文化审美和文化叙事。运用溯源法追根溯源，厘清传统文化中梦现象的发展脉络；运用文化学研究方法，探究蕴于梦现象之中的文化认同的潜在思维编码；运用社会学的研究方法，揭示梦作为仪式语言对社会整合的规范化叙事的作用；运用阐释学研究方法，探究《左传》梦现象建构的意义及其对

① 杨胜朋：《论〈左传〉中的梦境表现及文学成就》，《西南农业大学学报》（社会科学版）2005 年第 2 期。
② 韩霞：《〈左传〉梦占预言的文学价值》，硕士学位论文，延边大学，2007 年。
③ 王章睿：《〈左传〉梦例研究》，硕士学位论文，广西师范大学，2014 年。
④ 彭飞：《〈左传〉梦现象研究》，硕士学位论文，延边大学，2015 年。

后世文学创作的影响。

4. 关于《左传》战争描写方面的研究

关于《左传》战争的论文研究各有侧重，或重其思想，或尚其描写艺术。在侧重思想方面，代表研究有郭丹《〈左传〉中的战争思想》[①]，文章认为《左传》中的战争思想，包括战争的本质观、战争与国家治乱的关系、民心向背与战争胜负的关系、战略思想等各个方面，说明《左传》作者表现的战争思想是哲理性和实践性相统一、思想性与形象性相结合的，即把战争思想贯注于战例之中。作者在描写战争时，总是详细地写出当时的政治形势，战争的起因，交战国双方君臣的思想动态、精神面貌，写出作战双方对战争决策的详尽分析。作者采取了忠实地记录历史事实的写作态度，又采用了众多的文学手法，使得战争这一史实画面更加鲜活，而作者丰富的战争思想，便蕴含在这些栩栩如生的形象描写之中。所以《左传》对战争思想的描写，不是枯燥的说教，而是生动形象的再现。在注重描写艺术方面，代表研究有贺陶乐、王春乐《〈左传〉的战争描写艺术》[②]，文章认为《左传》战争描写的总体特色包括高瞻远瞩的总体把握，异彩纷呈的细节摹写，灵巧多变的篇章结构，因事见人、因人设事，从自觉层面写人。田笑霞《〈左传〉关于战争描写的文学技巧》[③] 则认为《左传》文辞夸张，富有文学色彩，其中关于战争的描写最为精彩。从叙事上看，善于围绕主题来选择和组织材料，并不局限于对交战过程的记叙，而常常把重点放在与战争相关的其他方面。在记述事件上，富于故事性；在刻画人物上，大多有比较鲜明的个性。文学性的剪裁，善于用对话和行动表现人物，也是《左传》战争描写中惯用的手段。作者调动了多样化的表现手段，创造了多样化的篇章结构，描写战争的语言简练准确、委婉多讽，还善于利用外交辞令、透辞说理，把战争的描写推到了一个新的文学境界。

还有通过《左传》战争描写展现中西方文化差异的研究，有代表性的

---

① 郭丹：《〈左传〉中的战争思想》，《厦门教育学院学报》2004 年第 6 期。

② 贺陶乐、王春乐：《〈左传〉的战争描写艺术》，《延安大学学报》（社会科学版）2007 年第 4 期。

③ 田笑霞：《〈左传〉关于战争描写的文学技巧》，《学术交流》2007 年第 6 期。

如陈娴《从〈伊利亚特〉和〈左传〉看中西古代战争文化之异同》①，该文参照《伊利亚特》和《左传》两个极具代表性的文本，通过对比二者对于古代战争的记载，阐释了中西方古代战争在战争过程中使用武器等方面的若干相似点，并深入分析了二者战争背后的文化渊源和思想观念上的根本差异，揭示了古希腊战争文化的奴隶制时代烙印，以及春秋时期楚国战争文化从奴隶制向封建制时代转变的典型特征。另有结合地域文化特征研究《左传》战争文学的，代表研究如陈瑶《齐地对个体勇士的崇尚及其文学表现——以〈左传〉的战争叙事为例》②认为《左传》塑造了众多尚力崇勇的齐国勇士，他们注重对个人功名的争取，具有英雄气概和冒险精神。《左传》的战争叙事生动地展现了长于单打独斗而怯于众斗的齐文化特色。

5. 关于《左传》与小说等文体方面的研究

《左传》与小说研究方面的代表研究有孙绿怡《左传与中国古典小说》③，它是较早系统地研究《左传》文学成就的专著。孙氏认为《左传》的文学性具有典范的意义，其对后代的小说创作实践具有重要的借鉴意义。从《左传》起，在写作内容、创作思想、作品形式以及表现技巧诸多方面形成的"史"的传统，是我国古典小说民族特点和民族风格的显著标志。该书还将《左传》与希腊史诗、中西方小说起源等进行比较，从而展现《左传》影响下的中国小说的民族特色。陈才训《论史传对古典小说的浸润——以〈左传〉为例》④认为《左传》作为最早成熟的史传作品，对古典小说产生了深远影响。《左传》劝善惩恶的志怪艺术及其开创性的描写，给后世志怪小说以直接启示，成为后世志怪小说创作的重要渊源。同时《左传》也是古典小说取材的渊薮，特别是春秋列国历史演义小说，许多情节就明显地借鉴和模仿了《左传》。此外，古典小说所习用的叙述手法也多导源于《左传》开创的化实为虚法、"记言中断"法、行人辞令艺术等叙述手法，可见《左传》对古典小说的多方浸润。陈才训《源远流

---

① 陈娴：《从〈伊利亚特〉和〈左传〉看中西古代战争文化之异同》，《江汉论坛》2011年第4期。

② 陈瑶：《齐地对个体勇士的崇尚及其文学表现——以〈左传〉的战争叙事为例》，《管子学刊》2011年第1期。

③ 孙绿怡：《左传与中国古典小说》，北京大学出版社，1992年。

④ 陈才训：《论史传对古典小说的浸润——以〈左传〉为例》，《天府新论》2008年第1期。

长：论〈春秋〉〈左传〉对古典小说的影响》① 做到既从宏观上勾勒出《左传》在叙事艺术、人物描写手法、素材选取及审美追求等方面对古典小说的示范作用，又力求从微观上具体说明古典小说与《左传》之间的承继关系。第一章就《左传》对古典小说文体生成所产生的巨大影响，和《左传》本身所包含的小说因素及其成因展开论述；第二章对"春秋笔法"的含义及其表现形式进行阐释，说明以《左传》为代表的史传对"春秋笔法"的继承，论述"春秋笔法"对文言小说及章回小说的影响，以及"春秋笔法"对小说主题、人物形象及表现形式的影响；第三章说明《左传》叙事方面对古典小说的影响；第四章重点研究心理描写、白描手法等源于《左传》的人物刻画手法对古典小说的影响。更值得注意的是刘继保《中国古代小说起源于〈左传〉》② 一文，力求建立小说起源探讨的学术规范和逻辑起点，并在分析当前学界小说起源说的基础上，通过考证史传对小说的启发作用，提出小说起源于《左传》的论断。

（二）《左绣》研究成果综述

在《左传》文学研究蓬勃发展的同时，近年来越来越多的研究者也逐渐涉足清前期③《左传》文学评点的相关研究。清前期是《左传》评点学史上《左传》文学评点的全盛期，具有较高价值的作品集中出现于这一时期。在古文选本方面，有金圣叹《天下才子必读书》，林云铭《古文析义》，徐乾学《古文渊鉴》，吴楚材、吴调侯《古文观止》等；在《左传》专书评点方面，有王源《文章练要左传评》，方苞《左传义法举要》，魏禧《左传经世钞》，冯李骅、陆浩《左绣》等。④

冯李骅、陆浩评点的《左绣》，其《刻左例言》强调："《左传》但当论文，不当论事。"前人有谓"鸳鸯绣出从君看，不把金针度与人"，冯李骅特以"绣"目《左》，就是要将《左传》文法如绣针一般尽度世人。深

---

① 陈才训：《源远流长：论〈春秋〉〈左传〉对古典小说的影响》，中国社会科学出版社，2008 年。

② 刘继保：《中国古代小说起源于〈左传〉》，《中州学刊》2004 年第 1 期。

③ 本文所论"清前期"，是指从清初至乾隆时期。通常"清前期"指顺治、康熙、雍正年间，不包括乾隆时期；本文从《左传》文学评点思潮的角度出发，界定"清前期"的下限为《四库全书》编纂完成之前，即到乾隆四十七年（1782）。

④ 参见李卫军《〈左传〉评点研究》，博士学位论文，华东师范大学，2008 年，第 27 页。

化对清前期《左传》评点代表作《左绣》的研究，不仅有助于全面研究这一里程碑式著作，而且可以进一步研究清前期成为《左传》文学评点全盛期的历史原因及文学价值，从而推动对《左传》评点学史乃至《左传》学史的深入研究。

在今人专著相关研究中，代表作品有蔡妙真《追寻与传释——左绣对左传的接受》①，这是第一部以《左绣》为研究对象的博士学位论文，理论基础为评点与接受美学，研究内容主要包括作者及时代背景、《左绣》之结构及解读进路、《左绣》对《左传》结构修辞之分析、《左绣》对《左传》主题思想之揭示、《左绣》对《左传》解经功力之阐发等九章内容。作者企图借重接受美学中读者的期待视野、文本的召唤结构、读者与文本的互动等三大概念，作为诠释的策略。该著剖析《左绣》之结构，确定其解读《左传》之角度，体现其专论文法之特质，强调《左绣》对《左传》主题思想之揭示，兼顾《左绣》对《左传》解经功力之阐发，进而凸显《左绣》在《左传》学研究及文学批评上之意义。但其主要的研究理论为具有西方理论色彩的接受美学，故可以从构建中国本土之文学批评、古文义法、修辞学之理论上进行突破。"《左传》评点学将《左传》视为文学的特性，主分析文章篇章结构的特点，多被研究者用西方叙事文学理论来研究，而极少有人从当时的历史环境看《左传》评点学的特点，而唯有从时风、世风、学风等角度，方能准确把握《左传》评点学的文化特点。"② 从时风、世风、学风等角度，方能准确把握《左传》评点学的文化内涵，也才能把握其时把《左传》目为文章以评点的文学思潮。又如罗军凤《清代春秋左传学研究》，其第六章专章研究清代《左传》评点学，对清代《左传》评点的代表作进行了简单的概括。主要介绍了魏禧《左传经世钞》、王源《左传评》、方苞《左传义法举要》、金圣叹《左传释》及《天下才子必读书》、盛谟《于埜左氏录》。至于对《左绣》的相关研究则流于简单性的介绍，认为"可以见冯李骅'以时文为古文'之意图"，"《左绣》风行世间，至道光年间仍不衰，由此可见民间对制艺评点的巨大需求"③。

① 蔡妙真：《追寻与传释——左绣对左传的接受》，万卷楼图书股份有限公司，2003 年。
② 罗军凤：《清代春秋左传学研究》，人民出版社，2010 年，第 376 页。
③ 罗军凤：《清代春秋左传学研究》，人民出版社，2010 年，第 341 页。

对从时风、世风、学风等角度把握《左绣》及《左传》评点学，探究《左绣》在文学批评、古文义法、修辞学等方面的特点以及《左绣》与小说、戏曲评点之间的联系等都缺乏深入研究。

在今人论文相关研究中，博士学位论文方面的代表性研究如李卫军《〈左传〉评点研究》①，该博士学位论文分为上、下编。上编是对《左传》评点的综合研究，共分五章。第一章把《左传》评点分为形成、发展、全盛、延续与余辉四个时期，不仅分析各时期的特点，且具体简要介绍代表性的作品，同时又重点从科举的角度分析了其萌兴、繁荣、衰落的原因；第二章解说《左传》评点的形式要素及功能，从评点范围、评点内容等方面对《左传》评点分类情况进行概括说明；第三章和第四章分别从经学、史学角度探讨《左传》评点的内容与价值，分别以姜炳璋《读左补义》和吕祖谦《东莱左氏博议》《左氏传说》《左氏传续说》为例；第五章则从文学角度揭示《左传》评点，说明其对我国古代文论的贡献。下编为"《左传》评点作品系年提要"，把现存的《左传》评点作品按年代先后撰写提要，虽仍不完整，但可作简明的《左传》评点史来读。李卫军的《〈左传〉评点研究》以传世文献为基础，揭示《左传》在经学、史学、文学等方面的价值，对《左传》评点进行全面的研究，可谓功劳卓著。但对于《左传》文学方面的研究还尤显不足，因其着眼于整个《左传》评点学史的研究，对单部的代表作品缺乏系统性的深入研究。又如刘宗棠《清代〈左传〉文献研究》②，该博士学位论文运用目录学、学术史、文学理论、文献学与计量文献学等知识，对清代《左传》学成果从经义阐释、考证、校勘、辑佚、史学以及文学角度进行分类专题研究，力图概括出各类《左传》文献成果的特点和价值。同时认为在现存的约三百部清代《左传》学研究成果中，从考据学角度研究清代《左传》学的成果几乎贯穿整个清代，代表了清代《左传》学成果的真正精华。综观此部博士学位论文，其主要侧重从考据学的角度分析清代《左传》学成就，其中对清前期《左传》文学评点著作如王源《左传评》、冯李骅与陆浩合编的《左绣》、方苞《左传义法举要》有所评述，但多流于知识性的简单介绍，缺乏进一步

---

① 李卫军：《〈左传〉评点研究》，博士学位论文，华东师范大学，2008年。
② 刘宗棠：《清代〈左传〉文献研究》，博士学位论文，山东大学，2008年。

全面而深入的研究。又如李永祥《〈左传〉文学论稿》①，该博士学位论文
分析《左传》之文心，主要分五节进行论述。第一节论述《左传》的叙事
艺术，主要结合西方叙事学理论来关注《左传》的叙事艺术，论述了《左
传》二元对立的叙事艺术、"核心"与"卫星"的叙事艺术、全知与限知
的叙事艺术和契约型叙事模式；第二节论述《左传》之写人艺术，主要从
遗形取神、在历史事件动态发展中刻画人物形象、以细节描写来刻画人物
形象和夸张的写人艺术等方面阐述《左传》的写人技巧，并指出其写人艺
术手法对后世文学的深刻影响；第三节论述《左传》的论谏及行人辞令，
主要从"论"之深美、"谏"之亢直、外交辞令之婉切等方面论述《左
传》论谏及行人辞令的特色；第四节从"立意"和"辞章"两大方面论
述了《左传》义法对韩愈古文的影响，其"一义贯之"、"虚实相间"、
"插笔"和"反对"的笔法对韩愈古文的影响尤为深刻，从而彰显《左
传》义法与韩愈古文义法之间薪火相传的关系；第五节将《左传》与《尚
书》《诗经》联系起来，探讨其比喻发展演变的轨迹及先秦时期比喻义例
的形成。综观其论文，分析《左传》文学性特征较为细致，但过多带有西
方的理论色彩，没有在构建中国本土之文学批评、古文义法、修辞学等理
论上有所突破。

　　硕士学位论文方面的代表性研究如江伟波《康乾时期〈左传〉文学评
点研究》②，该论文主要以清代学者方苞、王源、冯李骅、陆浩等人的《左
传》评点为个例，揭示出康乾时期《左传》文学评点的特点和理论价值，
说明清代康乾时期是《左传》文学评点的繁盛期。其总结了康乾时期《左
传》文学评点的批评理论，重点分析了八股文与康乾时期《左传》文学评
点的关系。此文将《左绣》作为例证之一说明清前期《左传》文学评点之
全盛，虽没有全面系统研究代表最高成就的《左绣》，然以《左绣》为例
正说明了《左绣》在《左传》评点学史的地位与价值。又如吕小霞《清
前期〈左传〉接受史研究》③，主要从接受美学理论的角度对清前期《左
传》接受史进行研究。正文共分三章，第一章论述清前期《左传》接受史

---

① 李永祥：《〈左传〉文学论稿》，博士学位论文，陕西师范大学，2010 年。
② 江伟波：《康乾时期〈左传〉文学评点研究》，硕士学位论文，中山大学，2010 年。
③ 吕小霞：《清前期〈左传〉接受史研究》，硕士学位论文，山东大学，2010 年。

研究的历史背景，主要从社会政治背景、思想文化背景、创作与接受的互动、逐渐成熟的读者意识及清前期接受的前实践等五个方面进行分析；第二章以金圣叹和方苞等人有代表性的阐释为例，对清前期的阐释接受进行分析，指出这一时期阐释接受的鲜明读者意识、实用思想和文本解读过程中对叙事学角度的关注；第三章主要从《左传》对清前期散文创作和小说创作的影响入手分析清前期《左传》创作史研究，散文方面以方苞为例，小说方面则以《聊斋志异》为例。但该文分析较为简单，未能进一步阐释清前期《左传》接受的特点及原因，更没有在构建中国本土之文学批评、古文义法、修辞学等理论上实现突破。

第二章 《左传》评点学概述

第一节 评点学源流及释义

关于评点的起源，学界尚未有统一观点。前人多认为其起源于梁朝。如章学诚谓："评点之书，其源亦始钟氏《诗品》、刘氏《文心》。然彼则有评无点，且自出心裁，发挥道妙。"① 曾国藩曰："梁世刘勰、钟嵘之徒，品藻诗文，褒贬前哲，其后或以丹黄识别高下，于是有评点之学。"② 学界对于评点起源虽未有统一定论，但根据现有史料至少可以上溯到甲骨文、简帛文时代。张伯伟先生曾大胆猜测："我甚至怀疑，'评点'一词的最初义也就是标点。"③ 而"现存最早的汉语书面语甲骨文中就已出现以线号为基础的标点符号，……如《卜辞通纂》第430片、第259片、内藤湖南博士藏甲骨第4片、《殷契佚存》第407片即是。这些线号到了后世就演变成了广泛运用的'分章分节'的钩识号"④。

在简帛中，秦《睡虎地秦墓竹简》中"黑方号用于划分大的语言层次，……而圆点号用于断句和标题"⑤，《银雀山汉墓竹简》用二短横号作

---

① 章学诚：《文史通义校注》，叶瑛校注，中华书局，1985年，第958页。
② （清）曾国藩：《曾文正公文集》，《续修四库全书》第1537册，上海古籍出版社，2002年，第624页。
③ 张伯伟：《中国古代文学批评方法研究》，中华书局，2002年，第545页。
④ 黄肇基：《清代方苞 林纾〈左传〉评点研究》，博士学位论文，台湾师范大学，2008年，第25页。
⑤ 黄肇基：《清代方苞 林纾〈左传〉评点研究》，博士学位论文，台湾师范大学，2008年，第28页。

为合文号,《长沙子弹库楚帛书》用朱色填写的长方框号都用于章末,《长沙马王堆三号汉墓帛书》中"圈点号主要用于章首表示分章"。故评点之学至少可以上溯到现代考古已知的最早的甲骨文、简帛文时代,实为一种极其古老、极具民族特色的批评样式。

就"评点"一词的定义来说,研究者常常取其狭义定义,即通俗上的"文学评点"。如张伯伟先生认为:"评点是中国文学批评的传统方式之一。"① 郭英德等人认为:"其(评点)方式灵活多样,实际上它已熔选本、笺注、诗话等方式为一炉,是一种综合性的文学批评形式。"② 黄肇基《清代方苞 林纾〈左传〉评点研究》认为:"评点学是中国文学批评鉴赏方法的一种特殊形式的学问,是人类文学史上极具悟性细读,审美感悟的学问,它点醒文学精义,点醒文学境界,点醒文学的灵性,剖析文章精神,厘清文章脉络,绘出人物性格,也领悟文学的美感。"③ 谭帆先生认为:"评点是中国古代文学批评的一种重要形式,与'话''品'等一起共同构成古代文学批评的形式体系。这种批评形式有其独特性,其中最为重要的是批评文字与所评作品融为一体,故只有与作品连为一体的批评才称之为评点,其形式包括序跋、读法、眉批、旁批、夹批、总批和圈点。""正因为评点与所评作品融为一体,故带有评点的文学作品成了一种独特的文本形式,这种文本一般称之为'评本'。'评本'是文学作品在其传播过程中一种特殊的文本形态,而非'文学形态',这种文本形态对中国文学批评史的研究和中国文学传播史的研究有重要价值。""评点在总体上属于文学批评范畴,是一种对文学作品的评价、判断和分析。但在古代文学批评史上,评点在俗文学领域如戏曲和通俗小说则越出了文学批评的疆界,介入了对作品本身的修订和润色,这是一个特例,但也是一个不应忽视的现象。"④ 孙琴安先生认为评点文学是一种兼有文学批评和文学作品双重属性的文学形态。⑤

---

① 张伯伟:《中国古代文学批评方法研究》,中华书局,2002 年,第 543 页。
② 郭英德、谢思炜、尚学锋、于翠玲:《中国古典文学研究史》,中华书局,1995 年,第 477 页。
③ 黄肇基:《清代方苞 林纾〈左传〉评点研究》,博士学位论文,台湾师范大学,2008 年,第 423 页。
④ 谭帆:《中国小说评点研究》,华东师范大学出版社,2001 年,第 6 页。
⑤ 评点文学在这里应为文学评点。孙琴安先生认为:"由于评点的活跃和发展演变的一面,我们有时为了强调或行文语气的顺畅,时而把'评点文学'换用成'文学评点',但其含义却是一致的,其文学的一面仍然存在。"参见孙琴安《中国评点文学史》,(转下页注)

谭帆先生不认同"评点文学"的提法，客观地说，"评点文学"的提法在某种层面上有不利于评点进一步深入研究的局限性。当然，"文学评点"除了文学批评层面上的"文学作品的评点"外，确还有"评点的文学作品"的创作文学的层面，如吴人即有评改《长生殿》之例。①

吴承学先生总结道："评点在形式上与训诂注释相近，但训诂注释重在字词的音义出处，而评点有时也论及音义出处，但重点却在文章的布局脉络用笔技巧。评点是一种文本的细读与分析，它以标志符号和语言文字的评论，逐字、逐句、逐段分析文本的线索脉络，指点出文章的布局章法与字句修辞，引导读者并与之同时展开阅读的进程。评点与一般文学批评也有所不同，一般形式的文学批评是在阅读和理解本文之后，评价作家作品之优劣，它并不展示批评家的阅读过程。而评点则是始终不离开本文的阅读过程。在细读本文过程中，运用标志符号与评论文字，随文予以解析，这是评点批评与其他文学批评形式不同的基本特质。在评点著作中，

（接上页注⑤）上海社会科学出版社，1999年，第1—2页。孙琴安先生解释评点文学为一种行文方式，但谭帆先生则认为："'评点'与'文学'二词之间的关系'既不是偏正关系，也不是动宾关系，而是一种并列关系'，'兼有批评方式和文学样式相结合的双重含义。'以'评点文学'取代'文学评点'其实并不仅仅是一种语词的调整问题，涉及了对评点这一形式的性质界定，对这一界定我们也不能苟同，因为在中国文学中，并不存在'评点文学'这一'特殊文学形态'，而所谓'评点文学'实际上只是'带有评点的文学作品'，包括诗词、散文、戏曲、小说等众多文体。这不能说是一种'文学形态'，而是文学传播中的'特殊文本形态'。至于说'评点文学'兼有'文学批评和文学作品双重属性'更易混淆评点的特殊性质，在中国文学批评中，兼有双重属性的文学批评形式是有，但不是评点，而是那些以文学形式表达创作思想的批评文字，如陆机《文赋》、杜甫《戏为六绝句》等。故把评点与作品本身勾连在一起，一方面混淆了两者的性质，同时也不利于对评点作出深入的研究。"参见谭帆《中国小说评点研究》，华东师范大学出版社，2001年，第5页。

① 康熙年间，毛西河（毛奇龄）有《论释西厢记》，孔尚任则自编自批《桃花扇》，各具新意，引人瞩目。当时有一位杰出的评点家，是钱塘人吴吴山。他原名吴人，字舒凫，居吴山草堂，乃自号吴山，与戏曲大家洪昇是同乡好友。洪昇所作《闹高唐》、《节孝坊》和《长生殿》等传奇剧，他都为之评批。《长生殿》定稿于康熙二十七年（1688），为了便于戏班搬演，吴人在作者本人同意的情况下，曾效法冯梦龙紧缩剧本场次的方式，把五十出的《长生殿》更定为二十八折，洪昇很满意，认为"确当不易"，"取简便，当觅吴本教习"。吴人又作序评论此剧"爱文者喜其词，知音者赏其律"，"其词之工，与《西厢》、《琵琶》相掩映"。吴人对《长生殿》的眉批尤为精彩，洪昇称赞说："全本得其论文，发予意所涵蕴者实多。"参见吴新雷《明清剧坛评点之学的源流》，《艺术百家》1987年第4期，第52页。

它的前提是读者与评点者的阅读同步进行，有原文与全文作为背景。评点是把读者与文本放在主体部分，评点者仅起提示、引导、启发作用。评点文字不是独立的文体，只有寄生于文本才可以生存，才有意义，如果将评点剥离开来，多数评点文字会让人不知所云。随文批评与独立批评区别甚大，它并不是把一般批评的内容分散到作品的各部分，而是随文而生的，有一般文学批评所没有的强烈的'现场感'。打个比方，读一般文学批评文字就如读山水游记，而读评点文字就如同在导游的引导下徜徉于山水之间。评点虽然简短，标志的位置却是相当重要。同一个字或点抹，用在何处却是见出功力的。这就如同看戏，是否在恰当的地方喝彩足以看出观众的水平来。"①

客观地说，由于文学评点不同于传统注疏而专门致力于对文本义理、文法等方面的揭示，故文学评点实为我国最具特色的一种文学批评样式。②

---

① 吴承学：《现存评点第一书——论〈古文关键〉的编选、评点及其影响》，《文学遗产》2003 年第 4 期，第 76—77 页。

② 近年来，复旦大学中国古代文学研究中心先后两次召开"中国文学评点研究"国际学术研讨会，邀请包括美国、日本、韩国等地在内的学者为评点正名，整理评点文献，探究评点方式如何运用于现代文学批评实践。学者们已纷纷形成共识："评点，是具有鲜明的中华民族特点的文学批评样式。它与中国古代文士的生活方式、思维特点、审美趣味相契合。评家在对文本品鉴的过程中，随阅随批，或记读书心得，或批短长得失，或三言两语，点到即止，或连篇累牍，细密剖析，大多是语句精美，妙解连珠，令读者神会颐，浮想联翩。文学评点发展至明清已十分繁荣，对于各体文学作品，特别是名著的评点层出不穷、精彩纷呈，成为一座值得珍视的中国古代文学理论宝库。可是自 20 世纪以来，由于种种原因，评点这种直观式、感悟式、引发式、跳跃式的批评方式往往被视为零碎的、单薄的、涣散的，甚至是八股式的而被弃置一旁。直到 20 世纪末期，人们才开始对它稍为关注，但这只不过是万里之行的第一步而已。在当前重视建立具有中国特色的文学批评体系之时，加强对于中国古代评点的发掘、整理与研究无疑是一项紧迫而重要的任务。""评点可以激活读者的审美感受力。古代评点，一般来说，'诗必与诗人评之'，评点者具有艺术创作经验，因此以心会心，多内行入理之论。而现代读者与古人距离越来越远，失去了这种可贵的直接经验，往往对某些文学史现象挖掘很深，说得头头是道，却把握不准一篇具体的作品，无法进入文本世界、切入作者瞬间的心灵。因此，研究评点，积累古人对某些文本的阅读经验，可以激活当代人对于古代文学的审美敏感性，借着前人之光的照亮，进入文本世界。"杨义先生也特别指出："评点出来的世界不是暮气沉沉的以圣人是非为是非的世界了，而是一个生机蓬勃贯通古今奇书妙文的开放世界，一个注重审美个性和才华的色彩斑斓的世界。"参见杨义《中国叙事学》，人民出版社，2009 年，第 416 页。

第二节　文学评点的理论基础

一　根源经、史

就文学评点的理论基础而言，儒家经典的章句注疏之学及史学之论赞体例对文学评点的产生和发展的作用尤其值得重视。黄肇基《清代方苞 林纾〈左传〉评点研究》即认为："文学评点是宋以来出现最具特色的悟性细读批评，也是中国叙事作品的特殊阐释之学，这种批评和阅读相错综的产生方式与儒家经典的章句注疏之学及史学之论赞体例皆有其深刻的历史渊源。"①

《四库全书总目提要》卷二十六《春秋左传正义》云："今世所传，惟杜《注》、孔《疏》为最古。杜《注》多强《经》以就《传》，孔《疏》亦多左杜而右刘，是皆笃信专门之过，不能不谓之一失。然有《注》、《疏》而后《左氏》之义明，《左氏》之义明而后二百四十二年内善恶之迹一一有征。后儒妄作聪明、以私臆谈褒贬者，犹得据《传》文以知其谬。则汉晋以来借《左氏》以知《经》义，宋元以后更借《左氏》以杜臆说矣。《传》与《注》、《疏》，均谓有大功于《春秋》可也。"②"有《注》、《疏》而后《左氏》之义明"，而"据《传》文以知其谬"，"宋元以后更借《左氏》以杜臆说矣"，则深刻说明《左传》注疏到《左传》评点之间的发展历程，可见注疏实为评点发展的渊源之一。

具体如杜预《春秋左氏经传集解》：

> [经] 元年，春，王正月。隐公之始年，周王之正月也。凡人君即位，欲其体元以居正，故不言一年一月也。隐虽不即位，然摄行君事，故亦朝庙告朔也。告朔朝正例在襄二十九年，即位例在隐、庄、闵、僖元年。○朝，直遥反。下同。[疏] 经"元年，春，王正月"。

---

① 黄肇基：《清代方苞 林纾〈左传〉评点研究》，博士学位论文，台湾师范大学，2008年，第44页。

② （清）永瑢等撰《四库全书总目》，中华书局，1965年，第210页。

○正义曰：此"经"字并下"传"字亦杜氏所题，以分年相附。若不有"经"字，何以异传？不有"传"字，何以别经？又《公羊》、《穀梁》二传，年上皆无"经"、"传"字，故知杜所题也。《释诂》云"元，始也"；"正，长也"。此公之始年，故称元年。此年之长月，故称正月。言"王正月"者，王者革前代，驭天下，必改正朔，易服色，以变人视听。夏以建寅之月为正，殷以建丑之月为正，周以建子之月为正，三代异制，正朔不同，故《礼记·檀弓》云："夏后氏尚黑，殷人尚白，周人尚赤。"[1]

可见，"文学评点中的行批、评注、眉批、旁批等方式，即在经学的评注格式的基础上发展出来的"[2]。

文学评点受史学之论赞体例之影响，最典型的则如《左传》的"君子曰"、《史记》的"太史公曰"。[3]《左传》大多引"君子曰"以为评，或评论史事，或褒贬人物，臧否言行，载道于资鉴。如《郑伯克段于鄢》篇君子曰："颍考叔，纯孝也，爱其母，施及庄公。《诗》曰：'孝子不匮，永锡尔类。'其是之谓乎！"如《周郑交恶》篇君子曰："信不由中，质无益也。明恕而行，要之以礼，虽无有质，谁能间之？"如隐公四年君子曰："石碏，纯臣也。恶州吁而厚与焉。'大义灭亲'，其是之谓乎！"如隐公六年君子曰："'善不可失，恶不可长。'其陈桓公之谓乎！长恶不悛，从自及也。虽欲救之，其将能乎？"如文公六年君子曰："秦穆之不为盟主也宜哉。死而弃民。先王违世，犹诒之法，而况夺之善人乎？"如成公二年君子曰："位其不可不慎也乎！蔡、许之君，一失其位，不得列于诸侯，况其下乎？"如成公十四年君子曰："《春秋》之称，微而显，志而晦，婉而

---

① 李学勤主编《十三经注疏》第七卷《春秋左传正义》，《十三经注疏》整理委员会整理，北京大学出版社，1999年，第37页。
② 黄肇基：《清代方苞 林纾〈左传〉评点研究》，博士学位论文，台湾师范大学，2008年，第48页。
③ 关于《左传》《史记》等"论赞"与文学之关系，可参考郭丹《史书论赞与史传文学》："中国古代文史融合的特征，常常是在史学的形态中蕴含着文学的因子，在文学的体裁中又具备史学的成分，这一点，在史书的'论赞'中也得到体现。论赞属于史学批评，即是一种形象和情感的批评，它担负了文学与史学的两重任务。"参见郭丹《史书论赞与史传文学》，《中州学刊》1997年第3期，第101页。

成章，尽而不污，惩恶而劝善。非圣人，谁能修之？"

《史记》的"太史公曰"与《左传》"君子曰"则是异曲同工。司马迁在每一篇人物传记之后，都有一段评语，署为"太史公曰"，表达其对历史人物的看法和评价。如《屈原贾生列传》篇太史公曰："余读《离骚》《天问》《招魂》《哀郢》，悲其志。适长沙，观屈原所自沉渊，未尝不垂涕，想见其为人。及见贾生吊之，又怪屈原以彼其材，游诸侯，何国不容，而自令若是。读《鹏鸟赋》，同死生，轻去就，又爽然自失矣。"正是"适长沙，观屈原所自沉渊，未尝不垂涕，想见其为人"这种对屈原人品的文学性评价促进了文学评点的孕育。又如《司马相如列传》篇太史公曰："《春秋》推见至隐，《易》本隐之以显，《大雅》言王公大人，而德逮黎庶，《小雅》讥小己之得失，其流及上。所以言虽外殊，其合德一也。相如虽多虚辞滥说，然其要归引之节俭，此与《诗》之风谏何异。扬雄以为靡丽之赋，劝百风一，犹驰骋郑、卫之声，曲终而奏雅，不已亏乎？余采其语可论者着于篇。"其中"相如虽多虚辞滥说，然其要归引之节俭，此与《诗》之风谏何异"即是对司马相如在辞赋上的文学成就的评价。因此，从某种意义上说，这可以看作是对作家作品的文学评点。

后班固《汉书》的"赞曰"，范晔《后汉书》的"赞曰""论曰"，陈寿《三国志》的"评曰"等对历史人物的评价，都可以让我们去追溯和寻找中国文学评点的源头。"中国的二十四史除了《元史》一种无评语，其他二十三史都有不同形式或不同称呼的评语。"① 正是因为这些史评的孕育，才促进了文学评点的诞生和发展。

二　儒学与文学评点

文学评点的发展是与儒学有内在联系的。现存最早的文学评点著作如吕祖谦《古文关键》、真德秀《文章正宗》等，其作者均是著名的理学家，这事实上即显示出文学评点与儒学之内在联系。特别是儒学内部发展出来的阳明心学对文学评点的蔚为大观有极其重大的影响。这里试从阳明心学与文学评点的蔚为大观之内在联系，说明儒学给文学评点发展带来影响之

---

① 孙琴安：《中国评点文学史》，上海社会科学出版社，1999年，第9页。

理论依据。①

文学评点作为我国古代一种重要的文学批评样式，直到明代中后期才全面繁荣，并成为明清一代文学批评的主要样式。而作为明中后期主流哲学思潮的阳明心学，客观上对文学评点的蔚为大观产生了内在影响。具体主要表现为需要一种自由度更高的文学批评样式、从雅到俗的大势转变及中国人主体意识觉醒后的思维方式的内在反映。

1. 自由度更高的文学批评样式

阳明心学的一个重要内容就是平等地看待平民，强调平民在思想文化领域中的地位。钱德洪辑录的《大学问》就较全面地诠释了王阳明的"心学"说："明明德者，立其天地万物一体之体也。亲民者，达其天地万物一体之用也。故明明德必在于亲民，而亲民乃所以明其明德也。"② 阳明心学以明德为本，亲民为末，而本末实为一物；明德者是"立其天地万物一体之体"，亲民者则是"达其天地万物一体之用"；明明德是亲民之导因，亲民是明明德之实果。王阳明创造性地把"明德""良知"之本体与"亲民"之用深刻地结合在一起，为近代式的平民意识的形成提供了时代所需的思想基础。

平民不具有话语权是中国古代文学的一个重要现象。中国古代士人的主流情况是：只有经济上富足、地位上显赫的人才享有接受文化教育的权利，才拥有言说评价的权利。但随着市民阶层成为晚明文学创作的主体，客观上自然也需要一种自由度更高的、更能适应市民阶层鉴赏力的文学批评样式。这样，"评点"这一自由度更高的文学批评样式就在时代的呼唤声中登上历史舞台，并真正成为舞台的主角。从某种意义上说，文学评点在明中后期蔚为大观正是市民阶层对文学批评介入的一种表现。

无论是诗序、专著、诗格、论诗诗，还是发展到了宋代的诗话，其文学批评样式的自由度，客观来说，都要低于评点。就拿诗话与评点来比较，应该说诗话已经是一种体制较灵活、自由度较高的文学批评样式，其由一条条内容互不相关的论诗条目连缀而成，不是逻辑严密、结构严谨的崇论闳议，而是亲切随意的漫谈随笔，语气轻松，文笔平易，顺手拈来，

---

① 文学评点的以文求道的方式注定了其与儒学之道的内在联系。

② （明）王守仁著，吴光等编校《王阳明全集》，上海古籍出版社，1992 年，第 968 页。

信笔写去，有话则长，无话则短。但相对评点来说，诗话的自由度还是稍逊一筹。评点除拥有诗话的优点外，其体式更是不拘一格，生动活泼，优游自在，长可达千言，短则一字一句。而且评点还有各种各样可最大限度满足读者阅读评价需要的样式。就"评"而言，就有文前评、文后评、字评、句评、段评、节评、篇评、总评、眉批、夹批、旁批等；就"点"而言，又有单点、连点、单圈、双圈、连圈、双杠等。应该说相对于理学背景下的诗话样式，心学思潮下的文学评点样式具有更大的自由度，更能符合新时代的市民阶层的精神文化需求。可以说，阳明心学影响下的市民阶层意识的觉醒不可避免地对文学评点这种自由度更高的文学批评样式的蔚为大观产生了巨大影响。

2. 由雅趋俗的大势

不可否认，明中后期文学中最优秀的作品应当是属于"俗"文学范畴的《金瓶梅》、《牡丹亭》和"三言二拍"等著作。中国古代文学从唐诗、宋词、元曲到明代小说、戏曲，也恰好是一个从雅到俗的文体演变。应该说，阳明心学思潮影响下的明中后期文学真正地发生了由雅到俗的历史性根本变化。

追求文学的独立性和主体性，要求文学肯定自我、表现真情，以实现对个体意识和欲望的表达，这正是阳明心学思潮所负载的时代精神，也正是明中后期文学所体现的新的文学主题。王阳明曾赋诗曰："个个人心有仲尼，自将闻见苦遮迷。而今指与真头面，只是良知更莫疑。"这种对"个个人心有仲尼"的个体意识和欲望给予肯定的心学思潮必然会引发更大范围、更多阶层的人来参与文学创作、文学批评，也必然会促使小说、戏曲这种更能符合多层次文学品位的较通俗文体的发展。而阳明心学思潮正是在作用于文学由雅到俗的大势的同时，使文学评点同样由雅趋俗。

当文化从贵族走向平民的时候，文学就开始了从雅到俗的历史进程，文学批评样式也同样经历从雅到俗的历史转变。文学评点这一批评样式的发展也正是经历了从雅到俗的历史发展。纵观文学评点的历史发展，经历了由诗文逐渐过渡到小说、戏曲领域的历史进程。中国古代第一本属于文学评点性质的著作——唐代殷璠的《河岳英灵集》就属于诗的评点，而唐代另一部具有影响力的评点著作——高仲武的《中兴间气集》同样属于诗这一体裁的评点，应该说在唐代这一文学评点形成期是以诗的评点为主的。到宋元这一中国文学评点发展期，则出现了吕祖谦《古文关键》、楼昉《崇古文诀》、真德秀《文章正宗》、谢枋得《文章轨范》等一系列有影响力的以散文评点为主的著作；宋元时期诗的评点在唐代形成期的基础上有进一步的发展，另外还出现了词的评点。但直到元代，文学评点却仍然以诗为重心。甚至在明朝初期，文学评点主要还是集中在诗文方面，对小说、戏曲的评点很少涉及。只有在阳明心学思潮"百姓日用即道"的大声疾呼下，在明中后期社会商品经济渐趋繁荣、平民阶层空前活跃、以小说戏曲为代表的"俗"文学具有压倒性优势的情况下，文学评点才真正地成为明清一代文学批评样式的主角。

应该承认，阳明心学思潮影响下的人们更懂得表达自己的情感、意志、愿望、理想。特别是对于广大市民、劳苦大众来说，"俗"文学、"俗"的文学批评样式就更趋向于他们的审美观、价值观，更能代表他们所需要的精神文化。总之，正是在心学思潮作用下文学出现由雅到俗的大势后，文学评点才实现了由雅到俗的历史转变，并在与小说、戏曲等"俗"文学文体的完美融合后，才真正成为明清一代主要的文学批评样式。

3. 中国人之思维方式

在阳明心学中，"心"首先是宇宙万物的本原。继承了陆九渊"心即理"的命题，王阳明进而提出"心外无物、心外无事、心外无理、心外无义"，把"心"作为主宰一切、派生万物的本原："夫人者，天地之心，天地万物，本吾一体者也。"[1] "人者，天地之心也；心者，天地万物之主也。心即天，言心则天地万物皆举之矣，而又亲切简易。"[2] 在王阳明看来，人是天地万物的中心，而"心"则是天地万物的主宰。"天地万物，俱在我良知的发用流行中，何尝又有一物超于良知之外，能作得障碍？"[3] 宇宙万物都不过是作为一种精神主体和主观意识派生的产物。在阳明心学高度弘扬精神本体和主观意识的时代文化背景的影响下，文学评点这种符合中国人主体意识的重感悟、重直觉、重审美、重主观感受的文学批评样式终于大放异彩。

我国古代其他的文学批评样式，特别是一些文学理论的专著专论，往

---

① （明）王守仁著，吴光等编校《王阳明全集》，上海古籍出版社，1992年，第79页。
② （明）王守仁著，吴光等编校《王阳明全集》，上海古籍出版社，1992年，第214页。
③ （明）王守仁著，吴光等编校《王阳明全集》，上海古籍出版社，1992年，第106页。

往是在反复阅读了文学作品之后，又进行反复思考和推敲，才从理论上加以系统的归纳和概括而成的，因而理论色彩较为浓重，也比较有系统性和条理性。而文学评点则不然，它往往是在阅读文学作品的同时，凭自己的主观感受和直接的第一印象，即兴发挥，随阅随批，不讲究系统性和理论性，更符合中国人的重体悟、重直觉的思维方式。

再者，中国人的思维方式还是情感介入式的，而非客观抽象式的，这与文学评点这一批评样式重鉴赏、重审美的特征又互相吻合。中国古代的一些文学批评专著专论，往往脱离文学作品而进行单纯的理论上的论述，只有在必要的情况下，才偶尔摘引几句，作为举例说明，来为自己的理论观点服务，一般不具备鉴赏性、审美性。而文学评点由于与文学作品密切相连，既提供了作家的作品使读者可以阅读原著，又提供了批评家的评论圈点，使读者在阅读过程中可以进行比较参照；另外还常常针对某一点有感而批，只评得失，或加一二考证用以文字上的疏通，这就使这种文学批评样式常常带有鉴赏、赏析和审美的性质。可以说文学评点这种带有鉴赏和审美性质的文学批评样式在根本上是更加符合中国人的思维方式特征的。

中国古代文学理论的批评样式可谓源远流长，从有意识的、成系统的、以诗序为主的汉代文学批评样式开始，经以"大一统"的专著专论式为主的魏晋南北朝文学批评样式、以诗格及论诗诗为主的唐代文学批评样式、以诗话为主的宋代文学批评样式，终于发展到以评点为主的明清一代的文学批评样式。从文学批评发展史的角度看，文学评点的发展正反映了我国文学批评由贵族特权到平民自由、由雅到俗、由抽象理论性到感悟实用性的总体趋势。客观地说，这一总体趋势与中国儒学在各个历史时期发展的总体趋势是一致的。当我们把"文学评点"这一批评样式放在当时特有的阳明心学思潮的时代背景下去考察，才能真正认识文学评点与儒学之间的内在联系。

三 科举制度与文学评点

现在流传下来的评点之书，无一不与科举应试内在相关。可以说，"不少的评点之作，实际上是为了科举而写的"①。如吕祖谦《古文关键》

---

① 张伯伟：《中国古代文学批评方法研究》，中华书局，2002年，第575页。

卷首冠有"总论看文字法""论作文法""论文字病"等，于各篇范文则标举其命意、布局，示初学者以作文门径。陈振孙《直斋书录解题》谓："吕祖谦所取韩、柳、欧、苏、曾诸家文标抹注释，以教初学。"① 所谓"以教初学"，即为了应对科举。

谢枋得《文章轨范》作为南宋时期影响最大的古文评点著作，与科举的关系更为密切。王阳明《文章轨范·序》言："宋谢枋得氏取古文之有资于场屋者，自汉迄宋，凡六十有九篇，标揭其篇章句字之法，名之曰《文章轨范》。盖古文之奥不止于是，是独为举业者设耳。"此书"取古文之有资于场屋者"，且"标揭其篇章句字之法"，用抹划以示文章关键处。全书以"王侯将相宁有种乎"共分七卷，既不以作家先后为序，也不以文体为别，而是按照科举士子学习场屋程文的进度来编排。其中总论尤其体现了与科举的关系，实"是独为举业者设"之作。如"王"字集下谓："辩难攻击之文，虽厉声色，虽露锋芒，然气力雄健，光焰长远，读之令人意强而神爽。初学熟此，必雄于文。千万人场屋中，有司亦当刮目。""将"字集下谓："议论精明而断制，文势圆活而婉曲，有抑扬，有顿挫，有擒纵。场屋程文论，当用此样文法。""有"字集下谓："论、策结尾略用此法度，主司亦必以异人待之。"客观地说，文学评点真正形成的南宋时期，其评点古文主流上是针对科举而发，意在从评点古文中去寻找有益于时文的应试方法。②

众所周知，在古代封建社会，读书人要想入仕显达，科举考试可以说是最为重要的。例如清代科举制度"凡满汉入仕，有科甲、贡生、监生、荫生、议叙、杂流、捐纳、官学生、俊秀。定制，由科甲及恩、拔、副、岁、优贡生、荫生出身者，为正途，余为异途"③。"清制，生员、例监、吏员，皆未具正途出身，非经保举，不得任正印官。虽可考职，但食粮役

---

① （宋）陈振孙撰《直斋书录解题》，徐小蛮、顾美华点校，上海古籍出版社，1987年，第451页。

② （宋）吕祖谦《古文关键》一书收录韩愈、柳宗元、欧阳修、苏轼、曾巩、朱熹等人的论、说、书、序凡六十余篇，对各篇命意布局条分缕析。其命名为《古文关键》，实际上是以古文之关键来指导时文的写作。（宋）谢枋得《文章轨范》也是以古文之轨范绳之于时文。

③ （清）赵尔巽等撰《清史稿》，中华书局，1976年，第3205页。

满儒士和吏员无出身者考职，只至正八品经历止，终身为杂职，限制甚严。"① 科举制度对读书人的出身有正途、异途之说，且正途与异途在仕途上的发展有天壤之别。如果不是经过科举考试正途的读书人，就算通过异途入仕，也"只至正八品经历止，终身为杂职"。而"举人一途，即使会试不能中式，无论经截取、大挑，即按班次亦可选授知县，补用教职，或身膺民社，或职司秉铎，并有从此渐跻朊仕者。其出身之途，甚关紧要，非如诸生之不得中式，仅以顶戴荣身者可比"②。如果考取举人，就算不中进士，其出身之途也有许多选择。且如果考中进士，特别是一甲三名（状元、榜眼、探花），就可以入选翰林院，成为举朝重视的宰辅之选："清代入仕，进士和举、贡判若两途。进士内除授翰林院修撰、编修、检讨、庶吉士、六部主事、内阁中书、鸿胪寺行人、大理寺评事、国子监监丞、博士、助教、太常寺博士；外除授知州、知县、推官、教授等职。举人经拣选、考职或大挑，乃得任内阁中书、国子监学正、学录、知县、州学正、县教谕等官。"③"尤其重要的是进士或以一甲中式，或以庶吉士馆选，入翰林院；而明、清两代，科甲都以入翰林为尤重。"④ 而翰林的地位是无与伦比的，"士为四民之首，而士的最高层次是翰林"⑤。翰林院中有上书房，"上书房的施教对象，是国家最高统治者的候选人，皇帝必将从这些人中产生"⑥。可以说，科举制度的严密性、完整性、公平性、重要性为读书人指明了一条千军万马争过独木桥的出身之途。

科举制度成为封建文人士子进身之独木桥，而科举制度又是与时文即八股文联系在一起的。八股文之名产生于明朝初年，据《明史·选举志》载："科目者，沿唐宋之旧，而稍变其试士之法，专取'四子书'及《易》《书》《诗》《春秋》《礼记》五经命题试士。盖太祖与刘基所定。其文略仿宋经义，然代为古人语气为之，体用排偶，谓之'八股'，通谓之'制义'。"⑦ 而"有清科目取士，承明制用八股文。取'四子书'及

① 王德昭：《清代科举制度研究》，中华书局，1984 年，第 44 页。
② （清）昆冈、李鸿章等修《钦定大清会典事例》卷三五一，光绪二十五年重修本。
③ 王德昭：《清代科举制度研究》，中华书局，1984 年，第 56 页。
④ 王德昭：《清代科举制度研究》，中华书局，1984 年，第 49 页。
⑤ 邸永君：《清代翰林院制度》，社会科学文献出版社，2002 年，第 208 页。
⑥ 邸永君：《清代翰林院制度》，社会科学文献出版社，2002 年，第 162 页。
⑦ 赵尔巽等撰《清史稿》，中华书局，1976 年，第 1693 页。

《易》、《书》、《诗》、《春秋》、《礼记》'五经'命题，谓之制义"①。明清时期统治者都十分强调科举制度下八股取士的重要性，如乾隆在《钦定四书文》中即充分肯定八股取士制度的必要性："国家以经义取士，将使士子沉潜于四子、五经之书，阐明义理，发其精蕴，因以觇学力之浅深与器识之淳薄。而风会所趋，即有关于气运。"②

"八股文不仅体式复杂而又明了，易于客观地评定优劣，而且能在一定程度上测验士人的经学和文学两方面的能力"③，故八股文的水平实际上已成为科举考试成败的关键。而提高八股文水平的根本即是"以古文之法为时文"，"不同的历史阶段呈现不同的特征，但以'以古文为时文'的创作理念一直贯穿清代八股文始终"④。"以古文之法为时文"的创作理念得到了文人士子的普遍认可，唐宋派、秦汉派、公安派、桐城派等都高倡"以古文为时文"的理念。如茅坤云："妄谓举子业，今文也；然苟得其至，即谓之古文亦可也。"⑤ 艾南英云："制举业之有先辈名稿，犹昔人文集之有古文也。"⑥ 戴名世云："吾尝以谓时文者，古文之一体也……今夫文章之体至不一也，而大约以古之法为之者，是即古文也。"⑦ 姚鼐十分推崇唐顺之、归有光等人的八股文："是亦古文耳，岂二道哉？……余平生不敢轻视经义之文，尝欲率天下为之。夫为之者多，而后真能以经义为古文之才出其间而名后世。"⑧

"以古文为时文"，最主要的内涵即是吸收古文之学养来创作八股文。"古文与时文的关系，其实自明代以来就是一个普遍为文人所关心的问题。明代的唐宋派古文家如归有光、唐顺之、王慎中等人都是时文高手，因为每个进身仕途的人都必须过八股功令之文这一关，所以如何以八股文的形

---

① （清）赵尔巽等撰《清史稿》，中华书局，1976 年，第 3147 页。
② （清）方苞编《钦定四书文校注》，王同舟、李澜校注，武汉大学出版社，2009 年，第1044 页。
③ 刘海峰、李兵：《中国科举史》，东方出版中心，2004 年，第 349 页。
④ 罗军凤：《清代春秋左传学研究》，人民出版社，2010 年，第 360 页。
⑤ （明）茅坤撰《茅鹿门先生文集》，《续修四库全书》第 1344 册，上海古籍出版社，2002年，第 544 页。
⑥ （清）黄宗羲编《明文海》第 3 册，中华书局，1987 年，第 3212 页。
⑦ （清）戴名世著，王树民编校《戴名世集》，中华书局，1986 年，第 88 页。
⑧ （清）姚鼐撰《惜抱轩文集十六卷·后集十卷》，《续修四库全书》第 1453 册，上海古籍出版社，2002 年，第 139 页。

式来表现思想，如何吸取古文写作中的有益成分，自然是一个很重要的问题。"① 科举士子要跨进科举仕途这个门槛，就必须成为八股文创作的高手。而"以古文为时文"是八股文创作的根本理念，评点则是实现"以古文为时文"的基本形式。这样，评点学就在科举制度及八股文创作的时代环境中蔚为大观。②

四 读书法与文学评点

文学评点之真正成立实始于南宋，事实上与理学家的读书法有内在关系。这里以理学集大成者朱熹的读书法为例，结合第一部真正意义上的《左传》评点著作即《文章正宗》，揭示读书法与文学评点的渊源。

朱熹十分强调读书之法："篇章文句、首尾次第，亦各有序而不可乱也。"③ "凡读书，须有次序。且如一章三句，先理会上一句，待通透；次理会第二句，第三句，待分晓；然后将全章反覆绅绎玩味。"④ 主张读书必须循序渐进，绅绎玩味，"他的读书法与文章学是相同的"⑤。毕生致力于研究朱子学的真德秀能以"评点"形式评点《左传》文章，实与朱熹读书法渊源有自。

从"评点"这一文学批评样式发展历程看，最早的评点批评符号经历了从"抹"到"圈点"的发展历程，而朱熹在读书时也运用了"抹"的批评符号，据《朱子语类》记载：

> 某少时为学，十六岁便好理学，十七岁便有如今学者见识。后得谢显道《论语》，甚喜，乃熟读。先将朱笔抹出语意好处；又熟读得趣，觉见朱抹处太烦，再用墨抹出；又熟读得趣，别用青笔抹出；又熟读得其要领，乃用黄笔抹出。至此，自见所得处甚约，只是一两句

---

① 邬国平、王镇远：《中国文学批评通史·清代卷》，上海古籍出版社，1996 年，第 408 页。
② 值得思考的是，科举制度及八股文体制的设置，对作为意识形态的"道"之体悟，是促进文学评点这种以文会道的文学批评样式蔚为大观的内在原因。科举应试准备中的圈点标识在形式上促进了评点的定型，而科举应试必需的八股文内在的"文道合一"则是评点学蔚为大观的根基。
③ （宋）朱熹等撰，朱杰人、严佐之、刘永翔主编《朱子全书》第 24 册，上海古籍出版社、安徽教育出版社，2010 年，第 3583 页。
④ （宋）朱熹等撰，朱杰人、严佐之、刘永翔主编《朱子全书》第 14 册，上海古籍出版社、安徽教育出版社，2010 年，第 346 页。
⑤ 吴承学：《中国古代文体学研究》，人民出版社，2011 年，第 344 页。

上。却日夜就此一两句上用意玩味，胸中自是洒落。

某二十年前得《上蔡语录》观之，初用银朱画出合处；及再观，则不同矣，乃用粉笔；三观，则又用墨笔。数过之后，则全与元看时不同矣。

尝看上蔡《论语》，其初将红笔抹出，后又用青笔抹出，又用黄笔抹出，三四番后，又用墨笔抹出，是要寻那精底。看道理，须是渐渐向里寻到那精英处，方是。

真德秀《文章正宗》评点符号计有四种，"点"，句读小点（语绝为句，句心为读），菁华旁点（谓其言之藻丽者，字之新奇者），字眼圈点（谓以一二字为纲领）；"抹"（主意，要语）；"撇"（转换）；"截"（节段）。可见"抹"是《文章正宗》最重要的评点符号之一。其"抹"的评点运用，也可见出对朱熹读书法的继承。

《朱子语类》卷第七十五载："先生命二三子说书毕，召蔡仲默及义刚语，小子侍立。先生顾义刚曰：'劳公教之，不废公读书否？'曰：'不废。'因借先生所点六经，先生曰：'被人将去，都无本了。'"从以上记载可见，朱熹是有标点"六经"等著作的，惜今或已不存。朱熹弟子兼女婿黄榦也有一套批点的方法，元人程端礼《读书分年日程》卷二即引用了"勉斋批点四书例"。黄榦学生何基"凡所读无不加标点，义显意明，有不待论说而自见者"，再传弟子王柏也得此"标点"真传。客观地说，"朱熹的标注读书法对于其门人乃至对南宋文学评点方式的影响是不可低估的"[1]。日本学者高津孝则据此提出了"评点派"与"标点派"的区分："评点是对文章进行批评的一种行为形态，它重视文章的表现技法。与此相对，标点则以辅助读者读解文本内容为目的，其对象主要是四书。标点一派始于朱熹高徒黄榦，继有何基、王柏。标点以句读施点以及为文中重要之处施抹为重点。我们现在所使用的标点法即渊源于此。与评点不同，它并不印刷出来，而主要是使用朱、墨、黄等色笔。"[2] 高津孝先生认为在

---

① 吴承学：《中国古代文体学研究》，人民出版社，2011年，第418页。
② 〔日〕高津孝：《科举与诗艺——宋代文学与士人社会》，上海古籍出版社，2005年，第74—75页。

古代评点系统中，存在评点派与标点派的对立：评点的对象是文章，属于文学的范畴；标点的对象是"四书五经"，属经学的范畴。评点侧重文章技法的揭示，标点则侧重经书内容之解读。李卫军在纵观《左传》评点发展史的基础上，则认为"无论从评点对象抑或圈点形式，都难以对'评点派'与'标点派'划出严格之界限"①。"在我国评点发展的过程中，圈点符号（除句读等符号外）从来不曾有过统一之用法，也不存在标抹与圈点之严格区别，所以不同的评点者在刊刻其作品时，往往在凡例中对其圈点符号之用法给予说明。因此，对于评点的界定，我们还是应从批评、符号与文本结合的角度，从总体上加以考虑。"②

高津孝、李卫军等学界代表的研究观点正说明"标点"与"评点"的内在渊源，《四库全书总目提要》卷二十六《春秋左传正义》云："今世所传，惟杜《注》、孔《疏》为最古。杜《注》多强《经》以就《传》，孔《疏》亦多左杜而右刘，是皆笃信专门之过，不能不谓之一失。然有《注》、《疏》而后《左氏》之义明，《左氏》之义明而后二百四十二年内善恶之迹一一有征。后儒妄作聪明、以私臆谈褒贬者，犹得据《传》文以知其谬。则汉晋以来借《左氏》以知《经》义，宋元以后更借《左氏》以杜臆说矣。《传》与《注》、《疏》，均谓有大功于《春秋》可也。"③ 从《左传》评注发展历史看，"有《注》、《疏》而后《左氏》之义明"，而"据《传》文以知其谬"，"宋元以后更借《左氏》以杜臆说矣"，深刻说明从《左传》注疏到《左传》评点之间的发展历程，可见注疏实为评点发展的渊源之一。张伯伟先生即大胆猜测："我甚至怀疑，'评点'一词的最初义也就是标点。"④

南宋时期"评点"不仅与"标点"渊源有自，且事实上在南宋时期经历了从"标点"到"评点"的质的发展。"批点方式从'抹'向'圈点'的转变，从一个侧面反映出古人读书从最初只注重文章的内容，逐渐地开始关注文章的形式之美，因而才会对文中的清词丽句也要加以关注。"⑤

---

① 李卫军：《〈左传〉评点研究》，博士学位论文，华东师范大学，2008 年，第 8 页。
② 李卫军：《〈左传〉评点研究》，博士学位论文，华东师范大学，2008 年，第 8 页。
③ （清）永瑢等撰《四库全书总目》，中华书局，1965 年，第 210 页。
④ 张伯伟：《中国古代文学批评方法研究》，中华书局，2002 年，第 545 页。
⑤ 姜云鹏：《韩愈古文评点整理与研究》，博士学位论文，复旦大学，2013 年，第 16 页。

"抹"向"圈点"的发展，正是"标点"到"评点"转变的例证，也体现了《左传》文章学的发展。

当然，需要说明的是，朱熹对专注于科举的时文"评点"是持批评态度的。《朱子语类》载："近日真个读书人少，也缘科举时文之弊也，才把书来读，便先立个意思，要讨新奇，都不理会他本意着实。才讨得新奇，便准拟作时文使，下梢弄得熟，只是这个将来使。虽是朝廷什么大典礼，也胡乱信手捻合出来使，不知一撞百碎。前辈也是读书。某曾见大东莱（吕居仁）之兄，他于六经、三传皆通，亲手点注，并用小圈点。注所不足者，并将疏楷书，用朱点。无点画草。某只见他《礼记》如此，他经皆如此。诸吕从来富贵，虽有官，多是不赴铨，亦得安乐读书。他家这法度却是到伯恭（吕祖谦）打破了。自后既弄时文，少有肯如此读书者。"朱熹读书本义在强调道统，故其对六经三传之点注持肯定态度，但对吕祖谦从其家学渊源的"标点"到"评点"的发展持批评态度，认为吕祖谦打破"法度"，"自后既弄时文"，造成读书人多专注于科举功利目的的时文写作而"少有肯如此读书者"。

事物的发展往往是矛盾统一的，朱熹虽反对基于科举应试的时文评点，但因认可经学读书法中的"标点"法而客观上促进了评点学的发展；虽然理学家在学理上持有"作文害道"的基本观点，但《左传》评点学的突破却正是渊源于南宋的理学家朱熹、吕祖谦、真德秀等。纵观《左传》评点发展史，《左传》评点事实上继承了朱熹等理学家读书法之"标点"的精义，在"经不可文论"与"古文之祖"的矛盾统一中蔚为大观。

第三节 《左传》文学评点源流与分期

李卫军《〈左传〉评点研究》认为纵观《左传》文学评点发展的历史，大致可以分为四个时期：明万历以前，是形成期；明万历至明末，为发展期；明末至清乾隆时期，为全盛期；清嘉庆至民国初年，可称《左传》评点的延续与余辉期。[①] 笔者总体同意此四个分期，而具体时限则有

---

① 李卫军：《〈左传〉评点研究》，博士学位论文，华东师范大学，2008 年，第 12 页。

所出入：第一阶段，明嘉靖①以前，为《左传》文学评点的形成期；第二阶段，明嘉靖至明末，为发展期；第三阶段，清初至清乾隆时期，为全盛期；第四阶段，《四库全书总目》编纂完成至民国初年，可称为《左传》文学评点的余辉期。

1. 第一阶段：明嘉靖以前，《左传》文学评点的形成期

张伯伟先生认为："考文学评点之成立，实始于南宋。"② 南宋以前，对《左传》之研究多以经学为主。虽也有刘知幾《史通》从《左传》叙事文学角度对《左传》一书倍加推崇，但就现存的《左传》文学评点形成期的著作来看，从严格意义上说，明嘉靖以前只有真德秀的《文章正宗》一书。③

真德秀《文章正宗》选文始于《左传》，迄于唐末。其《文章正宗纲目》云："正宗云者，以后世文辞之多变，欲学者识其源流之正也。"真德秀知古文"源流之正"，故能溯及先秦，以《左传》入选。此选对《左传》评点影响甚深，约而言之有以下四方面：

第一，前人虽多赞誉左氏之文章，然自真德秀是编以《左传》入选并评点，其后评选古文者始以《左传》居首。如高塘《左传钞·序》即谓："自宋西山真氏《文章正宗》载录《左传》，分为叙事、议论、词命三体，嗣是讲古文者无不取之以冠集首。"④

第二，《文章正宗》所选《左传》各篇，都为之拟题目，其后《左传》评点方多效之，且篇目之名多仍其旧。

其三，《文章正宗》有圈点，有旁批，有夹批，有总评，已经初具评点之体式，为后世《左传》评点提供了借鉴。

第四，真德秀评点《左传》虽多专注于义理，然于左氏之文法颇有揭

---

① 明嘉靖时期产生了以唐顺之为首的唐宋派的一系列《左传》文学评点著作，再结合明中后期文学思潮转变之时限，笔者以为在明嘉靖以后即进入了《左传》文学评点的发展期。

② 张伯伟：《中国古代文学批评方法研究》，中华书局，2002年，第544页。

③ 就目前所见到的材料看，此期尚未出现针对《左传》全书的评点，其中如（宋）吕祖谦《左传》三书及（元）朱申《春秋左传详节句解》等，虽对后来的《左传》评点产生了较大影响，但体式尚不完备，还不能算严格意义上的评点文本。参见李卫军《〈左传〉评点研究》，博士学位论文，华东师范大学，2008年，第14页。

④ 高塘：《左传钞》，《华东师范大学图书馆藏稀见丛书汇刊》第15册，北京图书馆出版社，2006年，第4页。

示。虽仅于旁批点明其句法、章法，但实已开以文法评点《左传》之新
领域。

客观地说，此期的《左传》文学评点著作数量较少，体制草创，评语
简单，圈点不多，《左传》文学评点多依附于古文选本中。如汤汉《妙绝
古今》选《左传》八篇，王霆震《古文集成》则仅选《吕相绝秦书》一
篇。但真德秀《文章正宗》等著作总体上开启了文学评点《左传》的风
气，为《左传》文学评点的发展奠定了基础。

2. 第二阶段：明嘉靖至明末，《左传》文学评点的发展期

《左传》文学评点的发展期以明嘉靖时期为转折点，具体是以唐宋派
的唐顺之《文编》①、归有光《文章指南》等的编纂为标志的。该时期
《左传》文学评点的特点如下。

首先，从编选体例看，这一时期的《左传》文学评点继承真德秀《文
章正宗》的体例不断发展，出现了唐顺之《文编》、归有光《文章指南》、
钟惺《春秋左传》等一系列多以《左传》为首的古文选本。特别值得注意
的是，这一时期出现了一系列《左传》文学评点的专书，如汪道昆《春秋
左传节文》、凌稚隆《春秋左传注评测义》、郝敬《批点左氏新语》、汤宾
尹《重锓增补汤会元遴辑百家评林左传狐白》和孙矿《春秋左传详节句
解》。从古文选本到专书评点，这是《左传》文学评点发展期的一个重要
标志。

其次，评点的内容更加丰富，对《左传》文法的揭示也更加深入。真
德秀《文章正宗》对《左传》的文学评点仅于字句旁点明何处为章法、句
法，极为简略，其夹批与尾批则是针对经义与史事而发。而本时期的《左
传》文学评点，无论是古文选本，抑或是专书评点，其眉批、夹批、旁批

---

① 真德秀《文章正宗》虽也点明章法、脉络，但实以理学为宗；而唐顺之是编则以古文为
尚。观其自序"不能无文，即不能无法。是编者，文之工匠，而法之至也"，而其旨意可
知。是书之评点仍极简洁，然因唐顺之深于古文，故所批动中窾要。其平日尝谓："汉以
前之文未尝无法，而未尝有法，法寓于无法之中，故其为法也，密而不可窥。唐与宋之
文不能无法，而能毫厘不失乎法，以有法为法，故其为法也，严而不可犯。"四库馆臣谓
其妙解文理。又谓是编"标举脉络，批导亥会，使后人得以窥见开阖顺逆、经纬错综之
妙。而神明变化，以薪至于古，学秦汉者，当于唐宋求门径，学唐宋者，固当以此编为
门径矣"。参见（清）永瑢等撰《四库全书总目》卷189，中华书局，1965年，第1716
页。所评亦称中肯。故唐顺之是编虽不主于《左传》，但其纯以文法评点《左传》，亦开
《左传》评点中重文法一派风气之先。

和尾批主要注重分析《左传》的辞章修辞，注重对《左传》中的详略、过渡、虚实、奇偶、整散等文法予以揭示，同时对文章的风格特色也有简明扼要的分析，对各种文章技法的分析也都有很大的进步。如孙鑛评《春秋左传》中《郑伯克段于鄢》的起篇眉批即曰："平平叙去不弄奇，然浓色可掬，盖只是净炼。"

再次，从评点的形式上看，评语的体式更加规范，圈点符号更加完备。《文章正宗》虽然已经具备了夹批、旁批和尾批等评点体式，但大多篇章只有夹批，甚至个别篇章全无评语。而此期的《左传》文学评点，不但卷首多有凡例，增加了题下总评的形式，且夹批、旁批、眉批和尾批一应俱全。如钟惺于庄公八年"瓜时而往，及瓜而代，期戍，公问不至"诸句，旁批曰："叙得简古。"眉批云："碎事委曲凑泊，而又极简，马迁无处着手。"又如宣公十二年《邲之战》眉批云："历历叙事议论，看他碎而能完，板而能灵，乱而能整，可悟作长篇之法。"各种评点本子的评语都有自己的体例，各章节至少有一两种评语，极少出现像真德秀《文章正宗》那样评语时有时无的现象。此外，圈点符号亦有所发展，《文章正宗》有四种圈点符号：点、抹、撇和截，而此期大多以点为主，抹、撇相对减少许多，截的运用则多予以保留，不过同时增加了许多新样式，如张鼐《古文正宗》的圈点符号就有密圈（。。。）、密点（、、、）、大圈（〇）、双圈（◎）、圈加点（⊙）等多种。

最后，该时期的《左传》文学评点多为感悟式、印象式评语，不同于全盛时期的以"法"的美学特征为主导的文学评点。它们主要是以直观感悟、即兴批点的方法揭示《左传》的艺术魅力，能指出文章妙处，但多言其然而不言其所以然。如孙鑛所评，虽亦论文法，但都只言其"叙战事工绝"，"造语工绝"，"一鬼见两形，写法高妙，此下叙法更精"等，对"叙战事""造语"如何工绝及"写法"如何高妙等不言其所以然。其他评点者如钟惺等，亦多言其然却不能言其所以然。

综上所述，此一时期的《左传》评点在内容与形式方面皆已趋于成熟，《左传》文学评点科举导向明显增强，作品数量也远比第一阶段多。值得注意的是，众多《左传》评点本中，有相当一部分出于书坊主伪托，如王世贞《新刻王凤洲先生课儿左传文髓》、张鼐《左传文苑》、汤宾尹《重锓增补汤会元遴辑百家评林左传狐白》等可能都是书坊主托名之作。

此期总体上虽未有能从文法上对《左传》作细致之评点的著作，但也出现了如孙鑛、钟惺等人的具有各自批评特色的《左传》评点著作，因此这一时期实可视为《左传》文学评点中的发展期。

3. 第三阶段：清初至清乾隆时期，《左传》文学评点的全盛期

清初至清乾隆时期是《左传》文学评点学史上《左传》文学评点的全盛期，具有广泛影响及较高理论价值的《左传》评点作品基本上出现于此一时期。在古文选本方面，影响较大者，有金圣叹《天下才子必读书》，孙琮《山晓阁古文选》、储欣之古文选本，过珙《古文觉斯》，林云铭《古文析义》，徐乾学奉敕所选《古文渊鉴》，吴楚材、吴调侯所选《古文观止》，谢有辉《古文赏音》，浦起龙《古文眉诠》，于光华《古文分编集评》等。《左传》专书评点，有王源《文章练要左传评》，刘献廷《左传快评》，方苞《左传义法举要》，冯李骅与陆浩同编《左绣》，魏禧《左传经世钞》，周大璋《左传翼》，姜炳璋《读左补义》，卢元昌《左传分国纂略》，李绍崧《左传快读》，盛谟《于埜左氏录》等。① 此全盛期开始之标志当为金圣叹的《左传》文学评点著作，即其《左传释》一卷及收入《天下才子必读书》的《左传》一卷，终结标志当为《四库全书总目》编纂之完成。全盛期的《左传》文学评点表现出以下几方面的特点。

第一，《左传》文学评点真正成为此期《左传》评点的主流。据统计，全盛期现存《左传》评点作品约有五十种，其中文学评点约四十三种，达到百分之八十以上的比例。许多《左传》评点作者旗帜鲜明地提出文学评点的口号，如王源《左传评·凡例》曰"《传》原以论《经》，《左传》之不合经义者，先儒驳之详矣，兹皆不论，特论文耳"，声明其评点《左传》论文不论经史。又如冯李骅在《刻左例言》中云"鄙意则专论文法"，称《左绣》是"剽窃篇法作意，以见其为古今文字准绳"，强调"《左传》但当论文，不当论事"。可以说，全盛期的《左传》文学评点已经逐渐摆脱传统经史观念的束缚，以文学的视野来评点《左传》。

第二，全盛期的《左传》文学评点已经真正上升到"法"的美学特征。这一时期的《左传》文学评点有一个重要的美学特征上的发展，即由感性的"悟"上升到理性的"法"。明嘉靖至明末时期的《左传》文学评

① 李卫军：《〈左传〉评点研究》，博士学位论文，华东师范大学，2008年，第27页。

点，虽然在著作数量上取得了极大的发展，但有代表性的如孙鑛、钟惺等人的评点方法，总体上是一种感悟式的批评，多随文评点，缺少对文章的整体把握。而到了清前期，《天下才子必读书》《古文观止》《左绣》《左传义法举要》等《左传》文学评点著作，真正由感性的"悟"上升到理性的"法"的美学特征，这可以说是全盛期的《左传》文学评点最鲜明的特征。

第三，全盛期的《左传》文学评点少伪托之作，整体理论价值较高。明嘉靖至明末时期的《左传》文学评点著作伪作甚多，学风空疏，整体理论价值不高。不同于明嘉靖至明末时期的《左传》文学评点著作，受清初实学学风的影响，全盛期的《左传》文学评点著作能在汇集众说的基础上，创新自己的评点内容，具有立言之意识。如《左绣》在参考金圣叹《天下才子必读书》、孙执升《山晓阁左选》、林云铭《古文析义》、唐锡周《左传咀华》、俞宁世《可仪堂左选》等诸多名家的《左传》评点著作后，从文本特征中领悟文学特性，是真正意义上对《左传》进行全文评点的"法"的集大成著作。

第四，文学评点形式更趋完备，内容更为丰富。在评点形式方面，明中后期《左传》文学评点符号较为简略，如对段落层次符号"截"的运用不多，也没有细致区分。而林云铭《古文析义》云："段落住歇处下加截断，以便省览。"王源《左传评·凡例》谓："凡主意用双钩（形状如长矩形），眼目用大圈（○），大段落用大划（——），小段落用半划（—），案用联虚点（形状如一串空心顿号）或单虚点（形状如单个空心顿号），精彩与奇变处用连圈（。。。）、次单圈（。），闲情点缀、句法用连点（、、、），字法用双点（形状如两个顿号重叠）。"① 其段落层次符号已分为两种，即"大段落用大划（——），小段落用半划（—）"。《左绣》则更分为三种：大段落用"——"，小段落用"—"，断而另起者用"⌐"。② 除大、小段落用大划、小划区分外，对文意"另起者"则用"⌐"。总体上，全盛期的《左传》文学评点在评点符号上区分更为细致，分工更为明确，

① （清）王源评订《左传评》十卷，《四库全书存目丛书》第139册，齐鲁书社，1997年，第167页。

② （清）冯李骅、陆浩评辑《左绣》三十卷，文海出版社，1967年，第39页。

体现出文学评点的成熟与完备。

在评点内容上，明中后期的《左传》评点大多比较简略，言其然而不言其所以然。如孙鑛、钟惺等人的《左传》评点著作，大多有感而发、随文品评，较少对全文进行整体把握。而全盛期多数《左传》评点的内容更趋完备，对《左传》之字法、句法、章法、篇法不仅言其然，而且言其所以然。如《左绣》评点"先论全旨，次分大段，又次详小节，又次析句调，务令完其本来，独开生面，要为初学拨其云雾，指其归趣"①，在把握全文主旨基础上，"为初学拨其云雾，指其归趣"，即言其所以然。

4. 第四阶段：《四库全书总目》编纂完成至民国初年，《左传》文学评点的余辉期

从《四库全书总目》编纂完成的清乾隆后期至民国初年，可称《左传》文学评点的余辉期。这一时期的《左传》文学评点著作表现出以下特点。

第一，从《四库全书总目》编纂完成的清乾隆后期开始，《左传》文学评点无论在数量或是质量上都急剧减少。从清乾隆后期到民国初年这二百余年期间，目前现存的《左传》评点著作仅二十种左右，不及全盛时期的一半。其中《左传》文学评点著作仅九种，分别是余诚《重订古文释义新编》、朱宗洛《古文一隅》、曾国藩《古文四象》、方宗诚《春秋左传文法读本》、魏朝俊等人选批《左传》、林纾《左传撷华》、吴曾祺《左传菁华录》、吴闿生与刘培极《左传文法读本》、吴闿生《左传微》。这一时期的评点也多关注文章之篇法、章法、句法、字法，但所论多同于前人，创见整体较少。

第二，这一时期的《左传》文学评点大量翻印前人评本，学术创新价值较低。如钟惺、孙鑛、韩范三人评点《左绣》的合评本，韩菼《评点春秋纲目左传句解汇隽》等都有多种翻刻本。具体如《左绣》有道光十二年刊本、光绪戊戌年刊本、光绪乙巳年重刊本、上海广益书局民国二十六年刊本等翻刻本；《评点春秋纲目左传句解汇隽》有道光二十一年集文堂刊本、上海广益书局宣统三年刻本、上海章福记书局民国五年刻本、上海天宝书局民国九年刊本、上海昌文书局民国十五年刊本、上海商务印书馆民国三年刊本、上海商务印书馆民国二十六年刊本等翻刻本。

---

① （清）冯李骅、陆浩评辑《左绣》三十卷，文海出版社，1967年，第47—48页。

第三，这一时期的《左传》文学评点与科举的紧密度逐渐降低。特别是林纾《左传撷华》、吴闿生《左传微》等作的诞生标志着《左传》文学评点最终与科举脱离，以至衰落。林纾《左传撷华》、吴闿生《左传微》等作诞生于民国初年，此时西学东渐，科举废除，其评点已经不再局限于为科举服务。其《左传》文学评点也渐能突破评点之范畴，显示出现代文学批评的特点。

纵观《左传》文学评点发展史，我们可以断定《左绣》确为《左传》文学评点史上最具代表性的里程碑式著作，这也是本书以《左绣》作为研究对象的意义所在。

第三章 《左绣》评点及时代背景

第一节 《左绣》评点批评环境

一 六经皆文

《左绣》文学评点《左传》之法，实际上是与其时"六经皆文"的时代思潮息息相关的。前人多重视其时章学诚所提出的"六经皆史"，而较为忽略同一时期著名的文学批评家袁枚所一贯倡导的"六经皆文"。

袁枚，字子才，号简斋，又号存斋，晚年自号随园老人，浙江钱塘（今杭州）人，生于康熙五十五年（1716），卒于嘉庆二年（1797）。在清代康乾时期，袁枚不仅是声名最盛、成就最著、影响最大的诗人、文学家，而且是具有造诣和建树的思想家、学者。

"六经皆文"，这是袁枚经学观和文学观的根本所在。袁枚明确提出："六经者，亦圣人之文章耳"[1]，"六经者文章之祖，犹人家之有高、曾也"[2]，"若夫始为古文者，圣人也"[3]，"六经、《三传》，文之祖也"[4]。在他看来，圣人"始为古文"，六经就是"圣人之文章"，而圣人之道即与文章融合为一，所谓"古圣人以文明道，而不讳修词"[5]，他在《虞东先生文

---

① 袁枚：《小仓山房诗文集》，周本淳标校，上海古籍出版社，1988年，第1528页。
② 袁枚：《小仓山房诗文集》，周本淳标校，上海古籍出版社，1988年，第1531页。
③ 袁枚：《小仓山房诗文集》，周本淳标校，上海古籍出版社，1988年，第1544页。
④ 袁枚：《小仓山房诗文集》，周本淳标校，上海古籍出版社，1988年，第1814页。
⑤ 袁枚：《小仓山房诗文集》，周本淳标校，上海古籍出版社，1988年，第1398页。

集序》中也明确指出：

> 文章始于六经，而范史以说经者入《儒林》，不入《文苑》，似强
> 为区分。然后世史家俱仍之而不变，则亦有所不得已也。大抵文人恃
> 其逸气，不喜说经。而其说经者，又曰：吾以明道云尔，文则吾何屑
> 焉？自是而文与道离矣。不知六经以道传，实以文传。《易》称修词，
> 《诗》称词辑，《论语》称为命，至于讨论修饰而犹未已，是岂圣人之
> 溺于词章哉？盖以为无形者道也，形于言谓之文。既已谓之文矣，必
> 使天下人矜尚悦绎，而道始大明。若言之不工，使人听而思卧，则文
> 不足以明道，而适足以蔽道。①

袁枚认为六经的文学意义甚至大于经学意义，六经得以流传，事实上
是得力于文学意义的辞章之美，把经学与文学、儒林与文苑简单区分开来
是不符合历史实际的。与经学本位的"宗经征圣"不同，袁枚强调"不知
六经以道传，实以文传"，认为不是文学攀附于经学，而是经学依赖于文
学。"既已谓之文矣，必使天下人矜尚悦绎，而道始大明"，道必须要立足
于文学的根基，没有文学根基的"道"必然是没有生命力的，是无法"大
明"的。"真正使六经获得生命力的不是所谓抽象而神圣的'道统'，而是
鲜活生动的文章，是文学自身的审美愉悦才使得'道'得以流传。"②"如
果说'六经皆史'是把经学还原于史学，是对经学的一次解放的话，那么
'六经皆文'则是把经学还原为文学，还原为美学，也是对经学的解放，
是传统经学观念的一次重要理论转折。"③ 其从六经乃"圣人之文章"的观
点出发，把落脚点放在文章上，重视文章的修辞达意，强调"六经"文章
本身的重要性。显然，这一看法不仅具有背离传统的色彩，而且具有解放
文学思想的意义。

同时代的著名学者们也都有"六经皆文"的学术思想。如钱谦益在

---

① 袁枚：《小仓山房诗文集》，周本淳标校，上海古籍出版社，1988 年，第 1380 页。
② 傅道彬：《"六经皆文"与周代经典文本的诗学解读》，《文学遗产》2010 年第 5 期，第
   7 页。
③ 傅道彬：《"六经皆文"与周代经典文本的诗学解读》，《文学遗产》2010 年第 5 期，第
   5 页。

《袁祈年字说》中云："六经,文之祖也;左氏、司马氏,继别之宗也;韩、柳、欧阳、苏氏以迄胜国诸家,继祢之小宗也。古之人所以驰骋于文章,枝分流别,殊途而同归者,亦曰各本其祖而已矣。"① 在六经为文之祖的认识前提下,他既看到历代的创作枝分流别,各有不同,又认定它们殊途同归,皆本其祖。如程廷祚表示:"夫三代以来,圣贤经传皆文也。"② 程廷祚要求以经文为业,以经文而成就圣贤之德。钱大昕也认为:"夫道之显者谓之文,六经、子、史皆至文也,后世传文苑,徒取工于词翰者列之,而或不加察,辄嗤文章为小技,以为壮夫不为,是耻罄帨之绣而忘布帛之利天下,执糠秕之细而訾菽粟之活万世也。"③ 他不赞同笼统地斥文章为小技,因为"工于词翰者"不能代表文章本质,这类词翰之作也不可能取代明道经世的文章。这说明,学者的责任不是自矜不为小技,而应"求道于经,以经为文",使文章走上正道,"夫道之显者谓之文",从而真正实现立言不朽的目标。汪琬继承前人"六经皆至文"之说,其在《王敬哉先生集序》云:"夫日月星辰,天之文也;山川草木,地之文也;《易》《诗》《书》《礼》《乐》诸经,人之文也。人之有文,所以经纬天地之道而成之者也。"④ 汪琬认为六经乃"人之文也",因为有文,道才能成。⑤其时著名的《左传》评点专家王源也尝谓:"六经者文之祖,六宗者别子

---

① (清)钱谦益:《牧斋初学集》,钱仲联标校,上海古籍出版社,1985年,第826页。
② (清)程廷祚撰《青溪集》,宋效永标点,黄山书社,2004年,第230页。
③ (清)钱大昕撰《潜研堂集》,吕友仁标校,上海古籍出版社,1989年,第434页。
④ (清)汪琬撰《四库全书存目丛书》第228册《钝翁续稿》五十六卷,齐鲁书社,1997年,第188页。
⑤ 钱锺书先生《管锥编》认为"文人慧悟逾于学士穷研矣"(参见钱锺书《管锥编》第2册,中华书局,1979年,第496页),其第一要义就是"学士不如文人"。钱锺书先生标举"六经皆诗",其对于经学与文学、史学与诗学的关系一直坚持文学本位,坚持文人本色:"老生常谈曰'六经皆史',曰'诗史',盖以诗当史,安知刘氏直视史如诗,求诗于史乎?惜其跬步即止,未能致远入深。刘氏举《左传》宋万襄犀革、楚军如挟纩二则,为叙事用晦之例。顾此仅字句含蓄之工,左氏于文学中策勋树绩,尚有大于是者,尤足为史有诗心、文心之证。"钱锺书赞同刘知幾"视史如诗"的观点,又深为其浅尝辄止未能深入而遗憾。诗不需要攀附经学,也不必附庸于史学,而是具有独立品格和艺术审美的文学价值。其以《左传》文章为例,认为《左传》在文学上的贡献绝不局限于"字句含蓄之工",而更在于"史有诗心、文心"。参见傅道彬《"六经皆文"与周代经典文本的诗学解读》,《文学遗产》2010年第5期。

为祖，而各立门户以为宗。"①

总之，《左绣》以论文为主，成为《左传》文学评点上的里程碑式著作，与"六经皆文"时代思潮是分不开的。

二 "义法"说

《左绣》文学评点《左传》之法，与其时"义法说"的批评环境也是分不开的。冯李骅《左绣·刻左例言》认为《左传》"字有字法，句有句法，章有章法"，乃至"长者于万言，短者一、二字"皆"笔笔有法"。"其自全篇以至一字，剪裁、配搭、顺逆、分合、提束、呼应，无一点错乱，无一点挂漏，无一点板滞，无一点偏枯。极参差，又极整齐；极变化，又极均匀，直以夜来之针，制天孙之锦。"②冯李骅谓《左传》全篇以至一字，皆有法度可循，具体归纳了详略、宾主、离合、虚实、埋伏、剪裁、褒贬、起法、过渡、伏应、眼目、断结、提应、偶对、牵上搭下、以整齐为错综、以中间贯两头、正叙、原叙、顺叙、倒叙等文法，而且"不仅言其然，而且言其所以然"，体现出《左绣》重法、尚法的特点。

但需要注意的是，《左绣》绝不仅仅是单纯的文法完备之作，其专论文法"是指以文法为视窗，透过这个窗口去看义理思想"③。冯李骅在其《读左卮言》中一再强调："语云坐井而观天曰天小者，非天小也。《左传》所载何等经济，何等学问。今概置不论，仅仅以所谓篇法作意者当之，其与坐井观天何异。然载道者谓之文，文亦道之所寄。"④冯氏指出其评点《左传》绝不仅仅"以所谓篇法作意者当之"，不仅仅是为求文法而文法，而是为义理而求文法，为道统而尽力发抉文法。客观地说，"《左绣》一书作为义法说之具体呈现，确当之无愧"⑤。

---

① （清）王源评订《左传评》十卷，《四库全书存目丛书》第 139 册，齐鲁书社，1997 年，第 164 页。
② （清）冯李骅、陆浩评辑《左绣》三十卷，文海出版社，1967 年，第 61—62 页。
③ 蔡妙真：《追寻与传释——左绣对左传的接受》，万卷楼图书股份有限公司，2003 年，第 470 页。
④ （清）冯李骅、陆浩评辑《左绣》三十卷，文海出版社，1967 年，第 45 页。
⑤ 蔡妙真：《追寻与传释——左绣对左传的接受》，万卷楼图书股份有限公司，2003 年，第 444 页。

首次明确提出"义法说"的即是桐城派初祖方苞①。方苞在其著名的《又书货殖传后》中这样阐释"义法"的来源及含义：

> 《春秋》之制义法，自太史公发之，而后之深于文者亦具焉。义即《易》之所谓言有物也，法即《易》之所谓言有序也。义以为经而法纬之，然后为成体之文。②

"义"是对文章内容方面的要求，包含文章的思想意蕴、客观事理等内容，注重表现和阐发儒家的伦理道德特别是孔子的《春秋》之义，强调"言之有物"；"法"指文章的法则，包含文章体式、详略虚实等表达方法，是对文章形式方面的要求，强调"言之有序"。"义"决定"法"，"法"体现"义"，"义以为经而法纬之"，"法以义起而不可易者"③，"夫法之变，盖其义有不得不然者"④。日本学者青木正儿也在其《清代文学评论史》中指出方苞"义法说"关乎的是古代文学根源的"文道说"："'义'应以儒教的道义特别是孔子的《春秋》之义为根柢，坚持所谓'载道'之说；'法'则应体现《春秋》的褒贬笔法之意，以《左传》《史记》以来唐宋八家古文之法为宗，使此二者相为表里、互相关联来评论或撰写文章，这就是'义法'。所以它不是专讲抑扬、顿挫、波澜、照应之类的单纯性的文法，它所论述的是根据义理去判断、取舍内容而如何将其表达为文字的方法。"⑤"义法"说不是专讲单纯的文法，而是以义理为本；"义法"说既是对传统文道关系问题的总结和深化，又是桐城派古文理论的核心和坚守的作文法门。

方苞此论"义法说"虽针对司马迁《史记》，但其也说明《左传》先于《史记》为义法之最精者，"盖古文所从来远矣，六经、《语》、《孟》，其根

---

① 方苞（1668—1749），字凤九，又字灵皋，晚年号望溪，安徽桐城人。康熙四十五年（1706）进士，累官礼部侍郎，为桐城派初祖。著有《左传义法举要》《方氏左传评点》等《左传》评点学著作。

② （清）方苞：《方苞集》，刘季高校点，上海古籍出版社，1983年，第58页。

③ （清）方苞：《方苞集》，刘季高校点，上海古籍出版社，1983年，第851页。

④ （清）方苞：《方苞集》，刘季高校点，上海古籍出版社，1983年，第64页。

⑤ 〔日〕青木正儿：《清代文学评论史》，杨铁婴译，中国社会科学出版社，1988年，第158页。

源也。得其枝流而义法最精者，莫如《左传》《史记》"①，"夫纪事之文成体者，莫如左氏；又其后，则昌黎韩子；然其义法，皆显然可寻"②。同时也构建了一脉相承的作文法式："《左传》——《史记》——韩愈、柳宗元、欧阳修、三苏、王安石、曾巩——归有光——方苞。"③说明"诸体之文，各有义法"④，其现存《左传义法举要》《方氏左传评点》等著作也始终坚持以"义法"贯之。且方苞及其开创的桐城派的核心创作理念"义法说"，与《左传》评点之间实有诸多的内在联系。桐城派著名的《左传》评点学代表作如李文渊《左传评》、姜炳璋《读左补义》、刘大櫆《评点左传》、姚鼐《评点左传》、曾国藩《评点左传》、吴汝纶《评点左传》、林纾《左传撷华》、吴闿生《左传微》等都承继"义法说"的根本理念，故张高评先生谓："桐城文家所师者，一左传耳；所谓桐城义法者，左传之义法也。"⑤

可以说方苞"义法说"是桐城派后学历代相承的理论核心，但特别需要注意的是，其产生绝不是一个人提出的结果，而至少是康熙时期一个时代智慧的结晶。"方苞的古文义法说，是在康熙评点学大盛之时，从《左传》、《史记》等史传文章的评点中抽绎而得。"⑥"（方苞）之所以提出义法来，实是一个时代趋向，不仅是一个人的想法。"⑦"义法说"是方苞吸取了同时代相关学者的思想精华而创立的。在"义法说"理念方面，《万季野墓表》记载了万斯同生前以自己四十年搜集的明史资料对方苞一再嘱托："子诚欲以古文为事，则愿一意于斯，就吾所述，约以义法，而经纬其文，他日书成，记其后曰：'此四明万氏所草创也。'吾死不恨矣。"⑧在"义法说"的"言有物"方面，桐城派先驱戴名世⑨在其《答赵少宰书》中曰："今夫立言之道莫著于《易》，《家人》之《象》曰：'君子以言有物而行有恒'。夫有所为而为之之谓物，不得已而为之之谓物，近类而切事，发

---

① （清）方苞：《方苞集》，刘季高校点，上海古籍出版社，1983年，第613页。
② （清）方苞：《方苞集》，刘季高校点，上海古籍出版社，1983年，第59页。
③ 周作人：《中国新文学的源流》，江苏文艺出版社，2007年，第42页。
④ （清）方苞：《方苞集》，刘季高校点，上海古籍出版社，1983年，第137页。
⑤ 张高评：《左传之文学价值》，文史哲出版社，1990年，第64页。
⑥ 罗军凤：《清代春秋左传学研究》，人民出版社，2010年，第343页。
⑦ 王达津：《古代文学理论研究论文集》，南开大学出版社，1985年，第216页。
⑧ （清）方苞：《方苞集》，刘季高校点，上海古籍出版社，1983年，第331页。
⑨ （清）戴名世（1653—1713），字田有，安徽桐城人。康熙四十八年（1709）进士，为桐城派先驱。著名的"清初三大文字狱案"之一的"《南山集》"案"之作者。

挥而旁通,其间天道具焉,人事备焉,物理昭焉,夫是之谓物也。夫子之释《乾》之九三也,曰:'修辞立其诚,所以居业也。'惟立诚固有物,苟其不然,则虽菁华烂熳之章,工丽可喜之作,《中庸》之所谓'不诚无物'也,君子之所不取也。夫代人而为之言者,彼之意吾不之知也。"① 戴名世认为"有所为而为之","天道具焉,人事备焉,物理昭焉"谓之物;若无物,文章虽"菁华烂熳""工丽可喜"也不可取。其"言有物"以《易》为根据,实际上直接启发了方苞对于"言有物"及其"义法说"的理解。

《左绣》既是在"义法说"时代理论思潮中产生的一部巨著,同时又是"义法说"在理论定型过程中的功臣。其以详略、虚实、剪裁等文法以见义,以最完备之文法阐释最系统之义理,终于成为"义法说"最系统、最典范的里程碑式之作。姚永朴《文学研究法》开宗明义即言"文学之纲领,以义法为首"②,《左绣》以文法求义理,实则也是《左传》文学研究之纲领。总之,"《左绣》以文章义法的期待视野来阅读《左传》,由法以见义"③,其法由义起,因义定法,法随义变,为最具"义法"之作。

三　理学思潮

《左绣》是成书于清康熙年间的《左传》学著作,与康熙朝的主流哲学思想朱子理学内在相关。从朱熹的《春秋》经学思想出发,在研究朱熹《春秋》学思想、亲撰的《资治通鉴纲目》以及构建的义理史学的基础上,理解《左绣》评点与理学思潮的内在联系。

1. 得"春秋大义"的《左传》学

朱熹自小就接受《春秋》学思想下的《左传》学教育,其父朱松十分重视"说古今成败兴亡"的《左传》学的启蒙教育:"熹之先君子好《左氏》书,每夕读之,必尽一卷乃就寝,故熹自幼未受学时已耳熟焉。"④ 朱熹从《左传》而及史学,奠定了其以《春秋》学为基础的史学观。在

---

① (清)戴名世:《戴名世集》,王树民编校,中华书局,1986年,第6—7页。
② 姚永朴:《文学研究法》,许振轩校点,黄山书社,1989年,第22页。
③ 蔡妙真:《追寻与传释——左绣对左传的接受》,万卷楼图书股份有限公司,2003年,第446—447页。
④ (宋)朱熹等撰,朱杰人、严佐之、刘永翔主编《朱子全书》第24册,上海古籍出版社、安徽教育出版社,2010年,第3890页。

《春秋》三传中，朱子更注重《左传》，究其内在原因即在于《左传》是通过记载史事来探求"春秋大义"的。朱熹尝明确强调：

> 左氏所传《春秋》事，恐八九分是。《公》《穀》专解经，事则多出揣度。①
>
> 《春秋》制度大纲，《左传》较可据，《公》《穀》较难凭。②
>
> 国秀问《三传》优劣。曰："左氏曾见国史，考事颇精，只是不知大义，专去小处理会，往往不曾讲学。《公》《穀》考事甚疏，然义理却精。二人乃是经生，传得许多说话，往往都不曾见国史。"③
>
> 以三传言之，左氏是史学，《公》《穀》是经学。史学者记得事却详，于道理上便差；经学者于义理上有功，然记事多误。④

综观朱熹《左传》学相关论述，其对《左传》记载史事之实是持肯定态度的；且对《左传》通过记史事来探求"春秋大义"也表示了明确的肯定：

> 看《春秋》，且须看得一部《左传》首尾意思通贯，方能略见圣人笔削，与当时事之大义。⑤
>
> 《春秋》之书，且据《左氏》。当时天下大乱，圣人且据实而书之，其是非得失付诸后世公论，盖有言外之意。⑥

相比于三传中的《公羊传》《穀梁传》，朱熹认为读《春秋》当据

---

① （宋）朱熹等撰，朱杰人、严佐之、刘永翔主编《朱子全书》第 17 册，上海古籍出版社、安徽教育出版社，2010 年，第 2840 页。
② （宋）朱熹等撰，朱杰人、严佐之、刘永翔主编《朱子全书》第 17 册，上海古籍出版社、安徽教育出版社，2010 年，第 2840 页。
③ （宋）朱熹等撰，朱杰人、严佐之、刘永翔主编《朱子全书》第 17 册，上海古籍出版社、安徽教育出版社，2010 年，第 2840 页。
④ （宋）朱熹等撰，朱杰人、严佐之、刘永翔主编《朱子全书》第 17 册，上海古籍出版社、安徽教育出版社，2010 年，第 2841 页。
⑤ （宋）朱熹等撰，朱杰人、严佐之、刘永翔主编《朱子全书》第 17 册，上海古籍出版社、安徽教育出版社，2010 年，第 2836 页。
⑥ （宋）朱熹等撰，朱杰人、严佐之、刘永翔主编《朱子全书》第 17 册，上海古籍出版社、安徽教育出版社，2010 年，第 2837 页。

《左传》，正在于《左传》"据实而书"，于史事见大义。"叔器问读《左传》法。曰：'也只是平心看那事理、事情、事势。……《春秋》之书，且据左氏。当时天下大乱，圣人且据实而书之，其是非得失，付诸后世公论，盖有言外之意。'"① 朱熹也正通过读《左传》之"事理、事情、事势"，通过对历史事件"理、情、势"的理解，而得《春秋》大义。

朱熹的《春秋》学思想及其《左传》学能明"春秋大义"，还表现在其不主张逐字褒贬，不认可凡例之说。《朱子语类》记载：

> 当时史书掌于史官，想人不得见。及孔子取而笔削之，而其义大明。孔子亦何尝有意说用某字，使人知劝；用某字，使人知惧；用某字，有甚微词奥义，使人晓不得，足以褒贬荣辱人来？不过如今之史书直书其事，善者恶者了然在目，观之者知所惩劝，故乱臣贼子有所畏惧而不犯耳。近世说《春秋》者太巧，皆失圣人之意。又立为凡例，加某字，其例为如何；去某字，其例为如何，尽是胡说。②
>
> 想孔子当时只是要备二三百年之事，故取史文写在这里，何尝云某事用某法？某事用某例邪？③
>
> 《春秋》只是直载当时之事，要见当时治乱兴衰，非是于一字上定褒贬。④

朱熹强调《春秋》绝不是于一字上定褒贬，并无牵强附会的凡例之说，而是根据史实见大义："此是圣人据鲁史以书其事，使人自观之，以为鉴戒尔。"⑤"孔子但据直书而善恶自著。"⑥"若谓添一个字、减一个字，便是褒

① （宋）朱熹等撰，朱杰人、严佐之、刘永翔主编《朱子全书》第 17 册，上海古籍出版社、安徽教育出版社，2010 年，第 2837 页。
② （宋）朱熹等撰，朱杰人、严佐之、刘永翔主编《朱子全书》第 15 册，上海古籍出版社、安徽教育出版社，2010 年，第 1803—1804 页。
③ （宋）朱熹等撰，朱杰人、严佐之、刘永翔主编《朱子全书》第 17 册，上海古籍出版社、安徽教育出版社，2010 年，第 2831—2832 页。
④ （宋）朱熹等撰，朱杰人、严佐之、刘永翔主编《朱子全书》第 17 册，上海古籍出版社、安徽教育出版社，2010 年，第 2832 页。
⑤ （宋）朱熹等撰，朱杰人、严佐之、刘永翔主编《朱子全书》第 17 册，上海古籍出版社、安徽教育出版社，2010 年，第 2833 页。
⑥ （宋）朱熹等撰，朱杰人、严佐之、刘永翔主编《朱子全书》第 17 册，上海古籍出版社、安徽教育出版社，2010 年，第 2833 页。

贬，某不敢信。"① 可以说其将"春秋大义"之史学最核心的精神阐释出来，但又不穿凿附会，"这体现了朱熹经史结合而求经书本义及大义的思想特点"②。

2. 史中之经——《资治通鉴纲目》

朱熹《资治通鉴纲目》共59卷，全书以"纲目"为体，纲仿《春秋》，目仿《左传》。关于《资治通鉴纲目》著作完成情况，学界曾长期存在几种不同观点：一种认为是朱熹独撰，代表如汤勤福《朱熹的史学思想》、束景南《朱子大传》；一种认为是朱熹仅亲订凡例，而由其门人赵师渊总其成，并于樊川书院续编完成；一种认为朱熹亲订凡例、完成初稿，并完成部分重修工作，最后由门人赵师渊修订完成。叶建华先生在《〈资治通鉴纲目〉简论》中考证认为："朱熹编《纲目》，先有蔡季通、李伯谏、张元善、杨伯起等帮助编成初稿，后有赵师渊等帮助修改整顿。"③ 汤勤福《朱熹的史学思想》详细考证了《资治通鉴纲目》的编修过程，认为《资治通鉴纲目》不仅为朱熹亲撰，而且进行过重修；但认为《凡例》和"八书"属于伪作。在叶建华、汤勤福等学者考证的基础上，顾少华《朱熹"八书"与〈资治通鉴纲目凡例〉真伪新考》进一步考证"八书"确出自朱熹之手，而通过"八书"可以确认《凡例》来源可信可靠；同时详细论证"《凡例》和《纲目》的初稿分别完成于乾道七年（1171年）和淳熙二年（1175年）"④。"概而言之，淳熙二年（1175）《纲目》初稿完成后，朱熹开始了修改工作，至淳熙七年基本已停止，此次修改大致完成了全书前三分之一，但效果不佳。"⑤ 综合学界最新研究成果看，《资治通鉴纲目》确是朱熹《春秋》学思想的代表作。其生前虽未最后定稿，但朱熹不仅手订凡例、完成初稿，而且对《资治通鉴纲目》的具体内容进行了整体性的修订。

值得注意的是，朱熹《资治通鉴纲目》的修订工作是伴随其《春秋》学思想的不断成熟而进行的。汤勤福《朱熹的史学思想》即指出："《资治

① （宋）朱熹等撰，朱杰人、严佐之、刘永翔主编《朱子全书》第17册，上海古籍出版社、安徽教育出版社，2010年，第2833页。
② 蔡方鹿：《朱熹经学与中国经学》，人民出版社，2004年，第465页。
③ 叶建华：《〈资治通鉴纲目〉简论》，《朱子学刊》1990年第一辑，第105页。
④ 顾少华：《朱熹"八书"与〈资治通鉴纲目凡例〉真伪新考》，《史学月刊》2016年第8期，第91页。
⑤ 顾少华：《朱熹"八书"与〈资治通鉴纲目凡例〉真伪新考》，《史学月刊》2016年第8期，第89页。

通鉴纲目》成书过程问题，反映出朱熹编纂思想上的变化，即朱熹从原来以《春秋》笔法为撰述义例，而最终则又改变为重天理而据史实的编纂思想。"① 结合前辈学者考述及相关史料看，朱熹《春秋》学思想或是在淳熙二年（1175）后重修《资治通鉴纲目》的历史进程中逐渐成熟的。事实上，朱熹自幼即与《春秋》结缘，其父朱松十分重视《春秋》学思想，认为《春秋》经是君臣父子、大伦大法，必须通过学习春秋大义而进学修身。朱熹《书临漳所刊四经后》即载："熹之先君子好左氏书，每夕读之，必尽一卷乃就寝，故熹自幼未受学时已耳熟焉。及长，稍从诸先生长者问《春秋》义例，时亦窥其一二大者，而终不能自信于其心。以故未尝敢辄措一词于其间，而独于其君臣父子、大伦大法之际为有感也。"② 朱熹自幼随父研习《春秋》，并能"窥其一二大者"，虽"未尝敢辄措一词于其间"，但恰恰是这从小就培养起来的对《春秋》的治学精神铸就了其在《资治通鉴纲目》创作上的伟大成就。可惜朱熹在《春秋》学思想逐渐成熟后，因身体等各方面原因，未能最后将《资治通鉴纲目》定稿，于晚年托付给赵师渊修订。但客观地说，《资治通鉴纲目》的编纂及修订过程是伴随朱熹《春秋》学思想的不断成熟而进行的，其成书是朱熹《春秋》学思想的集中体现。③

《资治通鉴纲目》融合编年体、纪传体、纪事本末体、史评体等史学体例，创造了一种新的史书体裁——"纲目体"。④ 传统史书体裁主要有编

① 汤勤福：《朱熹的史学思想》，齐鲁书社，2000 年，第 193 页。

② （宋）朱熹等撰，朱杰人、严佐之、刘永翔主编《朱子全书》第 24 册，上海古籍出版社、安徽教育出版社，2010 年，第 3890 页。

③ 朱熹经过从幼年到晚年整个人生阶段对《春秋》学的不断探索，终于在晚年更坚定了对《春秋》学"属辞比事""于事见义"的春秋本义的理解，促进了其对《资治通鉴纲目》的不断修订。其临终前还在修订《稽古录》（即《资治通鉴纲目》），蔡沈《梦奠记》记载："庆元庚申三月初三日戊午，先生在楼下改《书传》两章，又贴修《稽古录》一段。"后代如元代历史学家揭傒斯也肯定朱熹《资治通鉴纲目》的创作之功："以圣之人志莫大于《春秋》，继《春秋》之迹，莫尚于《通鉴纲要》。凡司马氏宜书而未书者，朱子之；宜正而未正者，朱子正之。恐朱子之意不白于天下后世，乃著《通鉴纲目书法》五十九卷，盖历三十年而成。"

④ 值得一提的是，明代药物学家李时珍著名的《本草纲目》一书也采用了"纲目体"，可见朱熹发明"纲目体"影响之大。朱熹的《资治通鉴纲目》正是在明清时代的全面接受中被视为史学之正统，可惜后世在接受上存在因强调史学独立价值而过于放大其负面影响的一面。事实上，朱熹《纲目》之作，不论从春秋大义上，还是从融合编年体、纪传体、纪事本末体等体例上，都是中华传统文化中的史学集大成之作。明清两代尊其为"史中之经"，绝不是单纯的政治力量所能达到的，这其中应是有文化渊源的。

年体与纪传体,而朱熹在编年体与纪传体的基础上注重创新发展,以相互错综的方法,"错者,杂而互之也;综者,条而理之也",在传统史书体裁的基础上实践创造出更易记述历史、更明了的"纲目体"。"纲"就是用非常简练概括的话记述每一条史实,就像现在写文章提纲一样;每一条史实则根据时间顺序写出,犹如《春秋》之经。"目"就是进一步详细地阐述"纲"中的历史事件,犹如《左传》对《春秋》作注一样。朱熹创造的这种新史体"纲举而不繁,目张而不紊,国家之理乱,君臣之得失,如指诸掌",是一种便于"陈理叙史"的史体。梁启超先生就明确指出:"这体(纲目体)的好处,文章干净,叙述自由,看读方便。"① "纲目体"由于条理清楚,简明扼要,尤其适合于初学者对历史知识的掌握,不失为一大发明。其在"春秋大义"的基础上普及史学精神,故在后世影响极大。宋明以来,《通鉴纲目》续作层出不穷,如尹起莘的《资治通鉴纲目发明》、刘友益的《通鉴资治纲目书法》、汪克宽的《通鉴纲目考异》、商辂的《通鉴纲目续编》等;明朝将《资治通鉴纲目》与"四书五经"同列,"颁之学宫,令士子诵习",同时还将通鉴与纲目合抄在一起,并以"纲鉴"名之;"在民间出现了'纲鉴'史书,这也标志着通鉴史书在民间的普及化趋势"②;清朝的康熙帝则有《御批通鉴纲目》,乾隆帝也有《御批通鉴辑览》亲笔评点著作。《资治通鉴纲目》在明清时期的影响力事实上超过了《资治通鉴》本身,可以说,"朱熹的《通鉴纲目》,不仅在一定程度上改变了通鉴学的发展方向,并对元明清三代史学的发展产生了深远的影响"③。

《资治通鉴纲目》不但在明清时代作为最正统的史学主流被予以继承和发展,而且还深刻影响朝鲜、日本、越南史学的发展。如朝鲜柳义孙《纲目训义》云"朱文公《纲目》祖《春秋》之笔,其文则史,而义则经也",体现出朝鲜对《资治通鉴纲目》内在的《春秋》学思想的理解。日本方面代表如著名日本朱子学者林罗山,其编纂的《本朝通鉴》"从体例上说是依照《通鉴》,而从思想上则是依据《纲目》"④;又如水户派,其

---

① 梁启超:《中国历史研究法补编》,中华书局,2010年,第193页。
② 左桂秋:《明代通鉴学研究》,中国海洋大学出版社,2009年,第53页。
③ 左桂秋:《明代通鉴学研究》,中国海洋大学出版社,2009年,第28页。
④ 汤勤福:《朱熹的史学思想》,齐鲁书社,2000年,第368页。

修撰的《大日本史》体现出强烈的朱子学思想，"以朱熹《通鉴纲目》的正闰观、名分论作标准来处理日本历史"①，并使《春秋》学及儒学思想取代佛教思想成为日本幕府政权的统治思想。在越南，黎圣宗每年颁书于各府，其中最重要的书就有《资治通鉴纲目》；越南"国史"《钦定越史通鉴纲目》即以《资治通鉴纲目》为蓝本，叙述上自雄王、下至黎朝昭统帝三年的越南历史，可以说继承了朱熹《春秋》学思想及史学观。

明朝状元商辂等撰的《进续资治通鉴纲目表》曰："伏以经以载道，阐万世之文明；史以辅经，昭累朝之鉴戒。东鲁大圣删述于前，考亭大儒祖述于后，此《春秋》为经中之史，而《纲目》实史中之经。"②朱熹不注《春秋》经，但正通过《资治通鉴纲目》这一"史中之经"最好地注解了《春秋》经。"如果《春秋》只具有史的地位，那么他的《纲目》倒具有经的意义，它甚至代替了《春秋》，在他的五经学体系中起着《春秋》学的特殊作用。"③《资治通鉴纲目》实与《左传》相通，在"于事求义"上得《春秋》大义。朱熹自谓《资治通鉴纲目》的创作特点是"纲仿春秋，目仿左传"，故《通鉴》得《春秋》《左传》之正统，而《纲目》也得《春秋》《左传》之正义。陈垣《通鉴胡注表微》曾指出："《通鉴》书法，不尽关褒贬，故不如《春秋》之严。温公谦不敢法《春秋》，而志在续《左氏传》，有所感触，亦仿左氏设辞'君子曰'而称'臣光曰'以发之。余则据事直书，使人随其实地之异而评其得失，以为鉴戒，非有一定不易之书法也。"④从某种角度上说，朱熹《纲目》与司马光《资治通鉴》一样得《左传》精义，并通过"据事直书"之"于事见义"而得《春秋》大义。

朱熹《资治通鉴纲目》实得《春秋》学"于事见义"之大义，也开启了后世学者从"属辞比事"一脉研究及践行《春秋》学的正确道路。后世《春秋》学学者如家铉翁、吴澄、程端学、赵汸、毛奇龄等即沿着朱熹"于事见义"的治学门径在"属辞比事"的大道上不断前进，得《春秋》大义。朱熹在撰写《资治通鉴纲目》时一再强调其创作根本旨意："岁周

① 汤勤福：《朱熹的史学思想》，齐鲁书社，2000年，第372页。
② 商辂撰《商文毅公集》十卷，《四库全书存目丛书》第35册，齐鲁书社，1997年，第7页。
③ 束景南：《朱熹研究》，人民出版社，2008年，第329页。
④ 陈垣撰《通鉴胡注表微》，科学出版社，1958年，第20页。

于上而天道明矣，统正于下而人道定矣，大纲概举而监戒昭矣，众目毕张而几微著矣。是则凡为致知格物之学者，亦将然有感于斯。"① 这正说明了《资治通鉴纲目》之创作是上述《春秋》道统的，是《春秋》学在具体事件中践行的典型表现，体现了《春秋》学"于事见义"之精义，是朱熹《春秋》学思想下的史学集大成之作。

3. 义理史学的新构建

《朱子语类》亦载："张元德问《春秋》《周礼》疑难。曰：'此等皆无佐证，强说不得。若穿凿说出来，便是侮圣言。不如且研穷义理，义理明，则皆可遍通矣。'"② "只是《春秋》却精细，也都不说破，教后人自将义理去折衷。"③ 朱熹以义理解《春秋》，而又强调《春秋》可当史书看，将《春秋》学思想与史学内在融合，从而开创了义理史学④的新领域。其义理史学的构建主要表现为注重实践的历史哲学、先经后史的治史顺序、辨明正统的史学思想。

首先，朱熹义理史学是真正能践行于中华文化土壤上的实践哲学。从朱熹义理史学践行效果看，黄道周即是最典型之例子。据庄起俦《漳浦黄先生年谱》载："青原公以事至会城，置《通鉴纲目》，躬负以归，手为点定。先生昕夕研阅，便知忠良邪正之辨，人治王道之大。"⑤ 黄道周父亲在黄道周七岁时即授之以朱熹所著《资治通鉴纲目》，且是"躬

---

① （宋）朱熹等撰，朱杰人、严佐之、刘永翔主编《朱子全书》第 8 册，上海古籍出版社、安徽教育出版社，2010 年，第 2 页。

② （宋）朱熹等撰，朱杰人、严佐之、刘永翔主编《朱子全书》第 17 册，上海古籍出版社、安徽教育出版社，2010 年，第 2836 页。

③ （宋）朱熹等撰，朱杰人、严佐之、刘永翔主编《朱子全书》第 17 册，上海古籍出版社、安徽教育出版社，2010 年，第 2842 页。

④ 后世对义理史学的弊端批判较多，如认为其从先验的理出发，违背了《春秋》"据实而书"的基本史学精神；特别是因其被元、明、清三代统治者加以利用而放大了负面因素，再加上历史上对于"理学"违背人性的历史批判等原因，义理史学更是存在被全盘否定的历史境遇。事实上，义理史学确也有其优点，若没有先树立正确的价值评判体系，则实会造成朱熹所言"一代史册被他糊涂，万世何以取信"之后果；而且从学术角度出发来评价，也应吸收其优势之处。作者以为当代分科而治的史学学科尤其需要吸收义理史学的精义。也有学者认为："朱熹要求史著中贯穿义理，实际是从哲学、政治理想高度来统帅编纂史书，这比他的前人与同辈的见解都深刻得多。"参见汤勤福《朱熹的史学思想》，齐鲁书社，2000 年，第 175 页。

⑤ 洪思等：《黄道周年谱》，侯真平、娄曾泉校点，福建人民出版社，1999 年，第 48 页。

负以归，手为点定"，可谓虔诚之至；而黄道周更是"昕夕研阅"，于事辨义。后黄道周抗清死节临刑时血书遗家人："纲常万古，节义千秋；天地知我，家人无忧。"且历史性地因其以死明志被异朝之清乾隆皇帝誉为"一代完人"，可谓是义理史学跨越朝代、政治、民族等界限的典型佐证。

其次，在义理史学构建中，朱熹强调"先经后史"的治史顺序。《朱子语类》卷一二二载："读书须是以经为本，而后读史。"[①] 朱熹坚定地认为人首先应该形成自己的道德修养，"史论正亦未须遽作，且务穷经观理，深自涵养了取自家身上事为佳"[②]。"大率学者须更令广读经，史乃有可据之地，而又非先识得一个义理蹊径则亦不能读"[③]，即需先明"理"，这是阅读史书的前提；而后在明了义理的基础上再来评判治国之事。"凡读书，先读《语》《孟》，然后观史，则如明鉴在此，而妍丑不可逃。若未读彻《语》《孟》《中庸》《大学》便去看史，胸中无一个权衡，多为所惑"，即"为己而后可以及人，达理然后可以制事"[④]。朱熹在这里反对割裂经史，指出明理与读史书，两者不可偏废。一方面，如果义理未精，尺度未明而遽然先观史书，则不仅不能通过史事来体会义理，相反还会使心中的义理发生动摇；另一方面，如果义理已明，而不结合历史的治乱兴亡、典章制度的盛衰演变以"制事"，则义理仅停留于空头理论而不得其用。

再次，在义理史学构建中，朱熹强调辨明正统的史学思想。朱熹《资治通鉴纲目》成书的最先动机，是不满于司马光《资治通鉴》不讲正统的史学思想。《朱子语类》卷一〇五载："问《纲目》主意。曰：'主在正统。'问：'何以主在正统？'曰：'三国当以蜀汉为正，而温公乃云：某年某月，诸葛亮入寇，是冠履倒置，何以示训？缘此遂欲起意成书。推此

---

① （宋）朱熹等撰，朱杰人、严佐之、刘永翔主编《朱子全书》第18册，上海古籍出版社、安徽教育出版社，2010年，第3851页。

② （宋）朱熹等撰，朱杰人、严佐之、刘永翔主编《朱子全书》第16册，上海古籍出版社、安徽教育出版社，2010年，第2578页。

③ （宋）朱熹等撰，朱杰人、严佐之、刘永翔主编《朱子全书》第18册，上海古籍出版社、安徽教育出版社，2010年，第3859页。

④ （宋）朱熹等撰，朱杰人、严佐之、刘永翔主编《朱子全书》第14册，上海古籍出版社、安徽教育出版社，2010年，第353—354页。

意,修正处极多.'"① 朱熹强调三国当以蜀汉为正统,并提出了自己的正统理论。其《资治通鉴纲目》上承《春秋》大义,把非正统的朝代根据其不同情形分成正统之余、正统之始、列国、建国、篡贼、僭国、不成君、远方小国等八种类型;并对正统、非正统的岁年、名号、即位、改元、尊立、朝会、封拜等都做了严格的界定。客观地说,朱熹的"正统说"② 在南宋社会背景下是有积极意义的。第一,他极力宣扬大一统思想,努力维护大一统社会政治局面,是顺应民心和社会发展需要的;第二,他将那些正而无统的王朝归于无统之例,意在激励其时南宋王朝奋发有为,完成统一大业,具有很强的现实意义;第三,朱熹的正统论为历史上的正统之辨立定了一个较明确的标准,对中华民族历史发展产生了深远的影响。

综上说明,朱熹的《春秋》学思想、亲撰的《资治通鉴纲目》以及构建的义理史学,代表了康熙朝官方对《左传》学的基本观点,也为以《左绣》为代表的清前期《左传》评点著作提供了一个最佳的评点批评环境,孕育了《左传》评点的全面繁荣。

四 实学思潮

《左绣》为冯李骅"殚数年精力与其同学陆君"③ 完成之巨著,无论从治学方法还是著作成果来看都很见实学特征。《左绣》书前有写于康熙五十九年(1720)的《左绣序》,其作者即是"一代名宦"朱轼。朱轼(1665—1736),字若瞻,号可亭,江西高安人,为清代康熙、雍正、乾隆三朝重臣,官至文华殿大学士,被誉为"帝师元老"。朱轼于康熙五十六年(1717)任浙江巡抚,其《左绣序》指出《左传》乃"绝世雄才不逞所志"而抒写之作,大加赞赏《左绣》这一对《左传》进行全文评点的实才之作。特别值得注意的是,朱轼曾特意拜访李塨,自谓神

---

① (宋)朱熹等撰,朱杰人、严佐之、刘永翔主编《朱子全书》第17册,上海古籍出版社、安徽教育出版社,2010年,第3459页。

② 朱熹辨明正统的史学观尝一度成为其义理史学最受非议之处。不可否认,后世如明清时期对"正统说"的利用与放大,使"正统说"产生了一系列负面影响。然而朱熹其时的"正统说"从义理根本出发讨论"正",从王朝统治的实际情况出发讨论"统",这比汉儒用阴阳五行学说来解释王朝兴衰无疑有重大的进步。

③ (清)冯李骅、陆浩评辑《左绣》三十卷,文海出版社,1967年,第11页。

交李塨二十年。

李塨（1659—1733），字刚主，号恕谷，直隶蠡县人。康熙二十九年（1690）进士，著有《春秋传注》《四书传注》《周易传注》等。李塨二十一岁即入颜元①门下，强调为学应"以三物六行六艺为学之本，期于致用"。其笃信六艺实学，讲求实体、实文、实行、实用之学，并终生学习、宣传、实践颜元的实学思想，在礼、乐、书、数、水、火、工、虞、兵、农、钱、谷、天文、地理、诗词、律历等各方面都进行了研究和践行，不但使颜氏之学"海内之士靡然从风"，而且使颜李学派最终得以形成。为《左绣》作序的朱轼自谓神交李塨，生平行事十分重视实学，曾就水利问题专门写信向李塨请教，李塨还特别回信提出建议："一开直沽海口；一浚永定河；一挑淀淤；一修赵北口泄水桥；一分潴龙河。至兴水利，则有西北治田说诸书可稽也。"② 朱轼为官在实务上的主要成绩即是筹备修建海塘，重视农田水利科技，首创"水柜法"，而取得这一实绩与李塨及其实学思想是息息相关的。

《左绣》不仅深得实学之士如朱轼的赞赏，在成书过程中也注重参考实学之士的著作，其中最重要的就有王源《文章练要左传评》十卷。王源（1648—1710），字昆绳，号或庵，直隶大兴人。少小喜任侠言兵，后从魏禧为古文，服膺经世之学。康熙二十四年（1685），随父北返游历京师等地，其间与方苞、戴名世、万斯同、刘献廷等人相友善。王源于康熙三十九年（1700）与李塨结为挚友，并于康熙四十二年（1703）正式师从颜元，称誉颜元"开两千年不敢开之口，下两千年不敢下之笔"，传颜、李之学以终身。王源所著有《文章练要左传评》十卷、《居业堂文集》二十

---

① 颜元（1635—1704），字浑然，号习斋，直隶博野县人。颜元为颜李学派创始人，主要著作有《四存编》《四书正误》《习斋记余》《朱子语类评》等。颜元主张"救弊之道在实学，不在空言"，"实学不明，言虽精，书虽备，于世何功，于道何补？""人之为学，心中思想，口中谈论，尽有百千义理，不如身上行一理之为实也。"曾用22字概括"实学"的内容："如天不废予，将以七字富天下：垦荒、均田、兴水利；以六字强天下：人皆兵，官皆将；以九字安天下：举人材，正大经，兴礼乐。"他在批判宋明理学知行观的基础上，认为行是第一位的，只有作用于客观事物才可获得真知；且致知的目的是为天地造实绩，为生民谋福祉。他提倡实文、实行、实体、实用，表示："凡为吾徒者，当立志学礼、乐、射、御、书、数及兵、农、钱、谷、水、火、工、虞，予虽未能，愿共学焉。"

② （清）冯辰、刘调赞撰《李塨年谱》，陈祖武点校，中华书局，1988年，第186页。

卷、《平书》、《兵论》等。事实上，康熙其时的众多《左传》评点大家都在一定程度上接触过实学思潮①，最具代表性的即是《左传义法举要》的作者方苞。方苞与颜元的两位嫡传弟子李塨、王源都是挚友，交往长达几十年之久，至晚年更把李塨、王源列为他的"敦崇堂四友"，深刻表达了他对李、王两位挚友的怀念。方苞同样注重实学、实用，其《传信录序》云："古之所谓学者，将明诸心以尽在物之理而济世用，无济于用者，则不学也。"② 其强调学者为学应济世用，另其《与安徽李方伯书》《与安溪李相国书》《与顾用方论治浑河事宜书》等书言河工、言救荒、言察吏、言人才，处处体现实学、实用的精神，因而李塨极赞方苞"笃内行而又高望远志，讲求经世济民之猷"③。

方苞与李塨、王源绝不仅仅是一般的朋友，更是学术之友、性命之友。方苞于康熙五十七年命长子道章就学于李塨，李塨则于康熙六十年带其子李习仁受业于方苞。而王源的儿子王兆符早在康熙三十五年即从学于方苞，后为其弟子三十余年之久，方苞的《左传义法举要》即为方苞口授、王兆符传述而成。王源还曾写信给方苞说："我行我游，子先我路。我耕我耘，子偕我作。我文我史，子订我误。"④ 可以说，方苞与王、李能易子而教，王源能以学术相托，实有相同的实学信仰。颜李学派代表李塨、王源还曾力请方苞加入颜李学派，李塨《与方灵皋书》尝言："今塨年五十矣，素原愚弱，更向衰老，而夹扶寡侣，传受鲜人。即向所得三者之友，亦零落殆尽，日为壹郁。以门下之德望，若得同心倡明正学，则登高而呼，所听者远，南中后进殊尤，必有闻风而兴起者，较之穷崖空谷之鸣号虽厉莫闻，何啻霄壤……今圣道之悠谬，二千年矣，颜先生忽出而独寻坠绪以开吾徒，岂一人一心之力所能致，此殆亦天地神圣之所启也。门下雅欲为不朽人，必不随场观笑，富贵既如浮云，文辞亦属春华，其所以仡仡自立者，必有在矣。继往开来，幸力自决。"⑤ 王源《与方灵皋书》亦

---

① 这一时期与实学思潮相关的《左传》评点代表作有方苞《左传义法举要》、魏禧《左传经世钞》、王源《文章练要左传评》十卷、刘继庄《左传快评》八卷、徐乾学奉敕编选《御选古文渊鉴》六十四卷等。

② （清）方苞：《方苞集》，刘季高校点，上海古籍出版社，1983年，第603—604页。

③ （清）李塨：《恕谷后集》，冯辰校，中华书局，1985年，第36页。

④ （清）方苞：《方苞集》，刘季高校点，上海古籍出版社，1983年，第470页。

⑤ （清）李塨：《恕谷后集》，冯辰校，中华书局，1985年，第39—40页。

言："颜先生所以不可不归，而刚主之书，不可不虚心读之，专力求之，反复观之，精详体之，而不得以世儒之成说自画，俗人之门户相持也，吾兄得无意乎。兄之天资，高朗浑厚坚强，今人罕见其匹，要亦患学之不得其门，恐信道不笃，见纷华而悦耳，若果有泥涂轩冕之心，毅然矢志于绝学，则源愿与同心合力，真参实究，由共学而适道，而立、而权，不难尔……盖同志无多，期与刚主博求之，天下人之好善，谁不如我，同声相应，未必无人，况吾兄夙日同肝胆共性命之友，而可不与之共哉。念之念之，深望吾灵皋之留意于斯也。"① 但方苞后来因固守程朱理学而最终没有加入。

《左绣》产生时期正值"颜李之学数十年来海内之士靡然从风"之时，与颜李学派②之代表李塨、王源有直接或间接的联系，其崇实的学术风格以及体大思深的构架与其时的国家政策及实学思潮也是分不开的。我们不仅可以从作品的序作、参考著作中发现其实学特征，也可以结合其产生的时代思潮即实学思潮认识这一特征。

清康熙朝崇尚实学，首先离不开康熙帝的重视和践行。如在改革科举方面，康熙帝十分注重改革科举试题，选拔具有真正"实学"之人才，其于康熙五十二年（1713）即谕云："题目应出各种，乃得佳文。今岁京闱乡试所出七题皆系理致，士子偶有一二语合主司意者，遂获登录。其同考官选文荐阅又皆揣摩主司之意，场中士子未能各展其长，而实学之人多被摈不录者，职是故也。"③ 至康熙五十四年（1715），他在总结科举考试弊端后，再次强调应从天文、律吕、算法诸书出题："科场出题关系紧要。乡、会经书题目不拘忌讳，断不可出熟习、常拟之题。朕常讲《易》及修定天文、律吕、算法诸书，人人皆知，必以此等书拟题。尔等皆系应点考试之官，虽未派定何人，然断不可以此诸书出题。表题亦不可出修书、赐

① （清）王源撰《居业堂文集》，《续修四库全书》第 1418 册，上海古籍出版社，2002 年，第 164 页。

② 颜李学派标帜"实学"，主张"实文、实行、实体、实用"。侯外庐先生称颜李学派为"中国十七世纪思想界中的一支异军"。梁启超先生则认为："有清一代学术，初期为程朱陆王之争，次期为汉宋之争，末期为新旧之争。其间有人焉，举朱陆汉宋诸派所凭借者一切摧陷廓清之，对于二千年来思想界，为极猛烈极诚挚的大革命运动。其所树的旗号曰'复古'，而其精神纯为'现代'的。其人为谁？曰颜习斋及其门人李恕谷。"参见梁启超《中国近三百年学术史》，东方出版社，1996 年，第 130 页。

③ 《圣祖仁皇帝实录（三）》，《清实录》第 6 册，中华书局，1985 年，第 517 页。

书等类，不然则人皆可以拟题幸进，实学何由而得？"① 对于明末以来理学流于空疏，心学家专务空言的弊端，康熙帝强调："日用常行，无非此理。自有理学名目，彼此辩论，朕见言行不相符者甚多，终日讲理学，而所行之事全与其言悖谬，岂可谓之理学？若口虽不讲，而行事皆与道路吻合，此即真理学也。"② 并说明："凡所贵道学者，必在身体力行，见诸实事，非徒托之空言。今汉官内有道学之名者甚多，考其究竟，言行皆背。如崔蔚林之好事，居乡不善，此可云道学乎？"③ 康熙帝注重道学之"身体力行，见诸实事"，不仅是针对臣下而言，而且也为其本人终生所坚守："理学之书为立身根本，不可不学，不可不行。朕尝潜心玩味，若以理学自任，必至执滞己见，所累者多。宋明季世，人好讲理学，有流入于刑名者，有流入于佛老者。昔熊赐履自谓得道统之传，其没未久，即有人从而议其后矣。今又有自谓得道统之传者，彼此纷争，与市井之人何异？凡人读书，宜身体力行，空言无益也！"④ 康熙帝不仅以理学自任，以理学为立身之本，而且以"实行"为理学之归宿，认为"得道统之传者"必是能"身体力行"者，非"流于刑名"或"流于佛老"者，更非"言行皆背"者。

康熙帝能如此崇尚实学，离不开康熙朝重臣李光地的提倡。李光地不仅是康熙朝著名的理学大师，而且也是具有实学倾向的思想家；其在倡导恢复程朱理学正统地位的同时，也向康熙帝灌输了实学的思想和方法。鉴于明朝灭亡的教训，李光地极力主张学者要务实，要有真本领，干实事，张调"虚文多一件，实事便少一件"⑤，明确说明"吾学大纲有三：一曰存实心；二曰明实理；三曰行实事"⑥。李光地不仅借提倡孔子的"六艺"来提倡实学，强调在日用实践中研究"六艺"，而且提倡对经济、政治、军事、天文、历算、地理、形胜、农桑、医药、水利、兵法、音律等专门之学都要"实实考究"。康熙朝重实际、重实证、重实践的学术风气与李光

---

① 《圣祖仁皇帝实录（三）》，《清实录》第 6 册，中华书局，1985 年，第 579 页。
② 《圣祖仁皇帝实录（二）》，《清实录》第 5 册，中华书局，1985 年，第 157—158 页。
③ 《圣祖仁皇帝实录（二）》，《清实录》第 5 册，中华书局，1985 年，第 202—203 页。
④ 《圣祖仁皇帝实录（三）》，《清实录》第 6 册，中华书局，1985 年，第 613 页。
⑤ 李光地：《榕村语录》，陈祖武点校，中华书局，1995 年，第 474 页。
⑥ 李光地：《榕村语录》，陈祖武点校，中华书局，1995 年，第 413 页。

地的积极提倡是分不开的。特别值得注意的是，李光地与帝师朱轼一样，在实学方面尤其尽心于水利，其任直隶巡抚时，曾力荐颜李学派代表李塨出仕，但李塨固辞。李塨虽固辞李光地之荐，然与李光地的得意门生杨名时[①]素有交往。而杨名时与冯李骅之师张德纯[②]有同门之谊，《左绣》之实学时代特征于此也可见一斑。

第二节　冯、陆交游与《左绣》

一　冯、陆交游及交游考述

《左绣》为冯李骅"食贫嗜古，尝殚数年精力，与其同学陆君，刿心陈编，章缀句斲"[③]而甫成之作。冯李骅[④]，字天闲，浙江钱塘（今浙江杭州）人，为清朝诸生[⑤]。陆浩，字大赢，定海（今宁波定海）人。因冯、陆生平资料极其有限，以下主要从其师友交游进行考述，以进一步理解《左绣》的创作特征与成就。

《左绣》为青浦张天农先生手订，张天农即冯李骅之师张德纯。张德纯交游甚广，为其《孔门易绪》作序的即是康熙时名臣杨名时[⑥]。杨名时

---

① 杨名时（1661—1737），字宾实，号凝斋，康熙三十年（1691）进士。其官至兵部、吏部、礼部尚书兼国子监祭酒，尤重"力行"，崇尚实学。

② 张德纯，字能一，号松南，青浦人，康熙三十九年庚辰（1700）进士，著有《孔门易绪》《离骚节解》等。《左绣》共有两序，一为朱轼之序，一即为冯李骅之师张德纯序。

③ （清）冯李骅、陆浩评辑《左绣》三十卷，文海出版社，1967 年，第 11 页。

④ 据蔡妙真先生考证："冯李骅生年在康熙四年（1665）至二十七年（1688）间，而卒于康熙五十九年（1720）之后。"参见蔡妙真《追寻与传释——左绣对左传的接受》，万卷楼图书股份有限公司，2003 年，第 92 页。

⑤ 明清时期经考试录取而进入中央、府、州、县各级学校学习的生员（生员有增生、附生、廪生、例生等），统称诸生。冯李骅为清朝诸生，并拜康熙三十九年（1700）进士张德纯为师，可见其对科举及八股文之认同，而《左绣》之时文特征于此可考。

⑥ 杨名时（1661—1737），其他生平资料参见本章第一节"实学思潮"。另，其不仅是李光地的得意门生，而且与其时文坛主盟王士禛等相善。王士禛（1634—1711），字子真、贻上，号阮亭，又号渔洋山人，清初杰出诗人、学者、文学家。康熙帝称其"诗文兼优""博学善诗文"，后继钱谦益主盟诗坛；论诗创"神韵说"，与朱彝尊并称"朱王"；著有《池北偶谈》《渔洋诗文集》《渔洋山人精华录》《香祖笔记》等。值得注意的是，王士禛不仅评点过《聊斋志异》，而且"其声望奔走天下，凡刊刻诗集，无不称渔洋山人评点者，无不冠以渔洋山人序者"。

在《松南先生小传》中说明"余与君同出石首熊夫子之门"①，则二人实有同门之谊。张德纯《离骚节解》则有其孙子张松孙跋文记载：

> （张德纯）康熙庚午，与先伯祖匠门公同举孝廉。庚辰，成进士。旋里后，偕何义门、朱竹垞诸名流扬风扢雅，结诗酒之社。执牛耳盟。先王父豪迈善饮，数斗不醉。兴酣落笔，尝一夜作梅花七律百首，无重复字。又尝以少陵秋兴为诗牌，自出新意，另成八首，极自然之巧。皆刻诗集中。任浙之常山令，十年，解组，归。遂纵游夜郎、衡岳、荆楚、秦、蜀，足迹几遍天下。著述益富，如《离骚节解》之外，种类甚多。而为门人冯李骅订定《左绣》一书，自作序文，尤风行海内。②

从张松孙跋可见，张德纯于康熙庚午年（1690）中举人，康熙庚辰年（1700）成进士，与其时名流何义门③、朱竹垞④相善。跋中特别说明张德纯"为门人冯李骅订定《左绣》一书，自作序文，尤风行海内"，结合

---

① （清）张德纯撰《孔门易绪》十六卷首一卷，《四库存目丛书》第35册，齐鲁书社，1997年，第222页。蔡妙真认为"石首熊夫子"无可考，笔者结合张德纯与杨名时生平，认为"石首熊夫子"当为熊开楚。熊开楚，字文友，号蔚庵，石首人，以清廉著称。康熙十八年（1679）中进士，授江都知县，素有政声，人称"熊江都"。死后骨骸由其时直隶巡抚李光地遣官护丧，送到石首故里。

② 姜亮夫编著《楚辞书目五种》，中华书局，1961年，第150页。

③ 何义门，即何焯（1661—1722），字润千，又字屺瞻，号茶仙，长洲人。先世曾以"义门"旌，故学者称义门先生。何焯与阎若璩为友，并拜李光地为师，著有《诗古文集》《语古斋识小录》《道古录》《义门读书记》《义门先生文集十二卷》《义门题跋一卷》等。阎若璩（1638—1704），字百诗，号潜丘，山西太原人，侨居江苏淮安府山阳县。与顾炎武、方文、徐乾学、万斯同等相交，著有《尚书古文疏证》《四书释地》等。在清初学术史上，阎若璩上承顾炎武、黄宗羲，下启惠栋、戴震，是清代汉学发轫期最重要的代表人物。阎若璩与冯景为友，冯景（1652—1715），浙江钱塘人，字山公，一字少渠，为诸生。康熙间被荐鸿博，辞不就。工诗文，著有《解春集》《樊中集》等。需要注意的是，《晚晴簃诗汇》尝录冯景《春日同吴中山嵩沈雷臣中霱数饮赵公子间间轩时新筑成杂咏》一诗，冯李骅《刻左例言》云"友人沈雷臣寄示王或庵《左传练要》十卷"，蔡妙真先生谓沈雷臣生平无可考，笔者据此知沈雷臣为冯景之友。

④ 朱竹垞，即朱彝尊（1629—1709），字锡鬯，号竹垞，又号驱芳，晚号小长芦钓鱼师，又号金风亭长，秀水（今浙江嘉兴市）人。康熙十八年（1679）举博学鸿词科，以布衣授翰林院检讨，二十二年（1683）入直南书房。博通经史，诗与王士禛称南北两大宗。所交有顾炎武、王士禛、毛奇龄、尤侗、潘耒、严绳孙、查慎行、汪琬、施闰章、吴伟业、徐乾学、屈大均、钱澄之、陈维崧、纳兰性德等，著有《经义考》《日下旧闻》《曝书亭集》《词综》《明诗综》等。

《左绣》张序落款"康熙庚子季秋松南农张德纯书于虎林旅次",可知其为《左绣》作序是在辞常山县令后纵游天下时(1720年)。冯李骅在《左绣》中也一直提及其师张德纯对其评点《左传》之影响,如云"近人皆以杜林合注为读左善本,张松南夫子与沈操堂①先生俱云此系俗刻。林不得与杜并,故本注悉遵《杜氏经传集解》原本一字不敢删动,林注则芟芜驳谬,略存其明切者,而另刊姓氏以别之,庶不失古人遗意"②,"张松南夫子云《左传》自是有意为文,但不当执古人以就我法。故愚所评诸法,皆是《左氏》自在流出,并不敢强为穿凿,以自诬诬古人,且诬天下后世也。读者看得此法,非《左氏》一人之私,此评亦非余两人一己之私,乃为不负此书"③。冯李骅《左绣》严格遵照杜预注"原本一字不敢删动",对于林尧叟注则"存其明切者";其挖掘《左传》文法"皆是《左氏》自在流出,并不敢强为穿凿",使《左绣》成为《左传》文学评点史上的里程碑式著作,实离不开其师张德纯的指点和栽培。

　　《左绣》共有两序,一为冯李骅之师张德纯序,一则为朱轼之序。朱轼④,康熙三十三年(1694)进士,曾受李光地⑤举荐,历任浙江巡抚、左都御史、吏部尚书等要职,累官至太子太傅、文华殿大学士。《左绣》朱轼序末署"康熙五十九年庚子孟冬年家侍生朱轼书于浙署之自修斋",

---

① 沈操堂,即沈树本(1671—1743),字厚余,浙江归安人。康熙五十一年(1712)赐进士第二名,官翰林院编修。沈树本擅长吟诗,与杨守知、柯煜、陆奎勋并称"浙西四子",著有《竹溪诗略》《轮翁诗集》。沈树本年轻时,适值康熙帝圣驾南巡,其献上自己撰写的《西湖十景》,很得康熙皇帝赏识,以诗赋"称旨"被召取入京。康熙五十年(1711)辛卯科乡试落第,但钦赐举人,并于康熙五十一年(1712)壬辰科荣登榜眼。事实上,康熙帝六次南巡,主要即为平息江浙地区反清活动;其于康熙十八年(1679)举行的博彝宏词科所征召文人也主要为江浙地区,包括朱彝尊、陆葇、汪琬、潘耒、尤侗、毛奇龄、严绳孙等。

② (清)冯李骅、陆浩评辑《左绣》三十卷,文海出版社,1967年,第37页。

③ (清)冯李骅、陆浩评辑《左绣》三十卷,文海出版社,1967年,第43页。

④ 朱轼其他生平资料参见本章第一节"实学思潮"。

⑤ 李光地(1642—1718),字晋卿,号厚庵,福建安溪人。清康熙九年(1670)中进士,累官至文渊阁大学士兼吏部尚书,著作主要有《周易通论》四卷、《诗所》八卷、《大学古本说》一卷、《中庸章段》一卷、《读论语札记》二卷、《读孟子杂记》二卷、《朱子礼纂》五卷、《榕村语录》三十卷、《榕村文集》四十卷、《榕村别集》五卷。李光地是清朝理学名臣,也是最深得康熙帝信任、对康熙帝文化及文学思想影响最大的人物。其曾举荐朱轼、陆陇其、蔡世远等名臣;保举方苞使其免于牵连戴名世之案;弟子则有杨名时、何焯等。

说明此序即是朱轼任浙江巡抚时所作。朱轼不仅与颜李学派之代表李塨神交二十年①，而且与方苞也是学术之友。

综上冯、陆交游之师友关系，我们可以从不同人物交游管窥《左绣》创作与程朱理学、实学思潮、桐城派、文学批评理论等之间的关系（见表1）。

表1 《左绣》创作相关人物一览

代表人物	相关观点	与《左绣》之关系
李光地、朱轼、杨名时等	清康熙时复兴程朱理学，倡导政统、道统及文统合一	《左绣》"文以载道，道存则法存"②，虽以文法评点《左传》，然"载道者谓之文，文亦道之所寄"③。其专论文法"是指以文法为视窗，透过这个窗口去看义理思想"
王源④、李塨、颜元、方苞、李光地、朱轼、杨名时等	实学思潮	《左绣》为"实学"之作，是《左传》文学评点史上为数不多的对《左传》进行全文评点的里程碑式著作，冯李骅《刻左例言》自谓："或有千虑一得，此愚之所矻矻致力者耳。"⑤
王源、魏禧⑥、刘献廷⑦、方苞、徐乾学⑧等	同时期《左传》评点代表作	《左绣》是在参考相关《左传》评点著作的基础上创作的，特别如参考王源《左传练要》
方苞、戴名世等	桐城派渊源及"义法"说	《左绣》与其时"义法说"的批评环境也是分不开的，《左绣》一书可以说是"义法说"之具体呈现。而后"桐城文家所师者，一左传耳；所谓桐城义法者，左传之义法也"

① 参见本章第一节"实学思潮"。李塨不仅与李光地及其得意门生杨名时相善，而且与王源、方苞更是学术之友、性命之友。王源先师从魏禧学古文，与方苞、戴名世、万斯同、刘献廷等人相友善，后传颜元、李塨之学以终身。

② （清）冯李骅、陆浩评辑《左绣》三十卷，文海出版社，1967年，第16页。

③ （清）冯李骅、陆浩评辑《左绣》三十卷，文海出版社，1967年，第45页。

④ 王源、李塨、颜元生平资料参见本章第一节"实学思潮"；方苞、戴名世生平资料参见本章第一节"'义法'说"。

⑤ （清）冯李骅、陆浩评辑《左绣》三十卷，文海出版社，1967年，第38页。

⑥ 魏禧（1624—1680），字冰叔，一字叔子，号裕斋，江西宁都人，与汪琬、侯方域并称清初散文三大家，著有《魏叔子文集》《左传经世钞》。其尤好《左传》，喜从兵法、兵谋角度评点《左传》。

⑦ 刘献廷（1648—1695），字君贤，一字继庄，江苏吴县人。喜研佛经，具有强烈的民族思想，善于接受新思想、新学说，人称以他为代表的学者为"广阳学派"。

⑧ 徐乾学（1631—1694），字原一、幼慧，号健庵、玉峰先生，江苏昆山人，顾炎武外甥，清代大臣、学者、藏书家。康熙九年（1670）进士，先后担任日讲起居注官、《明史》总裁官、侍讲学士、内阁学士、左都御史、刑部尚书。曾主持编修《明史》《古文渊鉴》《大清一统志》《读礼通考》等书籍，著有《憺园文集》三十六卷。家有藏书楼"传是楼"，为中国藏书史上著名的藏书楼。

续表

代表人物	相关观点	与《左绣》之关系
王士禛、朱彝尊等	康熙时文学思潮之走向，文学批评理论如"评点"之成就	冯李骅坚持"全部评论皆一意孤行，直至脱稿，方广罗校订，凡有增改必记其所由来，毋敢蹈伯宗无续之诮"①，可以说有王士禛论诗"神韵"的色彩。其取得《左传》文学评点的最高成就，实离不开其时文学思潮及文学批评理论的基础

资料来源：笔者整理。

我们从李光地、朱轼、杨名时等可以窥见《左绣》与清康熙时复兴程朱理学之关系；从王源、李塨等可以窥见其与清初实学思潮之关系；从王源、魏禧、刘献廷、方苞、徐乾学等可以窥见其与同时期《左传》评点学之关系；从方苞、戴名世等可以窥见其与桐城派之关系；从王士禛、朱彝尊等可以窥见其与康熙时文学思潮及文学批评理论之关系。《左绣》之创作特征及时代环境可见一斑。

二 《左绣》产生的时代背景

《左绣》的产生与浙江钱塘地区的地域文化、史学传统、科举兴盛等都有内在联系。

首先，《左绣》能产生于浙江钱塘地区实有内在的地域文化渊源。梁启超《中国近三百年学术史》云："满洲人的征服事业，初时像很容易，越下去越感困难……就文化中心之江浙等省，从清师渡江后，不断的反抗……满洲人虽仅用四十日工夫便奠定北京，却须用四十年工夫才得有全中国。他们在这四十年里头，对于统治中国人方针，积了好些经验。他们觉得武力制服那些降将悍卒没有多大困难，最难缠的是一班'念书人'——尤其是少数有学问的学者。因为他们是民众的指导人，统治前途暗礁，都在他们身上。满洲政府用全副精神对付这问题，政策也因时因人而变。"②"那时满廷最痛恨的是江浙人，因为这地方是人文渊薮，舆论的发纵指示所在。"③ 杜维运先生亦指出："清代学术界起领导作用之伟大人物，

---

① （清）冯李骅、陆浩评辑《左绣》三十卷，文海出版社，1967 年，第 41—42 页。
② 梁启超：《中国近三百年学术史》，东方出版社，2004 年，第 14—15 页。
③ 梁启超：《中国近三百年学术史》，东方出版社，2004 年，第 16 页。

初集于浙江，继盛于苏皖，终遍于湘粤之间。"① 清政府武力征服明朝后，其统治面临的更大挑战是汉民族悠久的历史文化传承，特别是儒家思想中内在的华夷之辨。浙江在清前期统一全国进程中是反抗力度最大的地区之一，也是最令清政府头疼的地区之一，故清政府在浙江地区尤其重视"文治"②。

清政府在浙江地区尤其重视实行文化及文学政策上的怀柔措施，具体表现如康熙十八年己未（1679）实行博学宏词科。康熙十八年己未博学宏词科各省比例见表2。

表 2 康熙十八年己未博学宏词科各省比例

单位：人

行省	进士人数	所占比例
浙江	13	26%
江苏	21	42%
安徽	4	8%
顺天	3	6%
直隶	3	6%
陕西	1	2%
河南	1	2%
江西	2	4%
山东	1	2%
湖北	1	2%

资料来源：江庆柏《清朝进士题名录》，中华书局，2007年，第1344—1346页。

康熙十八年己未（1679）博学宏词科中浙江省籍贯的人数占26%，高居第二。在被征召的文人中，著名的有朱彝尊、毛奇龄等影响深远的浙江籍名家。杨海英先生指出康熙征召博学鸿儒的目的即是"以缙绅集团为核心的传统中国社会之安定，直接影响清朝一代统治之长治久安，故康熙一朝，于江南士绅时而奖崇，时而贬斥，恩威并施，实际上不过是为了维系

---

① 杜维运：《史学方法论》，北京大学出版社，2006年，第142页。

② 值得注意的是，清前期浙江地区因为史学发生的"文字狱"居全国首位，其中著名的就有庄廷鑨明史案。"依顺治、康熙、雍正及乾隆四朝统计，值得注意的是，文字狱发生地点以浙江居冠，直隶（含北京）为次，湖南第三。"参见蔡妙真《追寻与传释——左绣对左传的接受》，万卷楼图书股份有限公司，2003年，第116页。

其统治政权社会基础的稳固"①。

第二,《左绣》以《左传》这一史学特征的著作为评点对象,与浙江地区的史学传统也是分不开的。浙江地区的史学在中国史学史特别是清代史学中素有崇高的声望。梁启超说:"清代史学极盛于浙。"② 清代史学"如果抽掉了富有生气的浙东史学,便会暗然失色"③。可见浙江地区在清代史学中所占的重要地位。也正因为浙江地区有此重史的风气,清前期的浙江地区对史学以及史学源头的代表作《左传》特别青睐。以康熙十八年(1679)征召的博学鸿儒为例,其最主要的工作即是纂修《明史》,"纂修《明史》又是朝廷为争取汉族士人而安排的关键一招,故不惜为修史提供最好的条件"④。"纂修《明史》初期,康熙帝的政策较为宽松,他接受史臣和总裁上书请求广征文献的建议,不拘明朝遗老,不避忌讳。"⑤ 特别需要指出的是,代表浙江学术精神的遗民领袖黄宗羲也为明史馆提供了大量史料⑥,其中《明史·儒林传》即多取自《明儒学案》。

客观地说,《左绣》这一对史学源头《左传》的评点著作产生于浙江钱塘地区,实有地域文化上的渊源。⑦

第三,清代浙江科举兴盛也是《左绣》产生于浙江地区的基础,清康熙时期进士在各省直中的分布情况见表3。

表3　康熙时期进士各省分布情况

单位:人

行省	康熙三年 (1664)	康熙二十一年 (1682)	康熙四十二年 (1703)	康熙五十二年 (1713)
直隶	15	16	18	14

① 杨海英:《康熙博学鸿儒考》,《历史档案》1996年第1期,第101页。
② 梁启超撰《清代学术概论》,上海古籍出版社,1998年,第18页。
③ 仓修良:《章学诚与〈文史通义〉》,中华书局,1984年,第191页。
④ 赖玉芹:《博学鸿儒与清初学术转变》,中国社会科学出版社,2010年,第45页。
⑤ 赖玉芹:《博学鸿儒与清初学术转变》,中国社会科学出版社,2010年,第46页。
⑥ 清代另一遗民领袖顾炎武也允许其弟子潘耒参与修史等工作,潘耒秉承顾炎武的修史之志,将顾炎武的史学观点带入史馆,供士人学习借鉴。"受到遗民的感染,鸿儒将修史作为经世致用的一个途径,他们怀有强烈的责任感,积极参与《明史》的纂修,完成一个史官的使命。"参见赵连稳《黄宗羲与〈明史〉编纂》,《山东师大学报》1996年第5期,第47页。
⑦ 浙江地区因史学等文化特征,与《左传》评点一直有文化上的渊源,如《左传》现存评点第一书的作者吕祖谦也是浙江人士。

续表

行省	康熙三年（1664）	康熙二十一年（1682）	康熙四十二年（1703）	康熙五十二年（1713）
江苏①	19	43	34	30
安徽	11	6	7	3
山东	28	15	14	15
山西	20	17	3	13
河南	16	8	11	20
陕西	9	13	7	10
福建	8	11	3	9
江西	8	5	8	12
湖北	6	11	8	10
四川	3	0	1	4
广东	5	3	0	5
广西	3	0	1	3
贵州	0	0	1	3
云南	1	0	2	3
湖南	4	0	1	2
蒙古	0	0	0	0
奉天	0	0	2	1
浙江	32	25	27	25

资料来源：多洛肯《清代浙江进士群体研究》，中国社会科学出版社，2010 年，第 45 页。

从清康熙进士在各省的分布数量来看，浙江仅次于江苏位列第二，形成了著名的区域人文集团。而浙江中的钱塘（即杭州府）则在整个浙江地区的科举排名中名列前茅，以录取的进士人数及平均每县进士人数计算，都排在第一位（见表 4）。

表 4　浙江地区科举排名情况

府名	县数（个）	进士人数（人）	平均每县进士人数（人）	各府的排名
杭州	9	893	99.2	1
嘉兴	7	504	72	2

① 清顺治十八年（1661），江南省分为"江南右布政使司"和"江南左布政使司"。康熙六年（1667），改"江南右布政使司"为"江苏布政使司"。

府名	县数（个）	进士人数（人）	平均每县进士人数（人）	各府的排名
湖州	7	368	52.6	4
宁波	6	225	37.5	5
绍兴	8	563	70.4	3
金华	8	81	10.1	6
衢州	5	30	6	9
严州	6	50	8.3	7
台州	6	34	5.7	10
温州	5	36	7.2	8
处州	10	12	1.2	11

资料来源：夏卫东《清代浙江进士的地域分布及其规律》，《绍兴文理学院学报》2001 年第 4 期，第 25 页。

总之，《左绣》这一"以古文为时文"的有益于八股文创作的里程碑式著作，产生于科举鼎盛的浙江钱塘地区实有其内在原因。

三 《左绣》版本述论

《左绣》影响深远，版本众多。据笔者所见，至少有以下 36 种版本（见表 5）。

表 5 《左绣》版本一览

序号	版本	时间	题名	主持者	备注
1	康熙五十九年刻本，四库存目丛书	康熙五十九年（1720）	《左绣》三十卷	冯李骅、陆浩	
2	华川书屋版	康熙五十九年（1720）	《左绣》三十卷	冯李骅、陆浩	
3	康熙五十九年李光明庄刊本	康熙五十九年（1720）	《春秋左绣》三十卷		线装十六册
4	康熙五十九年刊本	康熙五十九年（1720）	《春秋左绣》三十卷	冯李骅等辑评	
5	康熙年和秀堂刊				
6	康熙绿荫堂刻本"华川书屋"版				一函八册全
7	嵩山书屋藏版 乾隆戊辰版家刻本	乾隆十三年（1748）	《增补左绣汇参》		

续表

序号	版本	时间	题名	主持者	备注
8	乾隆乙亥重镌 华川书屋藏版	乾隆二十年（1755）	《杜氏经传左绣原本》		
9	乾隆乙巳年重刊 锦云书屋刻本	乾隆五十年（1785）		钱塘冯李骅天闲评辑	
10	乾隆甲寅刻本	乾隆五十九年（1794）	《杜氏经传左绣》		六册十卷全
11	宏道堂藏板	嘉庆六年（1801）		钱塘冯李骅天闲评辑	
12	嘉庆版·木刻线装大开本 崇义书院刻本	嘉庆七年（1802）	《杜氏经传左绣原本》	冯天闲、陆大瀛评辑	
13	嘉庆木刻本	嘉庆九年（1804）	《文秀堂左绣》		两函16册
14	嘉庆辛未崇义书院藏板	嘉庆十六年（1811）	《杜氏经传左绣原本》		
15	道光二年刊本	道光二年（1822）			
16	道光五年重刊本 华川书屋藏板	道光五年（1825）	《杜氏经传左绣原本》		
17	步月楼二刻本	道光十二年（1832）	《左绣》后附《左贯》		
18	（日）嘉永甲寅春七年刊本	咸丰四年（1854）	《左绣》		大开本十六册全
19	扫叶山房本	光绪六年（1880）	《左绣》		
20	钱塘冯氏华川书屋刊本	光绪六年（1880）			
21	子云堂藏本	光绪九年（1883）	《增补左绣》		
22	华川书屋藏版	光绪十年（1884）			
23	上海文瑞楼藏板	光绪十四年（1888）			二函十六册全
24	光绪丙申年新刊本 成文堂藏板	光绪二十二年（1896）			
25	光绪戊戌乐园刊本	光绪二十四年（1898）	《八行左绣》	冯李骅、陆浩评	线装十六册

序号	版本	时间	题名	主持者	备注
26	潍阳成文信记藏版	光绪二十五年（1899）	《左绣》三十卷		十六册
27	光绪三槐书屋本		《春秋左绣》	冯李骅、陆浩评辑，范允斌等参评	
28	同文堂藏版	光绪三十四年（1908）	《左绣》	钱塘冯李骅天闲评辑	
29	宣统三年秋上海会文堂精校	宣统三年（1911）		冯李骅、陆浩评辑	
30	上海扫叶山房民国三年石印	民国三年（1914）	《精校左绣》		
31	常州日新书庄印行本	民国五年（1916）	《春秋左绣》		
32	民国六年上海会文堂石印	民国六年（1917）	《春秋左绣》三十卷		线装十六册
33	民国十一年上海章福记校印	民国十一年（1922）	《精校春秋左绣》		
34	上海广益书局	民国二十六年（1937）	《春秋左绣》		原装12册全
35	上海中原书局印行	民国二十六年（1937）	《春秋左绣》		十二本
36	文海出版社影印康熙五十九年书业堂刻本	1967年	《左绣》	马小梅编	《国学集要第二编》

资料来源：笔者整理。

此外，《左绣》还有紫文阁藏版、聚文堂藏本、善成堂重镌、辅仁堂刊本、大文堂刻本未能考证时代版本，可见《左绣》翻刻之盛，对后世影响之大。本书所引则以马小梅编的文海出版社1967年影印康熙五十九年书业堂刻本为底本。

第三节 《左绣》与清前期《左传》文学传播

清前期是《左传》文学传播史上《左传》文学评点的全盛期，"具有广泛影响及具有较高理论价值的《左传》评点作品基本上出现于此一时期"①。在清前期《左传》文学评点专书方面，最具代表性的即是《左绣》。故本节就《左绣》评点的时代背景从文学传播学②角度做具体论述。

1. 传播主体

清政府作为少数民族入主中原，其巩固统治政权的一个核心问题即是如何重新阐释"夷夏之防"，这样《春秋》这一代表"夷夏之辨"的经书就首先映入统治者的眼帘。戴维先生在其《春秋学史》中即指出康熙帝对《春秋》经尤为重视："《周易折中》始于康熙五十四年，《书经传说汇纂》、《诗经传说汇纂》始于康熙六十年，而《春秋传说汇纂》始于康熙三十八年，《日讲春秋解义》还在此前，由此可见康熙对《春秋》的重视。"③ 而且认为："其原因大概是一者以为《春秋》乃天子之事，有关治道最巨，二者以为《春秋》中有所谓夷夏之辨，有关时势最切，亟须解决，故重视之而先于他经。"④

值得注意的是，康熙帝最先钦定编纂的《日讲春秋解义》六十四卷完稿之后，推迟到康熙死后的雍正七年（1729）才重加校订，后直到乾隆二年（1737）才刻板刊行。康熙帝在《日讲春秋解义》卷首称："惟宋康侯胡氏，潜心二十年，事本《左氏》，义取《公》、《穀》，萃诸家之长，勒成一家之书，虽持论过激，抉隐太严，未必当日圣心皆然，要其本三纲，奉九法，明王道，正人心，于《春秋》大旨，十常得其六七，较之汉唐以后诸家优矣。"⑤ 可见早期的康熙帝在《春秋》学阐释中是推崇胡安国传的，认为其"较之汉唐以后诸家优矣"，并没有深刻意识到产生于南宋的胡安国传之"尊王攘夷"的内在思想。但到其编《春秋传说汇纂》时，康熙帝对胡安国传的态度已发生截然不同的变化："迨宋胡安国进《春秋解

---

① 李卫军：《〈左传〉评点研究》，博士学位论文，华东师范大学，2008 年，第 27 页。
② 王兆鹏先生认为："中国古代文学传播的研究，要探讨六个层面的问题：一要追问传播主体，即追问是谁传播文学，有哪些人或哪些机构传播；二要追问传播环境，即追问在什么环境中传播文学；三要追问传播方式，即追问怎样传播；四要追问传播内容，即追问传播什么，传播谁的作品和什么样的作品，哪些人的作品能得到及时地传播，什么样的作品更受当下和后世的欢迎；五要追问传播对象，即追问向谁传播；六要追问传播效果，即追问传播有什么作用和效果，为什么会有这种效果。"参见王兆鹏《中国古代文学传播研究的六个层面》，《江汉论坛》2006 年第 5 期，第 109 页。
③ 戴维：《春秋学史》，湖南教育出版社，2004 年，第 431 页。
④ 戴维：《春秋学史》，湖南教育出版社，2004 年，第 432 页。
⑤ （清）库勒纳等撰《日讲春秋解义》卷首，清乾隆二年武英殿刻本。

义》，明代立于学官，用以贡举取士，于是四传并行。宗其说者，率多穿凿附会，去经义逾远。朕于《春秋》，独服膺朱子之论。"① 康熙《春秋》学思想的变化不仅鲜明地展现了清朝统治者对胡安国传否定的历史过程，而且深刻说明《春秋》经在其统一意识形态上的重要地位。

随着清政府对最具"夷夏之防"的《春秋》经重视程度的加深，《春秋》三传的《左传》更是逐渐取代胡安国传而被定为首要的传本。《春秋传说汇纂》集《春秋》三传以来 134 种传注，可谓集《春秋》传说之最，"今观《汇纂》解经体例，首列《左传》，次列《公羊》《穀梁》"②，各家传说排列顺序及取舍鲜明地体现出清朝统治者对于"夷夏之辨"的价值取向。康熙帝于《春秋》各传中特别偏好《左传》，其不仅时常与《左传》名家高士奇等一起研读《左传》，而且尤其喜欢研究其中蕴含的微言大义。康熙二十四年（1685），康熙敕徐乾学编《古文渊鉴》六十四卷，即在其中特别评点："文、武之教，入人甚深，自《诗》《书》所载而外，惟《左氏》为备。"③ 综观《古文渊鉴》一书，不仅选文以《左传》为首，择录《左传》篇目达八十一篇之多，而且康熙帝对许多篇目亲自评点，这在一定程度上有某种示范意义，从而极大地刺激了《左传》等古文评点的繁荣。④

不仅康熙帝重视《春秋》经及《左传》之地位，其后的雍正帝、乾隆帝也一直延续对《春秋》经及《左传》的重视。"成书于乾隆十年的郜坦《春秋集古传注》所采古注，除杜注、孔疏之外，以啖助、赵匡以下宋代十七家传说为主，辅以宋元其他传说，用征引的多少表示重要性的等级，其经文、叙事都据《左传》。"⑤ 乾隆二十三年（1758）编《春秋直解》，乾隆帝在序中特别揭露胡安国传的"附会臆断往往不免"⑥。且到乾隆五十七年（1792），清政府在科举考试中更是彻底废除胡安国传："礼部尚书纪昀等奏，向来考试《春秋》用胡安国传，胡传中有经无传者多，出题处甚少。且安国当宋南渡时，不附和议，借经立说，原与本义无当。圣祖仁皇

---

① （清）王掞等撰《钦定春秋传说汇纂》卷首，清康熙六十年内府刻本。
② 刘宗棠：《清代〈左传〉文献研究》，博士学位论文，山东大学，2008 年，第 23 页。
③ （清）徐乾学编《古文渊鉴》卷四，康熙四十九年内府刻四色套印本。
④ 李卫军：《〈左传〉评点研究》，博士学位论文，华东师范大学，2008 年，第 40 页。
⑤ 罗军凤：《顾炎武与清初〈春秋〉经学》，《清史研究》2011 年第 1 期，第 132 页。
⑥ （清）傅恒等辑《御纂春秋直解》卷首，清乾隆二十三年刻本。

帝《钦定春秋传说汇纂》，驳胡传者甚多，皇上御制文亦多驳其说。科场试题不应仍复遵用，请嗣后《春秋》题，俱以《左传》本事为文，参用《公羊》《穀梁》。"①

客观地说，《左传》在清前期被推为《春秋》传注之首是有其历史必然性的，"与历代《左传》被立为学官不同的是，《左传》在清初的实学思潮中，为封建帝王扮演了相当重要的政治借鉴作用"②。这样，清前期《左传》评点在传播主体上就形成了以帝王为首的封建统治者自上而下的最大范围、最具效力的传播。

2. 传播环境

《左传》受到清前期统治者前所未有的重视，其最有利的传播环境即是科举考试及应试必需的八股文写作。清前期延继了明代的科举制度，不仅在考试体制上更加严密，而且在规模上"远轶前代"。《清史稿·选举三》即载："有清以科举为抡才大典，虽初制多沿明旧，而慎重科名，严防弊窦，立法之周，得人之盛，远轶前代。"③

众所周知，科举制度是与八股文联系在一起的。八股文之名产生于明朝初年，据《明史·选举志》载："科目者，沿唐宋之旧，而稍变其试士之法，专取'四子书'及《易》《书》《诗》《春秋》《礼记》五经命题。盖太祖与刘基所定。其文略仿宋经义，然代为古人语气为之，体用排偶，谓之'八股'，通谓之'制义'。"④ 而"有清科目取士，承明制用八股文。取'四子书'及《易》《书》《诗》《春秋》《礼记》'五经'命题，谓之'制义'"⑤。且清前期统治者十分强调科举制度下八股取士的重要性，如乾隆在《钦定四书文》中即充分肯定八股取士制度的必要性："国家以经义取士，将使士子沉潜于四子、五经之书，阐明义理，发其精蕴，因以觇学力之浅深与器识之淳薄。而风会所趋，即有关于气运。"⑥

清前期的科举考试"承明制用八股文"，"八股文不仅体式复杂而又明

---

① 王炜编校《〈清实录〉科举史料汇编》，武汉大学出版社，2009年，第566—567页。
② 罗军凤：《清代春秋左传学研究》，人民出版社，2010年，第47页。
③ 赵尔巽等撰《清史稿》，中华书局，1976年，第3149页。
④ （清）张廷玉等撰《明史》，中华书局，1974年，第1693页。
⑤ 赵尔巽等撰《清史稿》，中华书局，1976年，第3147页。
⑥ （清）方苞编《钦定四书文校注》，王同舟、李澜校注，武汉大学出版社，2009年，第1044页。

了，易于客观地评定优劣，而且能在一定程度上测验士人的经学和文学两方面的能力"①，故八股文（即时文）的水平在清前期实已成为科举考试成败的关键。而提高八股文水平的根本即是"以古文之法为时文"，"不同的历史阶段呈现不同的特征，但以'以古文为时文'的创作理念一直贯穿清代八股文始终"②。"以古文之法为时文"的创作理念得到了清前期文人士子的普遍认可，而"至于古文之法，则根柢乎圣人之六经，而取裁于左、庄、马、班诸书"③。桐城派先驱戴名世认为"古文之法"当取裁于"左、庄、马、班诸书"，在其影响下产生的清代最大的文学流派桐城派也一直秉承"《左传》——《史记》——韩愈、柳宗元、欧阳修、三苏、王安石、曾巩——归有光——方苞"④ 的古文之法。从传播环境上看，清前期的《左传》不仅在应试文本中经常出现，而且其写作方法已成为当时士子提高八股文水平的最有效的范本。

科举制度下的八股文写作环境也促使广大士子竞相归纳各种文法以提高八股文水平。最具代表性的如冯李骅《左绣·刻左例言》即认为《左传》"字有字法，句有句法，章有章法"，乃至"长者于万言，短者一、二字"皆"笔笔有法"。"其自全篇以至一字，剪裁、配搭、顺逆、分合、提束、呼应，无一点错乱，无一点挂漏，无一点板滞，无一点偏枯。极参差，又极整齐；极变化，又极均匀，直以夜来之针，制天孙之锦。"⑤ 谓《左传》全篇以至一字，皆有法度可循，认为左氏行文独具义法，可为习文之津筏则无可疑。在具体评点中，也可见其直接将八股文术语运用于《左传》评点。如《左绣》叙僖公四年"陈辕涛涂谓郑申侯"时评点谓："此篇直是后人两扇格，换意不换词者。"⑥ 叙成公六年"晋人谋去故绛"时评点谓："韩厥大旨只是极言郇瑕之不乐不利，劝迁新田，若论两两相较，须作四扇对局"⑦。叙襄公二十八年"子产相郑伯以如楚"时评点谓：

① 刘海峰、李兵：《中国科举史》，东方出版中心，2004 年，第 349 页。
② 罗军凤：《清代春秋左传学研究》，人民出版社，2010 年，第 360 页。
③ （清）戴名世：《戴名世集》，王树民编校，中华书局，1986 年，第 88 页。
④ 周作人：《中国新文学的源流》，江苏文艺出版社，2007 年，第 42 页。
⑤ （清）冯李骅、陆浩评辑《左绣》，文海出版社，1967 年，第 61—62 页。
⑥ （清）冯李骅、陆浩评辑《左绣》，文海出版社，1967 年，第 356 页。
⑦ （清）冯李骅、陆浩评辑《左绣》，文海出版社，1967 年，第 857 页。

"总提分应，竟是八股滥觞，谁谓古今有二文法也。"① 叙昭公十三年"楚灵王被弑"时评点谓："以叔向论子于束之，此是经传之余文，犹八股之有大结也。"② 以上的"两扇""四扇""八股""大结"等都是八股文理论的专用术语，足见其时八股文写作传播环境中《左传》文学评点的时代特征。

事实上，清前期代表《左传》评点学最高成就的《天下才子必读书》《古文观止》《左传义法举要》《左绣》无一不与八股文（即时文）有密切关系，"以时文手法评点《左传》，为初学揭示文法，以应科举之需，是此期《左传》评点的主流"③，《左传》评点即在清前期科举制度兴盛下的八股文写作时代环境中得到了最有效的传播。

3. 传播方式

清前期的《左传》文学传播是与评点文学批评样式紧密联系在一起的。中国古代文学批评样式可谓源远流长，从有意识的、成系统的、以诗序为主的汉代文学批评样式开始，经以"大一统"的专著专论式为主的魏晋南北朝文学批评样式、以诗格及论诗诗为主的唐代文学批评样式、以诗话为主的宋代文学批评样式，终于发展到以评点为主的明清一代的文学批评样式。就评点形式自身而言，经过唐代的形成期、宋元的发展期，在明代特别是中后期已经发展成为最成熟的一种文学批评样式。明末清初则更是评点大师辈出的时代，"如果从中国评点文学史的角度来加以检阅，我们就会发现，这是一个极其辉煌的时期（明末清初），在中国评点文学史上有着非常灿烂、极其光荣的地位。在这段时期内，曾涌现了一大批显赫一时、光照千秋的杰出评点大师。他们之中有金圣叹、毛宗岗、李渔、冯舒、冯班、钱谦益、黄宗羲、王夫之、陆贻典、陆云龙、陆次云、邢昉……"④ 客观地说，清前期的《左传》文学传播与评点这一文学批评样式深入融合实有历史渊源，而《左传》文学评点也终于在清前期特别是康熙、雍正、乾隆三朝达到了前所未有的高度。

从传播主体和传播环境上看，清前期的《左传》不仅在科举考试的应试文本中经常出现，而且其写作方法已经成为当时士子提高八股文水平的

---

① （清）冯李骅、陆浩评辑《左绣》，文海出版社，1967年，第1328页。
② （清）冯李骅、陆浩评辑《左绣》，文海出版社，1967年，第1635页。
③ 李卫军：《〈左传〉评点研究》，博士学位论文，华东师范大学，2008年，第29页。
④ 孙琴安：《中国评点文学史》，上海社会科学出版社，1999年，第175页。

最有效范本。而"评点文学是一种兼有文学批评和文学作品双重属性的特殊文学形态"①，"评点是中国古代文学批评的一种重要形式，与'话''品'等一起共同构成古代文学批评的形式体系。这种批评形式有其独特性，其中最为重要的是批评文字与所评作品融为一体，故只有与作品连为一体的批评才称之为评点，其形式包括序跋、读法、眉批、旁批、夹批、总批和圈点"②。通过评点这一特殊的文学批评样式，广大文人士子可以在最大程度提高《左传》文本作品研读水平的同时，通过最有效的"文学批评"样式学习各种文法。"我们可以说，这是中国人讨论文学作品时的一种方法，从宋朝晚期逐渐定型，经过明朝几位批评大将的推衍，至清即成为普遍的讨论文学的方法。"③

"传统的文学批评研究对于批评对象知人论世，追源溯流，其批评则重在批评对象作总体审美把握的品第，而很少是对文本的具体入微的批评。而评点之学恰是转向对文本的语言分析和形式的批评，其特点在于为人指点创作的具体途径，从'作文之用心'的角度来进行批评，对于作品的用词、造句、修辞、构思和结构上的抑扬、开阖、奇正、起伏等方面的艺术技巧进行评点。"④ 从某种角度来说，金圣叹正因为凭借评点形式而成为中国文学批评史上最负盛名的批评家；《古文观止》因为评点而成为中国散文史上影响最大的科举应试选本；《左绣》因为选择了评点这一富有中国民族特色的文学样式，成为《左传》评点学史上代表《左传》文法最高成就之作；方苞《左传义法举要》《方氏左传评点》等《左传》学评点著作及其开创的桐城派《左传》评点学也因为评点而源远流长，发扬光大。值得深思的是，"方苞的古文义法说，是在康熙评点学大盛之时，从《左传》、《史记》等史传文章的评点中抽绎而得"⑤。方苞及其开创的桐城派的核心创作理念"义法说"，与《左传》等史传文章的评点之间实有诸多的内在联系，而桐城派能在清前期的时代土壤上成长为"我国古代文学

---

① 孙琴安：《中国评点文学史》，上海社会科学院出版社，1999 年，第1—2 页。
② 谭帆：《中国小说评点研究》卷三五一，华东师范大学出版社，2001 年，第6 页。
③ 龚鹏程：《六经皆文：经学史／文学史》，学生书局，2008 年，第74 页。
④ 吴承学：《评点之兴——文学评点的形成和南宋的诗文评点》，《文学评论》1995 年第1 期，第32 页。
⑤ 罗军凤：《方苞的古文"义法"与科举世风》，《文学遗产》2008 年第2 期，第124 页。

史上作家最多、历史最长、影响最大的文派"①，评点这一文学传播样式之贡献不可不论。

4. 传播内容

段京肃先生说："传播内容的存在以及它对传播者和受传者都具有的驱动作用，是传播活动赖以发生的原动力。……抓住了传播内容这一关，也就是抓住了传播活动的龙头。"② 在传播内容方面，在《左传》得到清朝统治者自上而下的关注与传播的时代背景下，康乾时期的《左传》评点著作达到了《左传》评点学史上的全盛水平。最能代表《左传》评点全盛期主流特征及最高成就的即是金圣叹《天下才子必读书》，吴楚材、吴调侯《古文观止》，冯李骅、陆浩《左绣》，方苞《左传义法举要》这一系列具有"法"的美学特征的《左传》评点著作。

金圣叹《天下才子必读书》中《左传》评点在清前期的《左传》评点史上具有特殊的开创意义，其《左传》评点不同于其前期《左传释》评点"悟"的特征，真正上升到了"法"的阶段。稍晚于《天下才子必读书》被公认为是最佳古文选本的《古文观止》、《左传》评点史上具有"法"的里程碑式著作《左绣》、桐城派开创者方苞的《左传义法举要》等都是在《天下才子必读书》所开创的具有美学特征的评点基础上的继承与传播。吴楚材、吴调侯编选并评点的《古文观止》作于康熙三十三年（1694），其"选目注重文学性，不收《尚书》和先秦诸子散文，却从《春秋左氏传》开端，选出 34 篇，在全部 222 篇中所占数量最多"③。《古文观止》编选及评点受到了《天下才子必读书》的深刻影响，不仅与《天下才子必读书》一样将《左传》置于选文之首，且评点风格及体例与《天下才子必读书》也极为相类，有学者甚至认为"《古文观止》选文 220 篇，除明文 18 篇和从《公羊传》《穀梁传》《礼记》等书中选出的 11 篇为《才子古文》所无外，其余绝大部分都是金圣叹批点的 300 多篇《才子古文》中抄录下来的。《古文观止》中的不少评语，直接抄袭金圣叹的批语，所以显得很有水平；一些水平较低的评语，则是抄袭者吴楚材和吴调侯塞

---

① 周中明：《桐城派研究》，辽宁大学出版社，1999 年，第 395 页。

② 段京肃：《传播学基础理论》，新华出版社，2003 年，第 173 页。

③ （清）吴楚材、吴调侯编选《古文观止译注》，李梦生、史良昭等译注，上海古籍出版社，1999 年，第 4 页。

进的私货"①。《古文观止》这一科举制度下广大士子热衷的应试必备参考书，成为中国散文史上影响最大的古文选本，与其坚持以《左传》为源头的文法及评点文学批评形式是分不开的。成书于康熙五十九年（1720）的《左绣》，以评点形式专论《左传》文法，在具体评点中则归纳了以整齐为错综、剪裁、详略、宾主、离合、虚实、埋伏、牵上搭下、以中间贯两头、褒贬、起法、过渡、伏应、眼目、断结、提应、偶对、正叙、原叙、顺叙、倒叙等各种文法，是真正意义上对《左传》进行全文评点的"法"的里程碑式著作。刊于雍正六年（1728）的《左传义法举要》即主要为随文评点的形式，先列一标题，然后评点左氏行文的各种精妙之处，并在故事结束后总评，同时畅论该篇的各种文法。其将《左传》经义不仅发展为技法品评的对象，且作为古文创作的内在原则并使其成为清一代文学的主流样式。

总之，在传播内容方面，无论是从著作的数量还是质量上，康乾时期的《左传》评点都达到了全盛水平。

5. 传播对象

虽然清代的科举制度最终在"千夫所指"中退出了历史舞台，但"八股文取士，行之既数百年，萃千亿万人之心力于其中以求科举，运会因人以为隆替"②，谁也不能否认其在中国历史上长期以来的公平性与合理性。在清前期，"因为科举考试形式上为公开的、平等的竞争，所以鼓励社会各阶层，自显宦富室以至于穷乡僻壤的寒素之家，凡子弟有可读书应试者，皆愿一试"③。与清前期科举考试的参加对象一样，《左传》文学评点的传播对象是包括"自显宦富室以至于穷乡僻壤的寒素之家"的"社会各阶层"的。

清前期统治者为巩固政权统治，充分运用科举考试及八股取士这一法宝，其传播对象增加即表现为科举考试录取名额屡增。如康熙二十年（1681）"增顺天乡试生员中额五名"④；康熙三十四年（1696）"增加盛京

① 袁定基、易泉源、黄世礼译注《金圣叹选批才子古文》，四川大学出版社，1997 年，第 9 页。
② 商衍鎏：《清代科举考试述录及有关著作》，百花文艺出版社，2004 年，第 27 页。
③ 王德昭：《清代科举制度研究》，中华书局，1984 年，第 129 页。
④ 南炳文、白新良主编《清史纪事本末》，上海大学出版社，2006 年，第 875 页。

八旗取进生员额数，满洲、蒙古十名，汉军五名"①，康熙四十一年（1702）"增浙江省乡试生员中额十二名"，"增湖广省乡试生员中额十三名"，"增顺天乡试生员中额二十四名"②，康熙四十七年（1708）"增云南乡试中试举人额数五名"③；康熙五十年（1711）"增直隶各省乡、会试五经中式额数不等"④。科举考试录取人数的增加促使其时清政府不断增加应试需要的号房，如康熙四十四年（1705）"因顺天乡试号房仅七千二百五十余间，而本年举子进场者七千有奇；令礼部与顺天府于来科乡试前先期查明，题请酌量增置"⑤。在科举考试录取人数增加的同时，对科举考试成功者的封赏也不断增加。如号称清代制义第一人的韩菼，乾隆帝称其"种学绩文，湛深学术，其所撰制艺，清真雅正，实开风气之先，足为艺林楷则"，追谥为"文懿"。"因八股文而受朝廷如此赞颂，明清两代仅此一人。"⑥

在《左传》文学评点上，代表如《左绣》，其题《左绣》即谓将《左传》做法如绣针一般展现给大家。前人有谓"鸳鸯绣出从君看，不把金针度与人"，冯李骅在清前期则特以"绣"目《左》，即是要将左氏文法尽度"自显宦富室以至于穷乡僻壤的寒素之家"的所有读书人。《左绣》卷首有朱轼写于康熙五十九年（1720）的《左绣·序》，其称："左氏，文章也，非经传也。"⑦在具体谈到《左传》文法技巧时则说："左氏之为文，岂预设一成格哉？而后先互应，疏密得宜，有不期然而然者，是诚文之至也。"⑧同时十分称赞《左绣》的评点功夫："亦论文之至也。学者得此而读之，自不至买椟而还其珠，亦不至以辞而害其志矣。"⑨朱轼作为康熙、雍正、乾隆三朝重臣（累官至文华殿大学士兼吏部尚书，为雍正帝指定的乾隆的帝师），其对《左传》文学评点学代表作《左绣》之推崇不仅

① 南炳文、白新良主编《清史纪事本末》，上海大学出版社，2006年，第876页。
② 南炳文、白新良主编《清史纪事本末》，上海大学出版社，2006年，第878页。
③ 南炳文、白新良主编《清史纪事本末》，上海大学出版社，2006年，第879页。
④ 南炳文、白新良主编《清史纪事本末》，上海大学出版社，2006年，第880页。
⑤ 南炳文、白新良主编《清史纪事本末》，上海大学出版社，2006年，第879页。
⑥ 龚笃清：《八股文鉴赏》，岳麓书社，2006年，第72页。
⑦ （清）冯李骅、陆浩评辑《左绣》，文海出版社，1967年，第1页。
⑧ （清）冯李骅、陆浩评辑《左绣》，文海出版社，1967年，第7—8页。
⑨ （清）冯李骅、陆浩评辑《左绣》，文海出版社，1967年，第8页。

足见康乾时期对《左传》评点及其文法之推崇，而且也深刻体现了清前期《左传》文学评点传播对象之多、范围之广。

6. 传播效果

清前期是《左传》文学传播史上《左传》文学评点的全盛期，其时产生的《左传》文学评点代表作影响极其深远，如因《左绣》对《左传》之字法、句法、章法、篇法不仅言其然，且言其所以然，便于初学者揣摩文法，是以刊行之后流传甚广。卷首《读左卮言》为多家选本（如李绍崧《左传快读》）置于篇首，夏大观《说左约笺》等竟取《读左卮言》与《春秋列国时事图说》加以笺注。又如《古文观止》自刊行以来，已成为三百多年来"流传之广、影响之大、读者之众"的古文选本，到今天也仍然是学习古文最好的教材之一。

清前期《左传》文学评点所总结的各种文章学理论不仅丰富了古文、时文的创作手法，同时也对清前期小说、戏曲评点产生了深远的影响。《左传》与小说、戏曲之创作本就有深刻渊源，钱钟书先生指出："《左传》记言而实乃拟言、代言，谓是后世小说、院本中对话、宾白之椎轮草创，未遽过也。"① 而代表中国古典小说最高成就的《聊斋志异》《儒林外史》《红楼梦》等作都产生于康乾时期，且创作及传播实都深得益于《左传》及其评点。如《聊斋志异》最负盛名的评点家冯镇峦云："千古文字之妙，无过《左传》，最善叙怪异事。予尝以之作小说看。此书（《聊斋志异》）予即以当《左传》看。"② "读《聊斋》，不作文章看，但作故事看，便是呆汉。惟读过《左》、《国》、《史》、《汉》，深明体裁作法者，方知其妙。"③ "作文有前暗后明之法，先不说出，至后方露，此与伏笔相似不同，左氏多此种，《聊斋》亦往往用之。"④ 冯镇峦指出了《聊斋志异》在叙事、体裁、作法等方面与《左传》的渊源，并着重强调《聊斋志异》所运用的诸多笔法实源于《左传》。更值得注意的是，其还直接受到冯李骅《左绣》评点的深刻影响："文之参错，莫如《左传》。冯天闲（即冯李骅）专以整齐论《左》。人第知参错是古，不知参错中不寓整齐，则气不

---

① 钱钟书：《管锥编》第 1 册，中华书局，1979 年，第 166 页。
② 朱一玄编《〈聊斋志异〉资料汇编》，南开大学出版社，2002 年，第 479 页。
③ 朱一玄编《〈聊斋志异〉资料汇编》，南开大学出版社，2002 年，第 482 页。
④ 朱一玄编《〈聊斋志异〉资料汇编》，南开大学出版社，2002 年，第 483 页。

团结，而少片段。能以巨眼看出左氏无处非整齐，于古观其深矣。"① 冯镇峦在《聊斋志异》评点中能认识到《左传》评点学里程碑式著作《左绣》代表的整齐论，赞叹冯李骅"能以巨眼看出左氏无处非整齐，于古观其深矣"，深刻说明清前期《左传》文学评点对小说评点影响之深、传播效果之佳。

在戏曲评点方面，金圣叹的《左传》评点与《西厢记》评点已为清代的戏曲评点做了很好的示范："如此一段文字，便与《左传》何异？凡用佛殿、僧院、厨房、法堂、钟楼、洞房、宝塔、回廊无数字，都是虚字；又用罗汉、菩萨、圣贤无数字，又都是虚字。相其眼觑何处，手写何处，盖《左传》每用此法。我于《左传》中说，子弟皆谓理之当然，今试看传奇亦必用此法，可见临文无法，便成狗嗥，而法莫备于《左传》。甚矣，《左传》不可不细读也。我批《西厢》，以为读《左传》例也。"② 清前期的戏曲评点主要集中在《西厢记》《长生殿》《桃花扇》等著名传奇上，其评点体例、手法等多源于金圣叹评点《西厢记》之法，而金圣叹"批《西厢》，以为读《左传》例也"，清前期《左传》评点于戏曲评点影响深刻，其传播效果于此可见一斑。

"《左传》评点学将《左传》视为文学的特性，主分析文章篇章结构的特点，多被研究者用西方叙事文学理论来研究，而极少有人从当时的历史环境看《左传》评点学的特点，而唯有从时风、世风、学风等角度，方能准确把握《左传》评点学的文化特点。"③ 从文学传播学的角度，立足清前期的时风、世风、学风，我们方能把握《左绣》与清前期《左传》评点大盛的内在原因，真正理解《左绣》评点及时代背景。

---

① 朱一玄编《〈聊斋志异〉资料汇编》，南开大学出版社，2002 年，第 485 页。
② （清）金圣叹：《金圣叹全集》第 2 册，陆林辑校整理，凤凰出版社，2008 年，第 898—899 页。
③ 罗军凤：《清代春秋左传学研究》，人民出版社，2010 年，第 376 页。

第四章 《左绣》评点学特征研究

第一节 《左传》评点的里程碑式著作

《文心雕龙·章句篇》云："夫人之立言，因字而生句，积句而成章，积章而成篇。篇之彪炳，章无疵也；章之明靡，句无玷也；句之清英，字不妄也。振本而末从，知一而万毕矣。"[①] 《左传》之文，字有字法，句有句法，章有章法，篇有篇法，此其所以为古文之源也。《左绣》可以说是真正意义上对《左传》进行全文评点的"法"的里程碑式著作，其以评点形式专论《左传》文法，在具体评点中则归纳了以整齐为错综、剪裁、详略、宾主、离合、虚实、埋伏、牵上搭下、以中间贯两头、褒贬、起法、过渡、伏应、眼目、断结、提应、偶对等各种文法。具体如整齐、牵上搭下、以中间贯两头、宾主、埋伏等评点皆发前人所未发，无怪乎冯李骅屡以独得自诩。

一 "参差者，其迹；整齐者，其神"

冯李骅在《读左卮言》中云："古文今文体裁各别，自来皆以参差论古，固已。然乾奇坤偶，其不齐处正是相对处。愚观左氏片段，无论本当属对者，必两两对写，即极参差中，未尝不暗暗相准而立，相耦而行，散中有整，在作者尤精致独绝。盖参差者，其迹；整齐者，其神。读者慎毋以乱头粗服为古人也。"[②] 《左绣》是以整齐评点《左传》之最具代表性著

---

① 刘勰著，范文澜注《文心雕龙注》，人民文学出版社，1958年，第570页。
② （清）冯李骅、陆浩评辑《左绣》三十卷，文海出版社，1967年，第49页。

作，冯氏认为天地间万物莫不有对，文章亦然；《左传》行文最大的特征就是散中有整，以整驭散，参差文字不过是《左传》的外在形迹，而整齐才是《左传》文章的内在神理。

在具体评点中，如僖公二十三年记晋公子重耳出亡始末，冯李骅评云："细思排叙诸国，由卫而秦凡七，虽逐段联络，亦必有大关键存焉。看前半卫、齐、曹三国，以'卫文公不礼焉'作提；后半郑、楚、秦三国，以'郑文公亦不礼焉'作提，遥遥相对。中间以宋襄公做个界画，犹恐后人未暇细寻其篇法之精，故意将宋事点得极略，写来恰与九重阊阖旋转于径寸之枢相似，奇绝妙绝！乃知千层万叠，必非信手连片掇拾也。自来人好以参差论古文，鄙意独好以整齐论古文。以此盖于参差见古人之纵横，不如于整齐见古人之精细耳，敢以质之当世好古文者。"① 重耳出亡历卫、齐、曹、宋、郑、楚、秦七国，前半写卫、齐、曹三国，以"卫文公不礼焉"作提，后半写郑、楚、秦三国，又以"郑文公亦不礼焉"作提，中间以"宋襄公做个界画"，前后遥遥相对，实有大关键存焉。而这其中的大关键即是以整齐论古文，并宣称："盖于参差见古人之纵横，不如于整齐见古人之精细耳，敢以质之当世好古文者。"又如桓公二年宋都督杀孔父而娶其妻事，冯李骅评曰："此篇是倒装法，他处皆先叙而后断，此独先断而后叙，盖特出变格也。然不过以下半篇申说上半篇耳，上截依经分项，下截'司马则然'以上，申说弑君，'遂相宋公'以上申说立华氏，乍读似乎参差，熟复乃见整齐，章法神化极矣。"② "乍读似乎参差，熟复乃见整齐"，可见冯氏对整齐章法抉发之力。

又如闵公元年，晋大夫议论太子申生是否得立，冯李骅评云："上段开口一句喝破，而以'分都''位卿'双承之，下段亦开口一句喝破，而以'盈数''大名'双承之；上陪一太伯，下陪一天子；上证一'谚曰'，下证一'占曰'，虽词意多寡不侔，文格未始不相配也。世人好以参差论古文，亦知参差之有整齐，其妙乃如此乎？"③ 全篇不仅整体上两两相对，其细处亦前后照应。冯李骅从细处着眼，认为其名称、言辞、人物皆一一

---

① （清）冯李骅、陆浩评辑《左绣》三十卷，文海出版社，1967年，第462—463页。
② （清）冯李骅、陆浩评辑《左绣》三十卷，文海出版社，1967年，第174页。
③ （清）冯李骅、陆浩评辑《左绣》三十卷，文海出版社，1967年，第324—325页。

对应，只有抉发其中内在之整齐，方能领悟其中之妙。可以说冯氏对《左传》的评点，最有特色的即是以整齐论文，其对《左传》文章中句法字法之比偶，篇法章法之相对，实发前人所未发，使读者不仅可以欣赏《左传》艺术之美，又可真正学习为文之法。

二 "以牵上为搭下""以中间贯两头"

《左传》文学评点一般都注重过渡之法，这其中又以《左绣》最具特色。冯李骅在《读左卮言》中总结道："（《左传》）有两大笔诀：一是以牵上为搭下，如曲沃伐翼，本以'建国弱本'对上'成师兆乱'，却以'惠之二十四年'与下'三十年''四十五年'作类叙。又如王巡虢守，'与之酒泉'本连下'请器'，却抽出与上文'与之虎牢'作对叙是也。一是以中间贯两头，如邲战前后十六转，只以'盟有日矣'一句为关捩。重耳出亡前后凡历六（七）国，却以宋襄赠马一节为界画是也。此两法处处皆是，盖得此则板者活，断者联，涣者聚，纷者理，不独叙事，即议论亦以此为机杼，乃通部极精极熟极得力极得意处，特为拈出一斑而全豹尽窥矣。"① 冯李骅评点《左传》，极重视前后文的衔接，评语中如枢纽、关纽、中枢、过接、转换、转根等语随处可见。其特别用意，自以为得前人未窥之秘者，概曰"两大笔诀"。其所谓两大笔诀就是要使叙事及议论板者变活、散者凝聚、断者得续、乱者统一，达到文章前后一贯、形成统一整体之效果。若细分二者，又略有差别，下面分而论述。

1. "以牵上为搭下"

"以牵上为搭下"有时又称"束上渡下""束上启下"，是指文中具有连接前事，同时又有带结下文的作用。如宣公二年记晋灵公不君事，冯李骅评曰："左氏惯用牵上搭下法，如'宣子骤谏'，本应上'将谏'，却起下'公患'；'攻之'，本对上'贼之'；而'弥明杀之'，又对下'灵辄免之'，以'遂自亡也'作总结之笔。解此伸缩叙置，方变而活。末段以'亡不越竟'承上'未出山而复'，'反不讨贼'起下'使找穿逆公子'，尤牵上搭下之至妙者，用笔真如环也。"② 其评点对"以牵上为搭下"笔法

---

① （清）冯李骅、陆浩评辑《左绣》三十卷，文海出版社，1967 年，第 55 页。
② （清）冯李骅、陆浩评辑《左绣》三十卷，文海出版社，1967 年，第 697—698 页。

之抉发极为细致，笔法可见一斑。

在成公十六年《鄢陵之战》篇，《左绣》评曰："文中往往作牵上搭下之笔，起处郑闻晋师告楚，中间公卒告王，末段旦而战，见星未已，皆是转捩笔法，亦即作前后章法矣，妙甚！"① 《左传》前叙楚子与伯州犁在巢车观晋军，后叙苗贲皇为晋侯献策，中间以"伯州犁以公卒告王，苗贲皇在晋侯之侧，亦以王卒告"一句联结。此句牵上文楚王登巢车事，又搭下文苗贲皇论战之言，勾连上下，使文章气脉贯通，可谓妙甚。又如襄公十四年晋伐秦及栾铖死事，冯李骅评曰："栾铖事本与上半相连叙去，但因士鞅奔秦，直归到秦伯论汰一段，断结文字，故以迁延之役顿断，而另以报栎之败作提，盖亦牵上搭下叙法也。"② 栾铖事以上半篇晋为报栎之败而伐秦之事作提，又引起下文士鞅奔秦及秦伯论汰作结，为牵上搭下叙法也。

2. "以中间贯两头"

"以中间贯两头"是指文中某一段处于枢纽地位，为全篇转捩点，有此一部分才能成文。"以牵上为搭下"与"以中间贯两头"都意在全文之连贯统一，但其间又有区别。前者重在对上文埋伏作呼应，同时又带起下文，其作用是束上起下；后者强调"贯两头"，故其位置必在全篇之中，此句为全篇之枢纽，特指全文情节之转变关键处。如隐公八年郑公子忽如陈逆妇妫事，《左传》叙其逆妇，而以"先配而后祖"作小结，其后引陈铖子非礼之论断作结束，冯李骅评曰："前叙后断，'先配后祖'句特立一案，以束为提，此亦以中间贯两头法。"③ 则"先配而后祖"一句，是全篇事件主轴，因置于篇中，又有结束事件、引发议论之功能，故曰"以中间贯两头"之章法也。又如襄公三年楚子重奔命事，《左绣》评曰："此篇写子重奔命结局，盖欲报仇雪耻而反增其恨也。前案后断，以'所获不如所亡'句为主，下即将'以是咎子重'转落，带议带叙，是亦以中间贯两头法。"④ 文中"所获不如所亡"句贯串前后两头，前案指子重克鸠兹、失邓廖、复失车驾三事，后断指"以是咎子重""子重奔命结局"，谓以中间贯两头法。

① （清）冯李骅、陆浩评辑《左绣》三十卷，文海出版社，1967 年，第 944 页。
② （清）冯李骅、陆浩评辑《左绣》三十卷，文海出版社，1967 年，第 1109—1110 页。
③ （清）冯李骅、陆浩评辑《左绣》三十卷，文海出版社，1967 年，第 147 页。
④ （清）冯李骅、陆浩评辑《左绣》三十卷，文海出版社，1967 年，第 992 页。

三 "宾主是行文第一活着"

冯李骅《读左卮言》曰:"宾主是行文第一活着,然不过借宾形主而已。《左》则有添宾并主之法,如'反目箕'竟将胥臣与先轸、郤缺双结;'遂霸西戎'竟将子桑与秦穆、孟明双结,所谓水镜造元,直不辨谁为宾主者。又有略主详宾之法,如要写太子不得立,却将毕万必复其始极力铺张;要见晋文怜新弃旧,却通身详写季隗,而叔隗只须起手一句、对面一照,无不了了。又有宾主互用之法,如克段是主,却重在姜氏;杀州吁是主,却重在石厚。于事为主,于文则为宾;于事为宾,于文则为主。"①《左传》叙述历史涉及众多的人物及事件,处理这些材料时必须有个轻重主次之分,评点家即将材料之主次关系称为"宾主"。所谓"主",乃作者立意重心,指体现文章主旨的主要事件或中心人物,"宾"则指其余与此相关的人或事。宾主是对文章轻重主次的安排,冯李骅总结的《左传》宾主谋篇法,主要有"添宾陪主""略主详宾""宾主互用""借宾形主"四种方法。

1. "添宾陪主"

"添宾陪主"法如成公十三年成肃公在社神庙接受祭肉时不恭敬事,冯李骅评曰:"一篇都用添宾陪主,两两相对。前半宾后半主,不必言;而后半以'小人'陪'君子',以'敦笃'陪'致敬',以'祀'陪'戎',以'敬'陪'惰',以'定命'陪'弃命',以'福'陪'祸',以'能'陪'不能','定命者''能者','养之以福'者也;'弃命者''不能者','败以取祸'者也,宾在首,主在尾,而以'能不能'夹在中间作一篇之关捩,章法为至佳也。"②添宾之目的乃为陪主,通过一系列的名词、动词、形容词的宾主相对分析,突出全篇"今成子惰,弃其命矣,其不反乎"之主题。

2. "略主详宾"

冯李骅叙"略主详宾"曰:"大抵文字主详宾略,此正法也。有时略

---

① (清)冯李骅、陆浩评辑《左绣》三十卷,文海出版社,1967年,第51—52页。

② (清)冯李骅、陆浩评辑《左绣》三十卷,文海出版社,1967年,第901—902页。

主而反详宾者，主即于宾中见也。"① "主"通常应是作者描写较多的，但因特定情节或题材的需要，有时正面不宜直接多写"主"，而可以通过详写"宾"，以反衬"主"。如宣公二年晋灵公不君事，冯李骅评曰："此文中三段详写钼麂三人，而宣子之贤自见。故并谏亦详写在士季甲里，所以成详宾略主片断。"② 此篇赵盾之贤本为一篇之主，但全文于赵盾描写不多，却详写士会、钼麂、灵辄三人。如果正面着力写赵盾怎样贤能，反而难以突出其贤。文章通过详写与赵盾交往诸人之贤德，而赵盾之贤又在各人之上，则赵盾之贤自然突出，此即所谓略主详宾之法。又如昭公四年楚灵王使椒举如晋求诸侯事，冯李骅评曰："此篇为楚灵会申。起本以如晋求诸侯为主，末段正论求诸侯之得失，首尾本一串也。中间却详叙晋人许不许一番商榷，自成一篇妙文，而包于椒举叔向一请一许之中，盖宾详主略，而实以主包宾，章法最为完整，此格屡用而屡妙也。"③ 此篇之"主"本为楚灵王想取得霸业，于是派椒举到晋国，请求诸侯朝楚。但文章并不详写楚灵王，而通过详叙晋平公同不同意，两国谋臣椒举、叔向一请一许之商榷过程，自成一篇妙文，为略主详宾之法。

3. "宾主互用"

所谓"宾主互用"，即"于事为主，于文则为宾；于事为宾，于文则为主"。具体如隐公元年郑伯克段于鄢事，冯李骅评曰："选《左》者，无不以此称首。大都注意克段一边，否，或兼重武姜，竟以'君子曰'与'书曰'作对断章法，皆未尽合。盖依经立传，本在郑庄兄弟之际，开手却从姜氏偏爱酿祸叙入，便令精神全聚于母子之间。故论事以克段于鄢为主，论文以置母于颖为主。玩其中间结局兄弟，末后单收母子，与起呼应一片，左氏最多宾主互用笔法，细读自晓也。"④ 冯李骅认为此文本为解释《春秋》经"郑伯克段于鄢"而作，故于事应以"克段"为主，但全文却从姜氏偏爱酿祸叙起，其重在母子之间关系。故冯李骅以为"论事以克段于鄢为主，论文以置母于颖为主"，"左氏最多宾主互用笔法"。

又如隐公四年卫人杀州吁事，冯李骅评曰："此篇传杀州吁自应以吁

① （清）冯李骅、陆浩评辑《左绣》三十卷，文海出版社，1967 年，第 697 页。
② （清）冯李骅、陆浩评辑《左绣》三十卷，文海出版社，1967 年，第 697 页。
③ （清）冯李骅、陆浩评辑《左绣》三十卷，文海出版社，1967 年，第 1484—1485 页。
④ （清）冯李骅、陆浩评辑《左绣》三十卷，文海出版社，1967 年，第 100 页。

为主，然石碏难处又不在吁而在厚。文从石碏未能和民叙起，已立一篇之主。而一则曰厚问，再则曰厚从，三则曰厚与菹杀。两两对写，而中间直称二人，不分首从至末，单以大义灭亲赞碏为纯臣，却全注重厚一边，盖论事则吁主而厚宾，论文则吁宾而厚主。看他起处从主入宾，结处反宾为主，中间由平而侧安放无迹，手法绝佳。尤妙在重写石厚而仍不略州吁结，'恶州吁'三字尤带得法。审左氏于宾主互用，尤有并行不悖之妙，不可不深思而熟玩之也。"①《左传》本为解释《春秋》经"卫人杀州吁于濮"一事，故于事应以州吁为主。全篇起笔即叙述州吁不能和其民一句，先立全篇之主。随后则接写石厚问计、从州吁赴陈等事，后又写杀二人之事，末后则单以大义灭亲赞碏为纯臣，全注重石厚一边，"起处从主入宾，结处反宾为主"，故全篇"论事则吁主而厚宾，论文则吁宾而厚主"。左氏于"宾主互用"，实有并行不悖之妙。

　　4. "借宾形主"

　　"借宾形主"法如僖公二年晋假道于虞一事："两'为不道'，借宾形主，参差中必有整齐，方成片段。"②冯李骅论"虢之不道"，认为"攻虢之不道"是宾，"假道后再灭虞"才是主；又"不道"一词亦为宾，"假道"才是主，两"为不道"形成借宾形主之效。又如僖公二十四年写狄人归季隗于晋事，冯李骅评曰："晋侯作二军篇。申生略而毕万详，已是宾主变格。今此篇于季隗只点一笔，而通身单叙叔隗一边，其无一句回顾起句，正句句对起句作激射，借宾形主之法。至此文而脱化极矣，咀华评语最透，今备载之。"③冯李骅认为此篇立意在讽刺晋文公宠新弃旧。晋文公奔狄时，狄人曾赠以二女，文公娶季隗，赵衰娶叔隗。《左传》写二人归国后，迎二女回国之事，但"今此篇于季隗只点一笔，而通身单叙叔隗一边"，全篇写季魄只有一句，却详写赵衰迎叔魄始末。"其无一句回顾起句"，却"正句句对起句作激射"，讽刺晋文公对季魄之冷落与薄情，"借宾形主"之法也。

　　又如襄公二十六年伍举与声子相善事，冯李骅评曰："此篇声子为友

①　（清）冯李骅、陆浩评辑《左绣》三十卷，文海出版社，1967 年，第 126 页。
②　（清）冯李骅、陆浩评辑《左绣》三十卷，文海出版社，1967 年，第 347 页。
③　（清）冯李骅、陆浩评辑《左绣》三十卷，文海出版社，1967 年，第 471 页。

复国，文章雄迈，开战国说士之风，而谈理典则，征事详赡，浑浩流转，尤是元气未漓人语，国策远不逮也。通篇只作两半读，所谓不能也。以上是泛论其理，以下方切论其事，而切论又纯用借宾形主法，极辨之口，极动之文。"① 文章先泛论楚国伍参与蔡太师子朝为好朋友，其子伍举与声子亦关系融洽；后伍举获罪出奔郑国，与声子相遇于郑国郊外；最后借伍举事之宾，切论声子为友复国之主，实为雄迈文章。

四　"埋伏是文字线索"

冯李骅《读左卮言》曰："埋伏是文字线索，而用笔各变，有倒伏又有顺伏之法，如屈瑕盟贰轸篇，'师克在和'便伏于'君次郊郢''我以锐师'，两'君'字、'我'字中；'不疑何卜'便伏于'必不诚''必离'两'必'字随手安插，令下文有根也。有明伏又有暗伏之法，如写子元欲蛊文夫人勉强出师，处处写出他心头有事，写郤克忿兵幸胜，处处写作齐侯不弱，便令读者得之笔墨之表也。有正伏又有反伏之法，如子产将诛子皙，却先放子南，字字偏祜子南，却正字字激射子皙，为绝隐秀可思也。有因文伏事之法，如石碏谏宠州吁，却先写庄姜一段缘故。有因事伏文之法，如晋厉败秦麻隧，却先写绝秦一篇文字是也。"② 冯李骅《左绣》是《左传》文学评点史上对埋伏分析最细致、论述最详尽的著作，其书总结《左传》埋伏之法有八种：倒伏、顺伏、明伏、暗伏、正伏、反伏、因文伏事、因事伏文。

1. 倒伏、顺伏

通常而言，伏在后，应在前，此即所谓倒伏。倒伏如僖公五年宫之奇谏假道事，冯李骅评曰："此篇传晋执虞公事，只一'易'字尽之。看其前议后叙，处处伏一'易'字，至末一笔点出，绝世奇文。"③ 此篇主旨在说明晋国取得虞国之容易，而这一主旨则由文末"虞不腊矣，在此行也，晋不更举矣"一语点出，遂成倒伏之局。

顺伏之例则较为常见，如昭公十二年楚率师围徐事，冯李骅评曰：

① （清）冯李骅、陆浩评辑《左绣》三十卷，文海出版社，1967年，第1283页。
② （清）冯李骅、陆浩评辑《左绣》三十卷，文海出版社，1967年，第52—53页。
③ （清）冯李骅、陆浩评辑《左绣》三十卷，文海出版社，1967年，第366页。

"此篇只两截文字,前半用纵,后半用擒。起手数行为后车辙马迹写照;‘雨雪’、‘执鞭’云云,为王度金玉作反映。‘与鼎’、‘与田’三段都为肆心醉饱立案。前则步步伏,后则步步应,绝妙章法,全在中间一断,顿挫生姿,若一连写去,尚嫌直而少致矣。"① 文章以灵王"狩于州来""次于颍尾"及"帅师围徐"为伏,而以子革之讽谏为应;以楚灵王装饰之"雨雪""执鞭"为伏,而以"思我王度,式如玉,式如金"为应;以楚灵王"与鼎""与田"为伏,而以"形民之力,而无醉饱之心"为应。全篇前半是步步伏,后半则步步应,为顺伏之绝妙章法。

2. 明伏、暗伏

明伏与暗伏相对,所谓明伏是指埋伏有明面文字之可循,一般显然可见;暗伏则无字面之呼应。明伏之例如桓公六年楚武王侵随事,冯李骅评曰:"起手特详伯比一番策划,预为结处伏脉。左氏于各开话头,亦必令其彼此相顾,章法所固然耳。‘惧’字伏后‘惧’字,‘小国’伏后‘兄弟之国’,首尾一线。"② 楚武王侵随,特详述斗伯比之策划。"‘惧’字伏后‘惧’字,‘小国’伏后‘兄弟之国’",文字前后呼应,是为明伏。

暗伏之例如昭公二十五年昭公出奔事。此篇前半说明昭公出奔原因,后半叙其不得回国之因,却于中间插"昭子如阚"一事。冯李骅评云:"凭空插‘昭子如阚’一笔,前后无着,读至末段平子一番往复,乃知伏笔之妙,如国手布子,在数十着之先也。又冷着此句,见昭子若在家,必无鬷戾之谋矣。此暗伏法。"③ 前叙季平子被昭公围攻,后得鬷戾发兵相助而解围,而两事之间凭空插一句"昭子如阚",看似"前后无着",实则暗伏昭子不在家,故鬷戾能成此谋。

3. 正伏、反伏

正伏是指为表达的主旨做埋伏,反伏则指为相反文意做埋伏。正伏如僖公十七年齐桓公立太子而内乱事,冯李骅评曰:"叙齐乱,作两截读。上半原叙节节伏,下半正叙节节应。中以‘五公子皆求立’句为上下关掇。通篇有案无断,前后四‘内’字、四‘宠’字,所谓直书其事,而意

① (清)冯李骅、陆浩评辑《左绣》三十卷,文海出版社,1967年,第1622页。
② (清)冯李骅、陆浩评辑《左绣》三十卷,文海出版社,1967年,第195页。
③ (清)冯李骅、陆浩评辑《左绣》三十卷,文海出版社,1967年,第1817页。

自见者矣。"① 上半篇写齐侯三夫人皆无子，而内宠又有六人。直书其事，而意自现，此为正伏。

反伏如昭公元年郑子南与子晳争妻事，冯李骅评曰："只起手两语，两火曲直了然，子产之唯所欲与。明知犯之欲与楚也，即请使女择，亦明知妹之顺子南也。至既适子南，黑亦可以已矣。而囊甲以图见复于逐，乃其所也。子产反以为直钩幼罪数而放之，殊属不平，却不知正是欲擒故纵，先轻后重之法。观于太叔之咨，微示权宜之意，太叔亦以国政推服，绝无后言至尸黑于周氏之衢，而子南之狱平矣。通篇当以子产为主，一则曰国无政，再则曰国之大节，试问黑其能胜于楚乎。太叔曰彼国政也，正与明应，而一则曰夫岂不爱，再则曰何有诸游，试问黑其能逃于楚乎。盖虽放子南，实为杀公孙黑伏案。所当会意于言表者耳。"② 子南与子晳争妻，徐吾犯妹选择子南，后引发两人争执。但"子产反以为直钩幼罪数而放之，殊属不平"，却"不知正是欲擒故纵，先轻后重"。子产表面虽放逐子南，实际则为杀公孙黑（子晳）埋伏笔。本文为相反文意做埋伏，即为反伏。

4. 因文伏事、因事伏文

因文伏事，是指为使文章主旨明晰，而有意择取某些事件以做伏笔；因事伏文，则是为了更好地呈现事件发展脉络，安插一段文字做伏笔，有时二者又可相互为用。因文伏事如庄公二十八年骊姬欲立其子为太子一文，冯李骅评曰："通篇大旨有开手第一笔即与提出者，有第二笔方与提出者。如此文要写骊姬欲立其子，却须先与说明来历，盖正叙之前有原叙也。看其笔笔为后文伏案处，真有轻云笼月之奇。"③ 此文写骊姬欲立其子，后伏申生自缢、重耳奔蒲、夷吾奔屈等事，使骊姬之谋明晰呈现。

因事伏文如昭公十六年孔张后至而失位之事，冯李骅评曰："反煞蜻劲，笔有余怒，然有意无意却已暗递后文矣，绝妙伏笔法。"④ 孔张后到，没有站在自己的位置上，宾客嘲笑他，富子谏子产并认为是他的耻辱，子产则认为别人行为不规范不能都归罪于执政。此事后伏韩起求玉环一文，

---

① （清）冯李骅、陆浩评辑《左绣》三十卷，文海出版社，1967年，第431页。
② （清）冯李骅、陆浩评辑《左绣》三十卷，文海出版社，1967年，第1432—1433页。
③ （清）冯李骅、陆浩评辑《左绣》三十卷，文海出版社，1967年，第305页。
④ （清）冯李骅、陆浩评辑《左绣》三十卷，文海出版社，1967年，第1687页。

故称因事伏文。

因文伏事与因事伏文又可相互为用，如隐公三年卫石碏谏宠州吁，冯李骅评云："此篇特详石碏谏宠一番议论，为州吁弑君张本。起手从庄姜叙入，为六逆等伏笔也。石碏因其父子之间，趁便并论其夫妇嫡妾之际，本是暗讽，左氏却先替他叙明来历，此最是史家伏案精细处，使后之读者不知为是因文而缀其事，不知为是因事而缀其文，但见其照应入妙而已矣。"① 此篇首叙庄姜无子等事，本与州吁好兵事无涉。但若不以此事为伏笔，则石碏论"贱妨贵""六逆'等说则无有照应，故叙之以使文章线索明晰，此可称"因文伏事"。而就事件发展来说，正因庄姜无子、州吁好兵等事，才有石碏谏宠州吁一文。为使整个事件因果分明，故篇首有此一段文字做埋伏，此又可称为"因事伏文"。

第二节 《左绣》经学、史学评点与文学评点之关系

一 《左绣》经学评点与文学评点

李卫军《〈左传〉评点研究》云：冯李骅虽然主要从文法角度评点《左传》，但也承认《左传》为解经而作，所以即使有意摆脱经学影响，还是难免会涉及经义。② 如隐公元年是以隐公立而奉之一事，冯李骅评云："'而惠公薨'此句中便见未尝立隐为太子，亦未尝立桓为太子也。着笔虚活，词简而意微。此单句转法。上用对叙，下亦对收也。隐公代立，而奉桓为太弟，侧结中仍用双绾，令章法匀整。郑众说同，《正义》驳之，未是。"③ 冯李骅此评根本是为解释"着笔虚活，词简而意微"及句法、章法等文法，但是也涉及"郑众说同，《正义》驳之，未是"等经义层面的是非之辩。④ 后隐公与邾仪父会盟事，冯李骅则评曰："左氏解经最简，到如

---

① （清）冯李骅、陆浩评辑《左绣》三十卷，文海出版社，1967年，第119—120页。
② 李卫军：《〈左传〉评点研究》，博士学位论文，华东师范大学，2008年，第124页。
③ （清）冯李骅、陆浩评辑《左绣》三十卷，文海出版社，1967年，第96页。
④ 对于"是以隐公立而奉之"一语，郑众认为是隐公先摄立为君，然后奉桓公为太子；《正义》则从杜预注，谓此句意为立桓公为太子，率国人奉之，非隐公自立为君。

此节先解邾仪父，次解公及盟蔑，无一字闲。"① 根本为解释字法之"无一字闲"，但也涉及《左传》解经之特征与方式。总之，冯李骅《左绣》虽称"但当论文，不当论事"，但客观上却离不开对《左传》经义的发抉②，以下从"先经以始事""后经以终义""依经以辩理""错经以合异"四大方面说明冯李骅《左绣》在《左传》经学评点方面的特点与成就。

1. "先经以始事"

"先经以始事"，即《左传》文先于《春秋》经，用以交代事件起因或背景。如隐公元年"惠公元妃孟子"一段，冯李骅评曰："此篇为不书即位传，所谓'先经以始事'也。要表隐让国之贤，须先见桓之不当立。今平平叙置，绝不着一笔低昂，只于隐公所生，详写名分，于桓公所生，详写符瑞，而两君之是非了然言外。"③ 冯李骅认为《左传》于隐公详写名分，于桓公详写符瑞，不仅说明隐公有让国之贤，且为后文桓公弑君之行为做背景铺垫。又如闵公二年齐桓公迁刑、封卫二事，冯李骅评曰："二事后并有正传，而先撮叙于此，亦先经始事之变调也。"④《春秋》经记迁刑、封卫二事在僖公元年，而《左传》在闵公二年即先交代，"亦先经始事之变调也"。

2. "后经以终义"

"后经以终义"，即《左传》文在《春秋》经之后，用以说明事件始末及总结历史经验。如襄公十年记子驷与尉止有争事，冯李骅评曰："此文论经则子驷为主，后半乃后经以终义。"⑤ 此文前半先述子驷当国而与尉止有争，后半则写尉止、司臣、侯晋、堵女父、子师仆合力发动叛乱，

---

① （清）冯李骅、陆浩评辑《左绣》三十卷，文海出版社，1967 年，第 99 页。
② 《左传》以史传经，借史事阐发《春秋》微言大义，历代研究者多属意经义，评点家在分析《左传》文法时也离不开经学，喜欢从传文中寻绎各种褒贬美刺之处，以为篇章立言之要。如冯李骅《读左卮言》即从经学视域下的美刺角度分析篇章主旨："褒贬是作书把握，其巧妙有虚美实刺之法，如郑庄贪许后才赞他知礼，即刻便讥其失政刑，有此一刺，连美处都认真不得。又有美刺两藏之法，如荀息不食言，有得有失，引白主作断，两意都到。与敏称华耦、古称陈桓同一笔意。又有怒甲移乙之法，如卫朔人卫，既不便扫诸侯，又不当贬王人，因曲笔反责左右二公子，真有触背两避之巧也。"参见（清）冯李骅、陆浩评辑《左绣》三十卷，文海出版社，1967 年，第 53—54 页。
③ （清）冯李骅、陆浩评辑《左绣》三十卷，文海出版社，1967 年，第 96 页。
④ （清）冯李骅、陆浩评辑《左绣》三十卷，文海出版社，1967 年，第 340 页。
⑤ （清）冯李骅、陆浩评辑《左绣》三十卷，文海出版社，1967 年，第 1069 页。

"盗"杀了子驷、子国、子耳等。此文通过详细叙述整个事件始末来解释《春秋》经"盗"之义例,文处于经之后,故称"后半乃后经以终义"。又如昭公四年杜泄以路葬叔孙事,冯李骅评曰:"此事若分作两半读,则前文原为叔孙豹卒作传,后文自为舍中军作传。乃其传豹卒也,舍军事即带起于前文之尾;其传舍军也,葬豹事又夹叙于后文之中,二子报仇附结于后,昭子之立预伏于前,分而为二,合而为一;于前则为先经始事,于后则为后经终义,错综串插,亦足以观断续起伏之奇。"① 后篇在昭公五年主叙舍中军经过,夹叙杜泄坚持自朝门出葬叔孙豹事。这对叔孙豹因竖牛饿死一事,确有收尾及再次点染的功能;而于《春秋》经则有详细交代事件经过及后续发展之作用,故曰"后经终义"。

3. "依经以辩理"

"依经以辩理",指《左传》文与《春秋》经文一一对应,可以逐字逐句明辨《春秋》义理。如襄公十六年诸侯伐许事,冯李骅评曰:"此篇本叙伐许事。因经不书会荀偃,而书会郑伯,故前后叙事都笔笔写出。明系荀偃主兵以见为夷,而书会郑伯之出于圣心独断。杜序所谓依经以辩理也。"② 晋国本打算独立讨伐许国,但《春秋》经记载"会郑伯",并不详写会主兵的晋国荀偃。为尊经书所载,《左传》把伐许的次序摆正,前后叙事笔笔明辨《春秋》义理,即所谓依经以辩理也。又如襄公二十六年诸侯澶渊之盟,冯李骅评曰:"此篇传会澶渊及执宁喜,却详执卫侯、请卫侯事。分两截读,前是依经以辩理,后是错经以合异也,然一片写去,上截疆戚田又取西鄙与孙氏,且囚卫侯于士弱氏,分明为臣执君,已伏下截之案。"③ 诸侯澶渊之盟,《春秋》经作"公会晋人、郑良宵、宋人、曹人于澶渊",而《左传》则详细解释书名与不书名等礼仪之别,"赵武不书,尊公也。向戌不书,后也。郑先宋,不失所也",即谓之"依经以辩理"。

4. "错经以合异"

"错经以合异",是指《左传》虽然与《春秋》经记述同一事件,然传文之所指并不完全依循经书意旨,但可弥补经文之不足。如隐公元年郑

---

① (清)冯李骅、陆浩评辑《左绣》三十卷,文海出版社,1967年,第1508页。

② (清)冯李骅、陆浩评辑《左绣》三十卷,文海出版社,1967年,第1137页。

③ (清)冯李骅、陆浩评辑《左绣》三十卷,文海出版社,1967年,第1276页。

伯克段于鄢事，冯李骅评曰："事在此而文在彼，此例所谓'错经合异'者，若执事论文，必印板而后可耳。"①冯李骅认为《春秋》经本重在"郑伯克段于鄢"即兄弟之际，《左传》却从姜氏偏爱酿祸叙起，其重在母子之间关系。事在此而文在彼，且《左传》文虽不完全依循《春秋》经，但可弥补经文之不足，即所谓"错经以合异"。又如宣公二年晋赵盾弑其君夷皋事，冯李骅评曰："此篇亦错经以合异也。经书'赵盾弑君'，传则叙不弑君而书弑君之故，以太史语为断案，以夫子语为论定，通篇只作三段读：首段'犹不改'以上，详灵公之不君，为赵穿之弑伏线；中三段详宣子之生平，预为不弑君伏脉；末段乃正写其不弑君，而不免于弑君之名也。前案后断，而断之中又有断焉。以散叙起，以整断收；叙则层波叠浪，断则峭壁悬崖，文章之巨观也。"②《春秋》经直书"赵盾弑君"，而《左传》则重在叙述弑君之故，说明整个事件的来龙去脉。传文与《春秋》经直书虽不同，但通过明辨是非以见论断，故亦"错经以合异"也。又如成公七年吴入州来事，冯李骅评曰："本为吴入州来作传，宜以吴为主，然通吴始大，全系巫臣调度，故除前半原叙外，后半起讫，着笔通吴，还题正位。中间将本题一点，以清眉目，而通体贯穿，总以巫臣为线索，《左氏》错经合异，宾主互用之法，至此文而脱化尽矣。"③《春秋》经只书"吴入州来"，《左传》则说明吴国开始强大源于巫臣"通吴于晋"；《春秋》经"以吴为主"，《左传》则"总以巫臣为线索"。传文虽然切入点与经书不同，但可助于理解事件全貌，故谓"错经合异"。

冯李骅《左绣》在《左传》经学评点方面取得了诸多成就，其最主要的特点还在于其经学评点与文法评点的深度融合。如僖公二十八年晋侯召王且使王狩事，冯李骅评曰："先述夫子之言，又推夫子之意，经是创笔，解经亦用创格，此等处，故须郑重出之。前篇深没晋侯，此篇特提晋侯，一是隐削其权，一是明正其罪，而文法之变即在其中，妙哉！"④"晋侯召王且使王狩"，《春秋》经讳曰："天王狩于河阳。"故此冯李骅认为"经是创笔，解经亦用创格"，且进一步指出此篇特提晋侯彰显文法变化之妙，

---

① （清）冯李骅、陆浩评辑《左绣》三十卷，文海出版社，1967 年，第 100 页。
② （清）冯李骅、陆浩评辑《左绣》三十卷，文海出版社，1967 年，第 695 页。
③ （清）冯李骅、陆浩评辑《左绣》三十卷，文海出版社，1967 年，第 865 页。
④ （清）冯李骅、陆浩评辑《左绣》三十卷，文海出版社，1967 年，第 528 页。

可见冯氏这种对文法的发抉正是建立在对经义的深层理解的基础上的。又如襄公三十年诸侯大夫为宋灾故会于澶渊事,冯李骅评曰:"此亦起手直提一笔,下作两层分应。'无归于宋'应'谋归宋财';'宋灾故'应'为宋灾故',恰好一顺一倒成章法,末句又于'书曰'外,补出一层作掉尾,却正于不书内,抽出一层作旁注也,解经精,而用笔愈变化不拘矣。"① 冯李骅认为《左传》在解释《春秋》经凡例时,以"尤""讳"字特别强调对诸大夫无信之责备。同时总结出一顺一倒章法,认为此笔法变化不拘正是在解经"精"的基础上成就的。

《左绣》经学评点与文法评点的融合还表现为创造了一系列新的文学评点手法,如"连经驾叙"等。"连经驾叙"指经文连贯于叙事之间并贯串篇章,不仅形成一篇完整的叙事文章,而且通过叙事以阐释经旨。如桓公十二年公欲平宋、郑事,冯李骅评曰:"此连经驾叙法。先叙后断,本责宋无信,然五事皆以公为主,故第一句无信先安放宾,末句再将主作归结。左氏于宾主两重者都用此法。"② 此篇五事皆以鲁桓公为主:第一,桓公和宋庄公在句渎之丘会盟;第二,桓公又和宋庄公在虚地会见;第三,又在龟地会见;第四,桓公和郑厉公在武父结盟;第五,率领盟军伐宋。其中第三件事后以"宋公辞平"与经文相连,并使全文形成一篇完整的叙事篇章,故称"连经驾叙"法。

总之,《左绣》经学评点成就是多方面的,当然,其评点主要贡献仍在文学评点。如隐公元年郑伯克段于鄢事,冯李骅评曰:"选《左》者,无不以此称首。大都注意克段一边,否,或兼重武姜,竟以'君子曰'与'书曰'作对断章法,皆未尽合。盖依经立传,本在郑庄兄弟之际,开手却从姜氏偏爱酿祸叙入,便令精神全聚于母子之间。故论事以克段于鄢为主,论文以置母于颍为主。玩其中间结局兄弟,末后单收母子,与起呼应一片,左氏最多宾主互用笔法,细读自晓也。"③ 如果单纯从解经角度评点,则会认为传文当以"克段"为主。如以经学评点为主的姜炳璋评点此段即认为重点是隐公兄弟之争:"惟《左氏》罪其失教,洵得《春秋》之

① (清)冯李骅、陆浩评辑《左绣》三十卷,文海出版社,1967年,第1383页。
② (清)冯李骅、陆浩评辑《左绣》三十卷,文海出版社,1967年,第218页。
③ (清)冯李骅、陆浩评辑《左绣》三十卷,文海出版社,1967年,第100页。

义，非为段宽也，段之叛逆，人所共见，郑伯之志隐矣，故'郑志'二字是主脑。首点母子三人，不重姜氏酿乱，见庄公与段同胞，何忍疾视其不义而致之死，已隐射到'志'字。"[1] 但冯李骅能突破传统经义观点，以《左传》文章结构为立足点进行评点，认为全篇从姜氏偏爱酿祸叙起，其重在母子间的关系。又如定公二年邾庄公以杖敲阍人事，冯李骅评曰："此等处，自是本与下文为一首耳，不当从先经始事之例。"[2] 冯李骅认为此条记事不成篇章，当与定公三年第一篇记事合为一篇，所以不能作为先经始事之例。可见冯氏的"评断依据仍是《左传》的文本结构；即便尊如杜注，如若在结构上不能解释得通，他也无所苟；可见解释云云，可看作由文本衍生而来的应用功能，而非文本之全部，也就是说，冯李骅所欲强调的，是研读《左传》必须先撇开功利实用（如解经）的角度来读，如此才能真正掌握《左传》文本结构"[3]。

二 《左绣》史学评点与文学评点

贺循评价《左传》道："左氏之传，史之极也。"《左传》以鲁史为本，代表了先秦史学的最高成就，其史学价值一直为历代学者所重视。如清人刘逢禄、皮锡瑞均认为《左传》是一部独立的史书；而吕祖谦《东莱博议》《左氏传说》《左氏传续说》，穆文熙《左传钞评》，韩范《春秋左传》，魏禧《左传经世钞》等都主要从史学的角度评点《左传》。本节主要选择《左绣》评点中的"以叙为议""明断是非""以简为要""互见之法"四大方面来说明其史学评点价值。

1. "以叙为议"

我国史学家向来以春秋笔法为史学著作创作之无上法则。所谓春秋笔法，主要指通过对历史事件的记叙来表达作者的微言大义，而不是通过议论性文辞来表达。冯李骅《左绣》不仅十分注重《左传》春秋笔法中内蕴的叙议关系，而且指出"以叙为议"为《左传》创作的一大特征。

《左绣》注重《左传》春秋笔法中内蕴的叙议关系首先表现为"叙议

---

[1] 姜炳璋：《读左补义》，《四库存目丛书》第143册，齐鲁书社，1997年，第295页。

[2] （清）冯李骅、陆浩评辑《左绣》三十卷，文海出版社，1967年，第1919页。

[3] 蔡妙真：《追寻与传释——左绣对左传的接受》，万卷楼图书股份有限公司，2003年，第363页。

兼行、叙议夹写"。如昭公三年齐侯使晏婴请继室于晋事，冯李骅评曰："此篇叙议兼行，为传中第一首错综文字。以晏婴为主，分三段读。首段叙请昏一番辞令，乃一篇之缘起；中段详叙晏子与叔向忧国伤时，低回感慨，为一篇之正文；末段为中段作注脚，不但踊贵屦贱，是证共言，因陈桓以请并证其事，一路承转卸抱，如珠走盘，极纷而绪自理，极忙而神自贴，极涣而局自紧，作史不熟玩此种万过，不免治丝而棼之耳。"① 冯李骅认为此篇分三段读，首段叙述晏婴请婚的一番辞令，叙述的同时也为一篇文章议论之缘起；中段详细叙述晏子与叔向相语，同时着重议论齐、晋、陈三国之朝政；末段通过叙述踊贵屦贱之言论赞"君子如祉，乱庶遄已"。全篇"叙议兼行"，作史者须深谙此道，方不会治丝而棼。又如襄公十四年卫侯出奔齐事，冯李骅评曰："此是叙议夹写，文字作两半读。定姜无告无罪以上叙卫侯出奔，厚叔吊卫以下为复归张本。上半以定姜三罪语单收，下半以厚孙臧孙语对收，前散后整格。"② 冯李骅认为此篇上半叙述卫献公不君以至出奔事，以定姜细数的三宗罪为结；下半以厚成叔慰问卫国起叙述卫侯能否复归事，其中夹以厚成叔、臧武仲等议论之语，为"叙议夹写"。

冯氏在注重《左传》叙议关系的基础上，更强调其中"以叙为议"的创作特征。如成公九年郑人围许事，冯李骅评曰："示晋不急君也。突点此句，几不可解。读至下文，始知围许单为示晋，示晋单为不急君，而其实不急君，正单为急君也，曲曲折折妙手空空。以'是则'二字穿下，分明有不满于申之意，此即以叙为议笔法。"③ 成公九年，郑成公去晋国。晋国人为报其叛晋顺楚之仇，在铜鞮拘捕了他。而郑国人反出兵包围许国，向晋国表示他们并不急于救出郑成公。出师围许是公孙申的计谋，冯李骅评点此处认为"是则"二字以平淡之叙述却包含了对公孙申之贬斥，为"以叙为议"之典型笔法。

2. "明断是非"

冯李骅《左绣》云："叙、议、断三者，史家之准绳。"④ 叙、议、断

① （清）冯李骅、陆浩评辑《左绣》三十卷，文海出版社，1967年，第1465—1466页。
② （清）冯李骅、陆浩评辑《左绣》三十卷，文海出版社，1967年，第1113页。
③ （清）冯李骅、陆浩评辑《左绣》三十卷，文海出版社，1967年，第883页。
④ （清）冯李骅、陆浩评辑《左绣》三十卷，文海出版社，1967年，第863页。

可谓史学家创作历史著作的三大法宝，"明断是非"也为史家求真求实的根本准绳。其中《左传》首创的"君子曰"论断模式更为后世史学家所秉承，成为一种优秀的史论传统。如庄公二十二年敬仲请桓公饮酒事，冯李骅评曰："以君子作断，可见上文已结，此下分明另作排场。史家往往因叙一事，特综其颠末而通论之，其法大都本此也。"① 《左传》首创的"君子曰"史评形式往往对历史事件和历史人物做出求真求实的道德伦理评价，为后人提供历史的借鉴。此篇叙敬仲请齐桓公饮酒，天晚了桓公还想让敬仲点火继续喝。敬仲辞谢说只占卜了白天饮酒，晚上并没有占卜。《左传》文叙到此，以"君子曰"作断："酒用来完成礼仪，不能没有节制，这是义；与君主饮酒完成了礼仪，但不使君主过度，这是仁。"冯李骅在此不仅认为"君子曰"为前文作结，而且指出史家"其法大都本此也"，可谓深得《左传》"君子曰"论断之精髓。又如隐公四年石碏大义灭亲事，冯李骅评曰："明是石碏，却目以卫人。虽曰国讨之辞，然作者正特特衬托下文杀厚单出一人之意，以见其为大义灭亲之严且断也。此种笔法，独史公得之耳。"② 州吁弑君并虐用其民，而石碏之亲子石厚与其相交。石碏设计让石厚与州吁去陈国，并派人通告陈国："此二人者，实弑寡君，敢即图之。"后陈国把两人抓住，并请卫国人去陈国处理。卫国人派右宰丑在陈国杀了州吁，所以冯李骅评曰："明是石碏，却目以卫人。"后石碏派家臣杀死亲子石厚"单出（石碏）一人之意"，故《左传》通过"君子曰"发出大义灭亲的论断。《左传》此种史家笔法，实仅司马迁《史记》能得之，冯氏此评乃深得史法。又如襄公二十二年蒍子冯为令尹事，冯李骅评曰："通篇叙事中夹用描写及断制笔法，有描写则致活，有断制则局炼，史家要诀尽在此矣。"③ 此篇写蒍子冯为令尹，受到蒍子冯宠信的八个人没有禄位但马匹却很多；接着描写蒍子冯上朝想和申叔豫讲话，然而申叔豫不吭声就退走；后写蒍子冯到申叔豫家拜访才得出论断："昔观起有宠于子南，子南得罪，观起车裂。"全文在叙述描写中运用断制笔法，实深得史家要诀。

---

① （清）冯李骅、陆浩评辑《左绣》三十卷，文海出版社，1967年，第288页。
② （清）冯李骅、陆浩评辑《左绣》三十卷，文海出版社，1967年，第127页。
③ （清）冯李骅、陆浩评辑《左绣》三十卷，文海出版社，1967年，第1197页。

《左传》往往还通过贤者人物的言论来"明断是非",如襄公二十五年齐崔杼弑君事,冯李骅评曰:"文必有案有断,今此文于齐庄之淫、崔杼之逆、诸人之死亡,一概不置褒贬,而隐隐都评定于晏子口中,结构奇绝。"① 此篇叙述齐庄公之淫及崔杼之谋逆过程,但叙述中不置褒贬,而论断于晏子的言论中,是非自见,深得春秋大义。

3. "以简为要"

著名史学家刘知幾对历史著作的最高评价即是"简",其在《史通》中云:"夫国史之美者,以叙事为工;而叙事之工者,以简要为主。简之时义大矣哉!"② 冯李骅《左绣》评点《左传》即十分重视《左传》文本中的"简"的特征,反映出其对《左传》史笔的肯定。

如桓公五年王郑交兵一事,冯李骅评曰:"此篇字字详,却笔笔简,知详简而简详者,可以作史矣。"③ 此篇叙桓公五年周桓王带领诸侯讨伐郑国,郑庄公出兵抵御。通篇叙述文字内容极其丰富,如"射王中肩"等,但同时笔法极其简劲,深得作史法则。而且同年《春秋》经记"天王使仍叔之子来聘",《左传》注曰:"仍叔之子来聘,弱也。"冯李骅于此评曰:"以一字作解,传亦往往而有。只点'仍叔之子',用笔尤简而脱。"④ 又如庄公三年,《春秋》经载"溺会齐师伐卫""葬桓王""纪季以酅入于齐""公次于滑"诸事,《左传》分别注曰"疾之也""缓也""纪于是乎始判""将会郑伯,谋纪故也"。《左绣》评曰:"一句经一句传,叙事便尔了了,不知简法者,难与读《左》《史》二书。"⑤ 冯李骅说明《左传》叙事之简,不明此法确不能读《左传》《史记》等史书。

在僖公二年晋假道于虞以伐虢事,冯李骅评曰:"此篇较《公》、《穀》,《左氏》总以简隽见长。"⑥ 此篇《左传》记载晋献公、荀息君臣之谋略,以简隽的史家笔法注疏了《春秋》经"虞师、晋师灭下阳"一句。《左传》注疏此句全文用168字,而《公羊传》《穀梁传》分别用391字和

---

① (清) 冯李骅、陆浩评辑《左绣》三十卷,文海出版社,1967年,第1237页。
② (唐) 刘知幾撰《史通》,上海古籍出版社,2008年,第122页。
③ (清) 冯李骅、陆浩评辑《左绣》三十卷,文海出版社,1967年,第191页。
④ (清) 冯李骅、陆浩评辑《左绣》三十卷,文海出版社,1967年,第192页。
⑤ (清) 冯李骅、陆浩评辑《左绣》三十卷,文海出版社,1967年,第241页。
⑥ (清) 冯李骅、陆浩评辑《左绣》三十卷,文海出版社,1967年,第346页。

346字，《左传》此篇实以简隽见长。又如隐公元年"元年春王周正月"一段，冯李骅评曰："夏时冠月，纷纷注解，《左氏》只需着一'周'字，而意已无不足，其简洁处，最不可及也。"① 此处《春秋》经云"元年春王正月"，而《左传》只加一"周"字，然意已无不足，其简法实最不可及也。

4.“互见之法”

"互见法"，是指在一个人物的传记中表现他的主要性格特征，而其他方面的特征则放到别人的传记中表现。《左绣》评点十分强调"互见法"，但其重心并不同于纪传体史书中"互见法"的典型，而是强调具体文法的前后相应，在史学特征的基础上突出文学评点的典型。如僖公二十四年郑不听王命而执二子，王怒而将以狄伐郑事，冯李骅评曰："'周公'、'召公'调法相对，参差中整齐也。前明点'亲'字，而'不咸'则暗贴'德'字；后明点'德'字，而'宗族'则暗贴'亲'字，乃互见法。"② 周襄王大怒准备率领狄人攻打郑国，富辰谏王不可伐郑。其举周公"封建亲戚以蕃屏周"、召公"纠合宗族于成周而作诗"历史史实，认为不仅"周公""召公"调法相对，而且"亲""德"字前后相应，形成互见关系。在成公八年卫人来媵共姬事，冯李骅则评曰："后来却偏偏有一异姓，故此文不但为卫媵作传，并为齐人作传矣，亦互见法也。"③ 成公十年《春秋》经记"齐人来媵"，但无传。冯李骅此评正指出成公十年此经之传已互见于成公八年"凡诸侯嫁女，同姓媵之，异姓则否"传文之中，不但为卫媵作传，而且为齐人作传，即称"互见法"也。又如襄公二年郑师伐宋事，冯李骅评曰："前子然侵宋，亦楚令也。连上楚侵宋，便不复注，互见法，惜墨如金。"④ 《左传》于襄公元年已记"郑子然侵宋，取犬丘"，而于襄公二年一并结断语曰："郑师侵宋，楚令也。"冯氏认为郑两次侵宋皆是楚之令，故仅一次断语，实有惜墨如金之效，乃运用"互见法"之典型。

《左绣》虽然作为文学评点《左传》的里程碑式著作，但绝离不开经

① （清）冯李骅、陆浩评辑《左绣》三十卷，文海出版社，1967年，第99页。
② （清）冯李骅、陆浩评辑《左绣》三十卷，文海出版社，1967年，第474—475页。
③ （清）冯李骅、陆浩评辑《左绣》三十卷，文海出版社，1967年，第875页。
④ （清）冯李骅、陆浩评辑《左绣》三十卷，文海出版社，1967年，第986页。

学、史学的润泽。可以说，正因为有史学的眼光、视野和功底，才成就了其文学评点。这一点我们从上文的"以叙为议""明断是非""以简为要""互见之法"四大方面可以略见一斑。传统《左传》评点主要不是由经，就是由史，屈《左传》文学于附属地位。但冯李骅《左绣》真正全文性地强调评点《左传》当从《左传》文章入手，是对《左传》文章评点的真正里程碑式著作。冯李骅《读左卮言》云："左氏有绝大线索，于鲁，则见三桓与鲁终始，而季氏尤强；于晋，则三晋之局蚤定于献公之初；于齐，则田齐之机蚤决于来奔之日。三者为经，秦楚宋卫郑许曹邾等纷纷皆共纬也。洵乎鲁之春秋，其事则'齐桓晋文'一言以蔽之矣。"① 冯李骅从《左传》整体结构出发，认为《左传》"'齐桓晋文'一言以蔽之"，既不违背《左传》经、史功能，又能真正从《左传》文本出发，由分析篇章结构之安排以探讨其思想主题，可见其还是始终坚持"专以文论左氏"之初衷的。

第三节　八股文与《左绣》评点

《四库全书总目》评价冯李骅《左绣》曰："是篇首载《读左卮言》、《十二公时事图说》、《春秋三变说》、《列国盛衰说》、《周十四王说》。书中分上、下二格，下格列杜预《经传集解》及林尧叟《左传解》。杜《解》悉依原文，林《解》则时多删节。又摘取孔氏《正义》及国朝顾炎武《左传补正》二书与杜氏有异同者，附于其后。别无新义。上格皆载李骅与浩评语，则竟以时文之法商榷经传矣。"② 四库馆臣坚持《左传》研究当以经义为对象，极力排斥用文学评点之法看待《左传》。虽然四库馆臣的观点有其时代的局限性，但也正指出了《左绣》评点的一大特征即是"以时文之法商榷经传"。这里我们从"以古文为时文""以时文为古文"两大方面来阐述《左绣》与八股文的内在联系。

一　"以古文为时文"

冯李骅《读左卮言》曰："小时学为八股，好作驰骤文字，先师王约

---

① （清）冯李骅、陆浩评辑《左绣》三十卷，文海出版社，1967年，第59页。
② （清）永瑢等撰《四库全书总目》，中华书局，1965年，第258页。

斋夫子（先师生平启迪不倦，著有约斋四书，小学讲义行世）指谓：'先辈点题尚用对偶，何一往不返为？'（骈）因此求之古文，亦无不散中有整，且往往纯以整御散者。今之评《左》，犹师说也。或谓奈何等《左传》于时文，则吾不知之矣。"① 可见冯李骅自小就学习八股文，后为学好八股文之点题对偶之法"求之古文"，这恰是其时学习八股文而倡导"以古文为时文"的普遍法则。

事实上，《左传》在清初已经被文人士子视为古文创作的重要源泉，故如冯李骅能返求《左传》，并终于以"绣"目《左》，将《左传》作法如绣针一般尽度世人。综观《左绣》，可见冯氏从《左传》中汲取古文精华以提升八股文创作水平的实践努力，具体表现在以下几方面。

1. 文体上的借鉴

清初文人士子普遍认同八股文可以从《左传》等古文中学习作文法则，以提高八股文写作水平。冯李骅《左绣》即十分注重《左传》对八股文写作的作用，如桓公二年《取郜大鼎于宋》篇，冯李骅评曰："文用直起法，通篇前整后散，前伏后应，有提有束，有铺排有翻跌，直作制义金针。"② 制义，明清时科举考试规定的文体，即八股文。凡称制义、制艺、经义、时艺、时文、举子业、四书文、八比文、程文、墨卷、帖括者，都是八股文的别称。此篇写桓公从宋国取来郜国的大鼎，因不符合礼制，大夫臧哀伯乃谏。臧哀伯谏言以"君人者将昭德塞违以临照百官，犹惧或失之，故昭令德以示子孙"直起，而以整散、伏应、提束等手法具体论述祭祀、衣冠、文饰，可谓是习作八股文的绝佳范本。又如襄公二十八年子产相郑伯以如楚事，冯李骅评曰："总提分应，竟是八股滥觞，谁谓古今有二文法也。"③ 此篇以"昔先大夫相先君，适四国，未尝不为坛"为总提，以"大适小有五美""小适大有五恶"分论，冯氏于此则认为古文、时文作法并无二法。又如哀公二十六年卫出公自城鉏使以弓问子赣事，冯李骅评曰："内、外、亲、卿，天生有此两对，后世八股立柱，未必不出于此，顾安得有此字。字典切恰好也。"④ 冯氏认为"内不闻献之亲，外不

① （清）冯李骅、陆浩评辑《左绣》三十卷，文海出版社，1967 年，第 64 页。
② （清）冯李骅、陆浩评辑《左绣》三十卷，文海出版社，1967 年，第 175 页。
③ （清）冯李骅、陆浩评辑《左绣》三十卷，文海出版社，1967 年，第 1328 页。
④ （清）冯李骅、陆浩评辑《左绣》三十卷，文海出版社，1967 年，第 2187 页。

闻成之卿",此句字字典切,两两相对,后世八股之定型乃出于此。

　　2. 文题上的借鉴

　　八股文之题目都出自"四书""五经",具体有单句题、数句题、一节题、数节题、全章题、连章题、两扇题、三扇题、四扇题、截上题、截下题、截搭题等。文题是八股文"代圣贤立言"的基础,离开文题,八股文"代圣贤立言"的根本就无从着手。清代著名学者焦循即云:"时文之意根于题。"八股文文题在整个八股文写作中具有极其重要的作用,故科举士子十分注重从《左传》等古文范本中学习八股文文题之法。具体如庄公二十四年公使宗妇觌,用币事,冯李骅评曰:"《经》并书大夫,《传》单点宗妇,以《经》意本只重宗妇、用币也,此便是认题之法。"① 明代八股文名家茅坤将认题作为八股文写作的首要要诀,其云:"一曰认题,题中精神血脉处,学者须先认得明白,了了悉之心中,方可下笔,然后句句字字洞中骨理。予尝论举子业,浅视之,则世所剿袭帖括亦可掇一第,苟于中得其深处,谓之传神可也。孔孟学问宗旨虽同,其深浅大小亦自迥别,学者苟以孟子论学之言掺入孔子,便隔一层矣。予故论为文须首认题。"清代著名的八股文学家王步青亦云:"摹写虚字眼处是题之情也。题情不得则题理不真,所讲求之法亦死法耳。故认题为文家第一丹头,此不磨之论。"刘熙载也高度概括八股文文题中认题的作用:"善认题,故题外无文。"② 认题可以说是八股文写作的首要要义,关系到八股文写作的成败优劣。此篇《春秋》经记"戊寅,大夫宗妇觌,用币",而《左传》能领会《春秋》大义,认为《春秋》经此处只重宗妇、用币,故单点宗妇,这就是八股文写作认题的典型例子。

　　如宣公十四年楚子使申舟聘于齐事,冯李骅评曰:"凡开手点题而妙者,如郑穆公卒是也;至末点题而妙者,如此处楚子围宋是也。起手之妙,妙于后之照应有情;结尾之妙,妙于前之跌落有势。"③ 此篇写楚庄王派申舟去齐国聘问,并让其不用向宋国借道。申舟曾因为孟诸的事得罪宋国,并说明这样自己必死无疑。楚庄王则表示如果宋国杀了申舟,他就讨

---

① (清)冯李骅、陆浩评辑《左绣》三十卷,文海出版社,1967年,第296页。
② (清)刘熙载撰《艺概》,上海古籍出版社,1978年,第173页。
③ (清)冯李骅、陆浩评辑《左绣》三十卷,文海出版社,1967年,第779页。

伐宋国。后宋国果然杀了申舟，楚庄王闻之即讨伐宋国，"楚子围宋"即是文末点题。文题是八股文的标识，不仅决定八股文的内容，而且决定了八股文的具体作法。又如襄公三年祁奚请老，晋侯问嗣事，冯李骅评曰："叙是三项，下两层亦都三排说去，合之便通体成三叠文法，相题立格，自古已然。"① 此篇写祁奚请求告老退休，晋悼公询问可以接替他的人。"叙是三项"，即指祁奚举荐解狐、祁午、羊舌赤三人，而下文以"君子谓"作议论解释，"三排说去""成三叠文法"，文章之成功乃得益于"相题立格"。王夫之在《夕堂永日绪论外编》中云："经义固受法于题，故必以法从题，不可以题从法。"此篇首先相题立格，后以法从题，故是经义成功之作。又如襄公九年诸侯伐郑事，冯李骅评曰："左氏叙将佐师，番番变换，大概先叙主兵，次叙某师从之。此独倒转，整整写四'从'字，盖起句目以'诸侯伐郑'，而章法因之，固相题行文，移步换形，一定之法也。"② 冯李骅指出《左传》叙战，往往"先叙主兵，次叙某师从之"。如此篇则先叙晋国，以四"从"字次叙卫国、曹国、邾国、滕国、薛国、杞国等，相题行文，乃一定之法。刘熙载云："文莫贵于尊题……题有筋有节，文家辨得一节字，则界画分明；辨得一筋字，则脉络联贯"③。文章须先全面、细致、多角度地相题，方可行文。

3. 技法上的借鉴

八股文写作同样十分注重从《左传》等古文范本中学习文法、技法，《左绣》评点也特别注重《左传》中的相关时文技法。如僖公四年陈辕涛涂谓郑申侯事，冯李骅评曰："此篇直是后人两扇格，换意不换词者。东方陈郑，一利一害，只以颠倒出之，而各以'其可也'煞住，盖明告我以对股法门矣。"④ "四书""五经"中有许多意思并列的排句，将这些意思并列的排句选取来做八股文题便叫扇题。若选取两个意思并列的排句来做题目便叫两扇题，取三个便叫三扇题，四扇题、五扇题依此类推。冯李骅认为此篇是八股文中的两扇题，以陈辕涛涂与申侯关于"东方陈郑"之"一利一害"的论述为词，而以两个"其可也"整齐相对，可以说是学习

① （清）冯李骅、陆浩评辑《左绣》三十卷，文海出版社，1967 年，第 994—995 页。
② （清）冯李骅、陆浩评辑《左绣》三十卷，文海出版社，1967 年，第 1049—1050 页。
③ （清）刘熙载撰《艺概》，上海古籍出版社，1978 年，第 173 页。
④ （清）冯李骅、陆浩评辑《左绣》三十卷，文海出版社，1967 年，第 356 页。

八股文对股的法门。又如昭公十一年楚子城陈、蔡、不羹事，冯李骅评曰："前两城字，后两大字，即两扇用罗纹之法，法无不创自《左氏》者。"① 冯李骅指出"郑庄公城栎而置子元焉，使昭公不立。齐桓公城谷而置管仲焉，至于今赖之"，句中的两"城"字，"末大必折，尾大不掉"的两"大"字，即是八股文两扇之法，而此法则开创于《左传》。

《左绣》评点还特别注重八股文写作中的"脱换"技巧。"脱换"主要是显示对同一事物的叙述有多种表达技巧，它可以使写作八股文者在固定的文题上进行多方面、多角度的表达。如隐公元年置姜氏于城颍事，冯李骅评曰："前半克段于鄢，后半置母于颍，两事本当两断，但一样贬驳，未免境绪无别；忽借君子，忽借考叔，微文刺讥，胜于唾斥。此脱换之妙，凡用间情掉尾，别出事外远致，其法都本于此。"② 冯氏指出此篇叙述"置母于颍"事，本与"克段于鄢"当两断，但一样贬驳则无文章起伏之效。《左传》叙此事则借君子谓"爱其母，施及庄公"，借考叔谓"阙地及泉，隧而相见"，在同一件事情上显示出不同的表达技巧，八股文之"脱换"法乃本于此。又如庄公二十九年鲁新作延厩事，冯李骅评曰："以两'日中'解'时'字，为后人换意不换字法。"③ 此篇写《春秋》经记载鲁庄公新造延厩，表明其不合时令。《左传》以"日中而出，日中而入"两个"日中"解释"时"字，为八股文"换意不换字"文法之典型。

二 "以时文为古文"

冯李骅《读左卮言》云："自来选左读左，不外词调，故实两项即有标举章法、句法、字法称为奇奇怪怪者，但言其然，而不言其所以然；又或约指大端而遗其委曲，或细分句节而不露全神；虽前辈引而不发使人自思，而后人则一概囫囵吞枣矣。仆深惜左氏妙文，千载埋没，不惮备加评注。先论全旨，次分大段，又次详小节，又次析句调，务令完其本来独开生面，要为初学拨其云雾，指其归趣。"④ 清前期代表《左传》评点学最高成就的《天下才子必读书》《古文观止》《左传义法举要》《左绣》无一不

---

① （清）冯李骅、陆浩评辑《左绣》三十卷，文海出版社，1967 年，第 1606 页。
② （清）冯李骅、陆浩评辑《左绣》三十卷，文海出版社，1967 年，第 105 页。
③ （清）冯李骅、陆浩评辑《左绣》三十卷，文海出版社，1967 年，第 309 页。
④ （清）冯李骅、陆浩评辑《左绣》三十卷，文海出版社，1967 年，第 47—48 页。

与八股文（即时文）有密切关系，"以时文手法评点《左传》，为初学揭示文法，以应科举之需，是此期《左传》评点的主流"①。《左绣》本为应科举士子之初学"拨其云雾，指其归趣"，故其喜以八股文作法中的整齐、对偶之法评点《左传》，表现出"以时文为古文"的特征。"以古文为时文"，指从古文吸收精华以学习时文，是时文借鉴古文；"以时文为古文"，则是时文向古文的渗透，对古文的评点受到时文各种作法及特征的影响。综观《左绣》，八股文的诸多文法都影响冯氏评点《左传》，具体表现在以下三方面。

1. 套用八股文术语以评点

八股文通过《左传》评点以汲取作文精华，而《左传》文学评点也深受八股文内在影响。在具体评点中，首先表现为直接套用八股文术语于《左传》文学评点中。如襄公二十五年子产始知然明，问为政事，冯李骅评曰："此篇亦合传体，似时文之有搭题。上截子产问政于然明，下截太叔问政于子产。上两如字、下两如字相对，上心字、下思字相映，中间两截交接，以喜然明、告太叔作转捩。通篇以子产为主，盖对叙而侧重者也。"② 此篇写晋国程郑死后，子产开始了解然明，并向他询问治国方略。上截是问政于然明，为然明作传；下截是子太叔问政于子产，为子产作传。故冯李骅指出此篇是合传体，与八股文之搭题相似。且两"如"字相对，上"心"字、下"思"字相应，有接有转。通篇分析套用八股文诸多术语，实因时文之法而评点精微。

在成公二年《齐晋鞌之战》篇，冯李骅评曰："两对后总一笔作束，即从此又生出一段文字，与上两段两分一合，两实一虚，前偶后奇，作三扇文格，化板为活，以散作整，绝妙局法。"③ 启功等人《说八股》指出："相题作文，题中两项论点，即作两大扇；题中三项论点的，即作三大扇。"此段写齐顷公派遣宾媚人把纪甗、玉磬和土地贿赂给战胜诸侯以求和，可作为上两段之束。上两段分别写逢丑父为救齐顷公与其交换位置、齐顷公为寻找逢丑父在晋军中三进三出，冯李骅认为两对后应总一写笔作

① 李卫军：《〈左传〉评点研究》，博士学位论文，华东师范大学，2008 年，第 29 页。
② （清）冯李骅、陆浩评辑《左绣》三十卷，文海出版社，1967 年，第 1258—1259 页。
③ （清）冯李骅、陆浩评辑《左绣》三十卷，文海出版社，1967 年，第 823 页。

束，两分后应一合，成三扇文格，方为绝妙局法。通篇分析融合时文术语如"对束""分合""虚实""奇偶""板活""散整""三扇"，足见《左绣》评点之时文特色。又如成公六年《晋人谋去故绛》篇，冯李骅评曰："韩厥大旨只是极言郇、瑕之不乐不利，劝迁新田，若论两两相较，须作四扇对局。"① 此篇写晋国人计划迁都，冯李骅指出韩献子极论郇、瑕之地不适合作新都，而新田作新都则较合适。如果两地优劣相互比较，有土地、水泽、宝藏、百姓四大要素，应该作四扇对局。总之，以上各例的"搭题""上截""下截""两截""两扇""三扇""四扇""对束""分合""板活"等都是八股文理论的专用术语，足见其时八股文写作环境中《左传》文学评点的时代特征。

2. 借用八股文结构以评点

八股文在结构上主要包括题目、破题、承题、原题、起讲、入题、起比二股、出题、中比二股、过接、后比二股、束比二股、收结，其中原题、入题、出题、过接不必尽有。八股文写作十分注重起、承、转、合之基本结构，结构为其主体，而《左绣》也强调借用八股文结构之精髓来深入评点。如昭公十三年晋人将寻盟事，冯李骅评曰："回顾起处以中间提掇。齐人惧、鲁人懵，两股本对，然连写即嫌其板，忽于中间插入示众建而不旆一番热闹排场，局法变动，通身神彩焕发，读者耳目为之一新，真绝妙结构也。"② 此篇开篇写晋国打算重修旧盟，而齐国不同意。晋昭公于是派叔向对齐国晓以利害，齐人惧；后又派叔向说明可能讨伐鲁国，鲁人懵。前后两股相对，然而如果连续写则过于板滞，《左传》于中间插入晋国"建而不旆"一番排场，使读者耳目一新，犹如八股文中之过接部分，乃成绝妙结构。又如哀公元年吴师在陈，楚大夫皆惧事，冯李骅评曰："是一篇议论常格文字，然藏得许多活变在。单句另提，以下分两扇对说，'所以败我''安能败我'收局最整。"③ 此篇写吴军在陈国，楚国大夫都感到害怕，而子西认为今日夫差已不同于昔日阖庐，两扇相对，"所以败我""安能败我"各收每扇之结，犹如时文二股。客观地说，"《左绣》评

---

① （清）冯李骅、陆浩评辑《左绣》三十卷，文海出版社，1967年，第857页。
② （清）冯李骅、陆浩评辑《左绣》三十卷，文海出版社，1967年，第1654页。
③ （清）冯李骅、陆浩评辑《左绣》三十卷，文海出版社，1967年，第2029页。

点几乎以'结构整齐论'贯串而成，冯李骅屡屡自言'独好以整齐论古文'，加上分析《左传》篇章结构时，也喜欢寻找前后之对应，这都明显是受到八股文结构整齐相对应的启发"①。

3. 运用八股文技法以评点

八股文技法理论本是源于古文理论，然在科举应试等作用下，反过来又对古文理论产生巨大的影响，古文评点所受尤甚。《左绣》本为科举士子指点作文之法则，反过来也受八股文技法影响而进行评点。如八股文有"转"的技法，《左绣》也非常注重评点《左传》文章的转折变化。在隐公三年《宋穆公属殇公》篇，冯李骅评曰："两段一句一转，前'何辞'句，以虚笔作折，后'岂曰'句以反笔作折，尤婉转有风致，固知文无今古，以曲为工。"② 此篇写宋穆公病重召见大司马孔父嘱托殇公即位事，上半段以"先君若问与夷，其将何辞以对"作转折，后半段以"若弃德不让，是废先君之举也。岂曰能贤"作转折，实有八股文转折之妙。

另外，八股文中最难作的属截搭题。所谓截搭题，即取"四书""五经"书中之一句，截去其上半，而又搭以下句之上半，用截搭题这种方法来出题，可以有效防止科举考试中的作弊行为。科举士子为做好截搭题，首先要掌握"钓""渡""挽"等八股文技法，启功等人《说八股》阐释云："伏笔好比钓鱼，所以叫作钓。渡是从上文引起下文，挽是从下文关照、回顾上文。"③《左绣》在评点《左传》文章中频频运用八股文技法中的"钓""渡""挽"，使其评点深入人心。如僖公三十年郑公子兰出奔晋后为太子事，冯李骅评曰："事截而文递，全在中间转掭处着力，既要有势，又要有情，如此处一许无与围郑，一许逆以求成，两两相对，中间使待命于东，为束上渡下之笔是也。"④ 此篇写郑公子兰逃奔到晋国，上半叙述其请求不和晋文公一起讨伐郑国，下半叙述郑国迎立公子兰为太子，两两相对，而中间特以晋文公让公子兰在东部边境等候命令为过渡，冯氏即点出此为索上渡下之笔法。又如昭公元年天王使刘定公劳赵孟于颖事，冯

① 蔡妙真：《追寻与传释——左绣对左传的接受》，万卷楼图书股份有限公司，2003 年，第510 页。
② （清）冯李骅、陆浩评辑《左绣》三十卷，文海出版社，1967 年，第118 页。
③ 启功、张中行、金克木：《说八股》，中华书局，2000 年，第30 页。
④ （清）冯李骅、陆浩评辑《左绣》三十卷，文海出版社，1967 年，第537 页。

李骙评曰："前段极赞禹功，讽赵孟远缵，正是极善面奉语。看其从禹牵到吾，从吾卸到子，又从子挽到禹，字字圆润，笔意最曲而腴。"① 此篇写周景王派刘定公到颍地慰劳赵文子，刘定公先从大禹的功绩提起，说明没有大禹，"吾其鱼乎"；后又从吾说到子，从子挽到禹，"子盍亦远绩禹功，而大庇民乎"，实得八股文回顾上文之"挽"法。

钱基博在《古籍举要》中云："《左氏》浮夸，文章之士所喜诵说。乡人龚伯伟先生问《左传》文章评点孰为佳？应之曰：《左绣》为佳。而于文章之奇偶相生，《左氏》之错偶于奇，一编之中，尤三致意。每闻老辈诋《左绣》论文，不脱评点八股文习气，不过承桐城文学方张之焰，崇八家以排俪体。《左绣》独被恶名，犹之方望溪之不喜班孟坚书尔。班孟坚之于《左氏》，一脉相传，其文章之妙，在能运偶以奇，尤在凝奇于偶。运偶以奇，故举重若轻；凝奇于偶，斯积健为雄。而自命古文家者，乃必以偶为讳。阮文达《研经堂三集·书昭明太子文选序后》曰：'如必以比偶非文之古者而卑之，则孔子系《易》，自命其言曰文者，一篇之中，偶句凡四十有八。……班孟坚《两都赋》序，白麟神雀二比，言语公卿二比，即开明人八比之先路。八比之文，真乃上接唐宋四六为一脉，为文之正统也。'斯其论文章之奇偶相生，真乃上接《左绣》为一脉。世论不敢难文达，而独致讥《左绣》，多见其不知类也。其书出钱唐冯李骙天闲、定海陆浩大瀛之手，前有高安朱端公轼序，称：'统括全书，指其精神脉络，以尽行文之态，亦论文之至。'岂曰借誉之论。"② 《左绣》时为公认的《左传》文章评点代表作，但也因其与八股文有内在联系，每为众人诋毁。钱基博先生在指出《左绣》每被诋毁的现象的同时，引用阮元之论说明孔子系《易》乃以偶为文，一篇之中达四十有八；班固《两都赋》序即开八股文之先路，而认为八股文实乃真正接唐宋四六骈文之脉，为文之正统；故因《左绣》与八股文的密切联系而"独致讥《左绣》，多见其不知类也"。应该说《左绣》内蕴的"奇偶相生，凝奇于偶"是值得我们深思和探讨的，不深入研究《左绣》与八股文之内在联系，就无法真正理解《左绣》及《左传》评点学之意义。

---

① （清）冯李骙、陆浩评辑《左绣》三十卷，文海出版社，1967 年，第 1430 页。
② 钱基博：《古籍举要》，广西师范大学出版社，2009 年，第 68—69 页。

第五章 《左绣》评点学成就研究

第一节 《左绣》在人物评点上的成就

作为"第一部以美善统一的标准对历史人物进行审美观照的叙事文学作品"[①]，《左传》所写人物，千载如生，令人过目不忘，掩卷遐思。冯李骅云："读其文，连性情心术，声音笑貌，千载如生，技乃至此。"[②]《左绣》在人物评点方面取得了巨大的成就，具体在天子、诸侯、士大夫、勇士、女性等人物的评点上都表现出自己的评点特色。

一 周天子及诸侯形象

在周天子人物形象方面，冯李骅《左绣》专门撰写一篇《周十四王说》对《左传》所载十几代周王的行事性格作总评："周十四王，都无甚昏虐，第忠厚之遗，过失之弱耳。然平王赠惠及仲，首昧'匹嫡'之训；桓王助沃逐翼，全懵裂冠之戒，乾纲不正，宜缙葛之肆逆而无忌也；庄锡鲁桓之命，而法漏于吞舟；僖列晋武为侯，而赏僭于窃国。积而至于子颓；惠犹不鉴，反令郑逃首止之盟，而叔带之寡不旋踵矣；襄王守匹夫之孝，自致鄙氾之辱，顾始则告难齐桓，王人会洮而位以定。终则策命晋文，河阳下狩而名亦尊。知人则哲，庶几近之；自顷及匡，王室无事；若乃定却楚庄问鼎，王孙犹布周德之盛；简命单、刘，会伐晋厉，犹假周室

① 郭丹：《〈左传〉人物形象系列及其意义》，《福建师范大学学报》1991年第1期，第79页。
② （清）冯李骅、陆浩评辑《左绣》三十卷，文海出版社，1967年，第60页。

之威；无如灵王，生而有髭，虚有其表；景王多言，举典徒托空言，以至心疾不瘳，已牺酿祸；悼猛不终；敬仍惶杌，狄泉姑莸，奔走不暇，赖晋始城成周，继戍胥靡，迄于春秋，犹然共主。"①《左传》记周王始于周平王四十九年（前722），止于周敬王崩（前476）。其间共历十四王：平王、桓王、庄王、僖王、惠王、襄王、顷王、匡王、定王、简王、灵王、景王、悼王、敬王。冯李骅认为，周代十四王虽然"都无甚昏虐"，但平王"昧"、桓王"懵"、庄王"法漏"、僖王"僭赏"、惠王"不鉴"、襄王"匹夫"、灵王"虚有其表"、景王"徒托空言"，展现了春秋时期"公然攫取大权以去，天子拱手而已"的社会变动真实。尤其难能可贵的是冯李骅评价春秋时期诸天子尚能以极其客观的评价："第忠厚之遗，过失之弱耳……温严并用，辞意俱美，至今令人想见先生命诰之遗。"

在诸侯人物形象方面，与《周十四王》一样，《左绣》中《鲁十二公说》专门评价春秋时期鲁国君主的人物形象："鲁十二公，隐有让国之贤，而优柔之祸中于菟裘；桓有弑兄之恶，而渎伦之惨偿于拉干；庄惭卫宝，喜有御乱之武功；僖辱鱼门，幸有作官之文德，见于诗歌，于斯为盛；闵以髫年被弑，然落姑之盟畚知攸好；文以多疾废礼，然术椒之聘，特有荣施；宣初税亩，因贿楚而开厚敛之端；成作丘甲，因畏齐而启穷兵之寡；襄公五年作三军，为三家分室之谋；昭公初立舍中军为季氏独强之计，然而杞圃葱灵亦接踵至矣，坏颓既人；定不为昭，讨干侯之辱，故康乐入而夹谷之相不终，毗瑕既城；哀不从定悟堕成之难，故有山施而适郓之得。罔效大都，鲁本弱国，二百四十年间，前则见弱于伯国，后则见弱于三家，而天王屡有锡命之荣，小邦数有来朝之美，则元公之泽犹长，秉礼之风未坠，夫子定笔削寓褒贬，独于鲁史三致意，有以夫！有以夫！"②冯李骅指出"隐有让国之贤"，"桓有弑兄之恶"，"庄惭卫宝"，"僖辱鱼门"，"闵以髫年被弑"，"文以多疾废礼"，"宣因贿楚而开厚敛之端"，"成因畏齐而启穷兵之寡"，"襄公作三军为三家分室之谋"，"昭公初立舍中军为季氏独强之计"，"定讨干侯之辱"，"哀不从定悟堕成之难"。鲁虽弱国，然"元公之泽犹长，秉礼之风未坠，夫子定笔削寓褒贬"。虽文字简括，却以

---

① （清）冯李骅、陆浩评辑《左绣》三十卷，文海出版社，1967年，第91—93页。
② （清）冯李骅、陆浩评辑《左绣》三十卷，文海出版社，1967年，第90—91页。

事论人，在客观事实评价中展现春秋时诸侯的人物性格与德行。

除鲁国十二公外，对于其他诸侯也能评点出其鲜明的人物形象。如桓公五年评郑庄公曰："然前写其谋之毒，中写其事之悖，后写其词与礼之诈，而深恶痛绝之意正在言表。"① 桓公五年，郑庄公想借去纪国访问的机会袭击纪国，是为"谋之毒"；因为此事周桓王不让郑庄公参与周朝政事，并带领诸侯讨伐郑国。但郑庄公不仅率兵与周桓王交战，而且"射王中肩"，实为"事之悖"；后郑庄公还说"君子不欲多上人，况敢陵天子乎？苟自救也，社稷无陨，多矣"，并派人去慰问周桓王，毕现其"词与礼之诈"，通篇实是将春秋时期郑庄公这样一个犯上作乱、违背大义、令人深恶痛绝的枭雄淋漓尽致地展现出来。又如评秦穆公："此等处见秦穆智深勇沉。若在他人，未免为二子所动矣。"② 僖公十年，丕郑献策秦穆公让其用重礼召晋国大夫吕甥、郤称、冀芮，而其趁机赶走晋惠公，再迎送重耳回国；丕豹则献策让秦穆公攻打晋国，认为如果攻打晋国，百姓必定会赶走晋惠公。事实证明，两人的计策都不合适，从秦穆公的反应来看，冯李骅认为此处很能见出秦穆公的智深勇冗、雄才大略之人物特征，后其终于也成为著名的"春秋五霸"之一。

二 士大夫与勇士

《左传》全书除了天子与诸侯外，着墨最多、表现最为充分的还数子产、管仲、晏婴、狐偃、叔向等士大夫一类的人物。"左传大抵前半出色写一管仲，后半出色写一子产，中间出色写晋文公、悼公、秦穆、楚庄数人而已。"③ 其中管仲、子产确是《左传》中最为光彩夺目的人物形象，正如冯李骅所评："左氏有绝大剪裁，齐桓晋文，孔子蚤为之分别正谲传。于晋文写来独详，然其铺张神王处，都暗暗露出诈伪本色。齐桓则老实居多，又生平全亏管仲提调，而管氏亦都不甚铺排，只一写其救邢，一写其服楚，一写其辞子华，一写其受下卿而已。简书之从赐履之征是攘外，招携怀远是安内，让不忘上是尊王，只此四端，足以概括此公一生勋略，内

---

① （清）冯李骅、陆浩评辑《左绣》三十卷，文海出版社，1967 年，第 189—190 页。
② （清）冯李骅、陆浩评辑《左绣》三十卷，文海出版社，1967 年，第 394 页。
③ （清）冯李骅、陆浩评辑《左绣》三十卷，文海出版社，1967 年，第 60 页。

政军令等概从割爱，此何等眼界笔力！"① 其对管仲之评价乃契合《左传》之人物评价。而冯李骅对子产之评价更堪称评价子产人物形象的标准："子产为春秋后半部第一流人物。自鲁襄八年料侵蔡获燮以来，至十九年而为卿。三十年而子皮授之政，昭廿年而卒，凡四十四年，历事简定二朝，于晋则当悼平昭顷，于楚则当共康郏灵，治内御外，皆以礼为主，而辅之以权，立政如丘赋刑书，持正如崇龙禳火，定乱如子孔子皙，当机如争承毁垣，用兵如数俘登陴，刚果如郑环驷乞，词令如征朝献捷，博洽如台骀黄熊，风雅如隰桑羔裘，应变如立庙毁庙，理学如不毁卿校，知人如择能而使，种种出人意表，所谓救时之相也。左氏临了，以宽猛一论结之，盖不独治民，其于事大之法，亦不外此，可为知子产之深者矣。"② 同时还十分注重创新评价子产人物形象，言前人所未言，如昭公二年郑杀其大夫公孙黑事，冯李骅评曰："此结局子皙事。子皙三番无道，子产一味包荒，至此乘机讨乱，直作迅雷不及掩耳手段。此非但疾作之机不可失，亦以众怒欲杀之机不可缓也。前者专伐伯有驷氏方助之，昆弟争室，诸大夫犹为谋之熏隧之盟，六子且听其强与而太史书之，今众皆不堪，不乘此时声罪致讨则子皙虽死亦仅私戮而非国诛，故杀机未动不敢先，杀机既动不敢后，看他两次逼勒：一则曰不速死大刑将至；再则曰不速死司寇将至。片刻不容放松，并唯虑伤疾或瘝困兽，犹闻亦恐驷氏与诸大夫夜长梦多，缓则生变也。子产是春秋第一有擒纵人，此意千古无人抉破。"③ 此篇写子产处理公孙黑事，其历数公孙黑三番罪：擅自讨伐伯有、争抢兄弟妻室、盟会假托君位，并两次逼勒终于使公孙黑伏罪自缢而死。冯氏于此认为"子产是春秋第一有擒纵人，此意千古无人抉破"，实是发前人未发之论。

在士大夫人物评价中，冯李骅尤其注重大夫的德礼大义，如其评晏子曰："此篇只出色写一晏子。语语有经有权，不随不激，前后纷纷死亡。全不知有社稷二字，众人之死，死轻于鸿毛；晏子之不死，死重于泰山。两两相形，真所谓琬琰之藉，无过白茅也。注意中权，余皆不屑，乃又一变格矣。"④ "有极訾晏子怕死，杜撰一番议论，掩饰当时耳目者。愚谓若

---

① （清）冯李骅、陆浩评辑《左绣》三十卷，文海出版社，1967年，第59—60页。
② （清）冯李骅、陆浩评辑《左绣》三十卷，文海出版社，1967年，第80—81页。
③ （清）冯李骅、陆浩评辑《左绣》三十卷，文海出版社，1967年，第1459—1460页。
④ （清）冯李骅、陆浩评辑《左绣》三十卷，文海出版社，1967年，第1241页。

是怕死，则径归耳。何敢入哭尽哀使崔子听或人之言，亦与太史等矣。况仰天而叹陡易盟首，直撄二凶之锋尤非怕死者所能道只字也。论古人不设身处地，为赞为讥，都无是处。"① 晏子和子产、晋叔向齐名，都是春秋时期著名的政治家。《左传》自鲁襄公十七年（前556）至鲁昭公二十六年（前516），以相当多的篇幅叙写了晏子的言论行事，充分显示了这位贤相的德礼大义与身体力行。此篇写襄公二十五年崔杼弑君后，晏子进入崔家，头枕在庄公尸体上号哭，然后顿足三次后离去。冯李骅于此高度赞扬晏子论德礼之大义，认为其以社稷为重，"尤非怕死者"，若死则"死重于泰山"。又如昭公二十六年齐侯与晏子坐于路寝事，冯李骅评曰："此篇前论襄彗在德，后论已陈在礼。本名开说，然吾以为在德，即承上截两德字串落。民字国字，处处双行到底，盖两截一串者。看他上截分四层，先就天道泛论，次就彗星切论，次将有德无德反复对说。下截亦有四层，先叹此室归于陈氏，次劝唯礼可以已之，次将为国为民逐节递说，虽详略不同，其间架未始不相配也。"② 晏子前论德，后论礼。论德切中时弊，承上串落，反复对说，令人膺服而警醒。后论礼，由民及亲，由外及内，纵论横说，首尾贯通。综观全篇，全于晏子德礼之论发之。

在评价勇士方面，冯李骅十分注重勇士之勇力。如庄公十二年宋万弑其君捷及其大夫仇牧事，其评宋万曰："立意写宋万多力，故凡立游围毫杀牛立桓许多事，都用简括法，几笔点过。独留精神写乘车犀革，以与生博鲁囚相映成趣，非左公好奇，宾主轻重章法固应尔耳。……以宋万为主，猛获陪客也。今两奔双提，皆醢总结，似无轻重，然乘车犀革皆写万之多力，而安放两头，包猛获于中间，则固始终着笔在万矣，此最用笔微而显处。"③ 此篇乃"立意写宋万多力"，先写其在蒙泽杀死宋闵公，在城门口反手打死仇牧，在东宫又杀死华督；"几笔点过"，而更"独留精神写乘车犀革"，即宋万自己拉车载母亲逃亡到陈国，一天就到达；后被灌醉用犀牛皮捆裹但手脚仍能挣扎出来。全篇可谓始终着笔在宋万，突出了宋万的勇力。又如襄公十年晋荀偃、士匄请伐偪阳事，《左绣》评道："前后

---

① （清）冯李骅、陆浩评辑《左绣》三十卷，文海出版社，1967年，第1242页。
② （清）冯李骅、陆浩评辑《左绣》三十卷，文海出版社，1967年，第1843页。
③ （清）冯李骅、陆浩评辑《左绣》三十卷，文海出版社，1967年，第265页。

详写勇武,震耳骇目,中间夹以献子一赞,丰采倍增。"① 此篇写晋国荀偃、士匄攻打偪阳,大夫叔梁纥用双手托着闸门让人马撤出,而狄虒弥更把大车轮子拆下作为大盾牌进攻敌人。孟献子由此感叹:"这就是《诗经》上所说的'有力如虎'的人。"全文详写勇武,实是令人震骇耳目。

三 女性形象

《左传》描写了众多的女性形象,展现了春秋时期女性在国家大事、婚姻爱情、家庭生活等方面的现实情况,表现了作者进步的妇女观。《左绣》也十分注重展现典型女性的人物形象,如庄公二十八年骊姬嬖而欲立其子事,冯李骅评曰:"此篇叙晋立奚齐缘起。以骊姬为主,二五为辅,故中间特用两笔提明。凡二五两番怂恿,皆以使字贯下,并晋侯之使亦隐隐都写在骊姬甲里。至末一气赶出二五卒与骊姬谮群公子,而立奚齐。譬如高峰坠石,笔力千钧。"② 冯李骅此评紧紧抓住骊姬这一女性,认为晋立奚齐实以骊姬为缘起。此文叙骊姬贿赂男宠梁五和东关嬖五,终于达到赶走群公子的险恶目的,为晋国之乱埋下了祸根,集中展现了骊姬这一女性人物形象。又如僖公四年晋献公欲以骊姬为夫人事,冯李骅评曰:"此篇传晋杀申生事却意在骊姬,犹叙郑伯克段,却意在姜氏,故中段一气赶落,全用彼处笔法,盖亦相准成文也……申生口中两姬字,尤一篇精神所在,唯以姬为主,故立姬用重笔,立奚齐反用轻笔,特写与二五耦篇相反,以见其用笔之变,用意之精妙极。"③ 骊姬为达到废嫡立庶、让其亲生儿子奚齐继位的目的,设计谗杀太子申生,并逼迫公子重耳和夷吾逃亡国外,使晋国数世不宁,论者谓其"狐媚工馋,奸刻毒辣,千古无两"。冯李骅指出此篇"传晋杀申生事却意在骊姬,犹叙郑伯克段,却意在姜氏",骊姬乃全篇精神所在。以"骊姬为主,故立姬用重笔",实乃抓住文章之重心。

又如夏姬这一女性人物形象,在成公二年庄公欲纳夏姬事中,冯李骅评曰:"文作四段读,首段两沮取夏姬,单为自己留地步。次段聘夏姬,

---

① (清)冯李骅、陆浩评辑《左绣》三十卷,文海出版社,1967 年,第 1062—1063 页。

② (清)冯李骅、陆浩评辑《左绣》三十卷,文海出版社,1967 年,第 304 页。

③ (清)冯李骅、陆浩评辑《左绣》三十卷,文海出版社,1967 年,第 358—359 页。

三段以夏姬行"①，"首节纯用直笔。一论是非，一论利害，写得夏姬毫无可取。次节纯用曲笔，一揣晋情一揆郑势又写得夏姬全无交涉，不知左氏当日何等设身处地来"②。此篇写楚庄王欲纳夏姬，而巫臣引用《周书》说明道德之重要，使楚庄王打消了想法；子反也想娶夏姬，而巫臣说明夏姬是个不吉利的人，也使子反打消了念头。但巫臣终于原形毕露，后设计让夏姬回郑国，自己在郑国聘夏姬为妻。首节用直笔"写得夏姬毫无可取"，次节纯用"曲笔又写得夏姬全无交涉"，然而却使夏姬这一女性人物形象愈发鲜明，给人留下无限遐想。

第二节 《左绣》在战争评点上的成就

《左传》的文学性表现在诸多方面，其中一个重要方面是对战争艺术的描写，"《左传》全书中共记录了四百九十二起战争，加上《春秋》经上有记而《左传》无记的三十九起，经传合记大小战争五百三十一起"③。《左传》中的战争描写，通常被视为全书最精彩的部分，朱自清即对《左传》之战争描写艺术推崇备至："战争是个复杂的程序，叙得头头是道，已经不易，叙得有声有色，更难；这差不多全靠忙中有闲，透着优游不迫神儿才成。这却正是《左传》著者所擅长的。"④ 冯李骅在《左绣·读左卮言》中则盛赞左氏之战争描写道："至奇至横，篇篇换局，各各争新，无怪古今名将无不好读此书也。"⑤ 具体主要表现为以下几个方面。

一 将战争放在整个社会历史的大环境中评点

《左传》"描写战争，并不是把它当成单纯的战争史记载，也不是单一地站在某一国的立场上来评论是非曲直，而是以总揽全局的宏伟气魄与历史眼光，高瞻远瞩地将战争放在整个社会与历史环境的大背景中审视，作

---

① （清）冯李骅、陆浩评辑《左绣》三十卷，文海出版社，1967年，第829页。
② （清）冯李骅、陆浩评辑《左绣》三十卷，文海出版社，1967年，第830页。
③ 郭丹：《左传战国策讲演录》，广西师范大学出版社，2008年，第86—87页。
④ 朱自清：《朱自清古典文学论文集》，上海古籍出版社，1981年，第644页。
⑤ （清）冯李骅、陆浩评辑《左绣》三十卷，文海出版社，1967年，第56页。

为春秋时期政治斗争的一个重要组成部分来表现"①。冯李骅《左绣》对《左传》战争之评点可谓达到了熟知《左传》战争特点的行家水平，能将战争放在其时的历史背景中去审视。如宣公十二年楚子围郑及晋师救郑事，冯李骅评曰："看来城濮篇善用开法见纵擒之奇，此篇善用转法见顿折之妙。起手本为救郑出师，而闻楚及郑平。……总之，未战前作许多转变，如叠嶂层峦，既战后作许多转变，如幽溪别浦，放翁'山重水复疑无路，柳暗花明又一村'未必有此步步引人入胜也，岂非绝世奇文。"② 冯氏将城濮之战放在大国争霸的背景下评点，对于战争的起因经过、各国关系的组合变化、战前转变及战后影响等都高瞻远瞩地加以分析，通过"十六转"真正总揽全局地展现了春秋时期的战争画面。

二　在战争中十分注重突出人物的评点

《左传》描写战争"重在写人，写出人在战争中的活动"③，冯李骅《左绣》在战争评点中亦十分注重点出人物在战争中的重要性。如定公八年阳虎之乱，冯李骅评曰："此篇写阳虎之乱。凡作四节读，第一节欲去三桓叙其乱本意以及顺祀戒车皆前一层事；第二节前驱；第三节劫公叙作乱正项事；第四节脱甲盗玉，叙败后事。节节皆以阳虎提头，而五人因阳虎起，阳虎入讙、阳关以叛结，篇法极明画。其间成宰期孟孙、桓子咋林楚、筑者阖门、子言舍爵穿插其间，诸人为纬，阳虎为经，作者盖极写一跋扈之陪臣，以为此春秋之盗魁而已矣。"④ 冯李骅指出阳虎之乱特别突出阳虎这一人物形象，此篇四节节节以阳虎提头，五人助乱都因阳虎起。以阳虎为经，而诸人为纬，"盖极写一跋扈之陪臣，以为此春秋之盗魁"。

又如哀公十一年鲁与齐战于郊一事，冯李骅评曰："郊之战自是出色写一冉有。要其写冉有乃所以形三家，通篇分两大截读：上半伐我及清提起至右师从之住，是未战前事，一勇一怯，得失已具。下半师及齐师提起至泄曰驱之住，是正写战事，一胜一败，功罪分明，中间忽插公叔务人一

①　郭丹：《左传战国策讲演录》，广西师范大学出版社，2008年，第104页。
②　(清) 冯李骅、陆浩评辑《左绣》三十卷，文海出版社，1967年，第747—749页。
③　郭丹：《左传战国策讲演录》，广西师范大学出版社，2008年，第107页。
④　(清) 冯李骅、陆浩评辑《左绣》三十卷，文海出版社，1967年，第1972页。

番议论作通身关捩。上不能谋是照前文，下不能死是照后文，直作三家总断，故未竟与冉有一例评赞。盖赞冉有以反刺三家，而正断则托之务人口中，不但圣人慎于立言，亦左氏之精于构局也已。"① 此篇写鲁齐郊之战事，先叙齐国进攻鲁国，而鲁国季氏、叔氏、孟氏都不出兵抵抗，突出冉有这一积极抵抗的英雄形象。未战前通过季孙与冉有比照，一勇一怯，伏应下半篇战斗中鲁军左师右师一胜一败，托公孙务人"上不能谋，下不能死"的论断讽刺季氏、叔氏、孟氏三家之治民国策，从而达到了盛赞整个战役中冉有这一人物形象的效果。

三 融合细节评点整体性的战争场面

《左传》描写战争"既有整体性的大场面的概述，又常常通过一系列的细节来加以补充"②，冯李骅《左绣》在战争评点中同样是一方面注重概述整体性的战争场面，另一方面又通过一系列的细节来加以说明。如僖公二十三年，重耳出亡前后共流转于七个国家之间，冯李骅评曰："细思排叙诸国，由卫而秦凡七，虽逐段联络，亦必有大关键存焉。看其前半卫、齐、曹三国，以'卫文不礼焉'作提；后半郑、楚、秦三国，以'郑文公亦不礼焉'作提，遥遥相对。中间以宋襄公做个界画，犹恐后人未暇细寻其篇法之精，故意将宋事点得极略，写来恰与九重闯阖旋于径寸之枢相似，奇绝妙绝！"③ 此篇写重耳流亡卫、齐、曹、宋、郑、楚、秦七国，而七国之事纷杂，中间乃以宋襄公赠马一节为全文枢纽，且为突出篇法之精，将宋事点得极略，实是从细节中见出整体性的场面。

又如哀公十一年艾陵之战一事，冯李骅评曰："艾陵之战，公为兵主，却全得吴力。中军从王、王卒助之乃一篇之眼目，而齐人之所以自知必败者也。后半归国子之元，直以天使下国揽归自己，虽为起手结局，而公之贪天迤以自诬者，隐然言外。事在此而文在彼，可想作者细针泥刺之妙。"④ 此篇写鲁吴联合进攻齐国，冯李骅指出鲁虽为兵主，但主要力量在吴军。冯氏认为"中军从王、王卒助之"乃一篇之眼目，而对于"陈子行

① （清）冯李骅、陆浩评辑《左绣》三十卷，文海出版社，1967年，第2088页。
② 郭丹：《左传战国策讲演录》，广西师范大学出版社，2008年，第109页。
③ （清）冯李骅、陆浩评辑《左绣》三十卷，文海出版社，1967年，第462—463页。
④ （清）冯李骅、陆浩评辑《左绣》三十卷，文海出版社，1967年，第2093页。

命其徒具含玉""吾不复见子矣""此行也,吾闻鼓而已,不闻金矣"等细节描写都可从小处知悉战争的成败结局。后半写吴国进攻齐国,使越国臣服为下国,赐剑给伍子胥自杀,也隐然可见越国灭亡吴国之结局,实有"细针泥刺之妙"。

四 注重笔法

《左传》战争描写的高超技巧表现在长笔、短笔、奇笔、缓笔、简笔、捷笔等各种笔法上,《左绣》评点战争同样十分注重笔法。如隐公五年郑人侵卫牧事,冯李骅评曰:"左氏叙战最工。有极长者,有极短者。长者奇而缓,短者简而捷。如此篇不过三四语,而重四军字,又叠两制字,读去便自绚烂紧凑。结亦以三不字相配,笔力精悍寸铁杀人。"[1] 此篇写郑国入侵卫国郊外,篇幅简短,但其中"重四军字,又叠两制字",可谓既有短笔,又有长笔。结尾以"不备不虞,不可以师"之"三不字相配",笔法确是"精悍寸铁杀人"。又如桓公十一年楚败郧师于蒲骚事,冯李骅评曰:"左氏叙战最工。大都长篇工于叙事,短篇工于叙谋。似此审势度情,曲折兴衍,盖兼孙吴之长,而文笔过之者也。"[2] 此篇写楚国想和贰、轸两国结盟,而郧国准备和随、绞、州、蓼四国一起进攻楚国。冯李骅指出左氏叙战"短篇工于叙谋",此战即在莫敖与斗廉的对话中充分展现战前谋略,"审势度情,曲折兴衍",文笔过人。又如宣公十二年《晋楚邲之战》,冯李骅评曰:"此自城濮后又一首叙战大文也。洋洋洒洒只作三大截,读自起至必长晋国,是未战前事,楚少师至宵济是将战正战时事,末段是既战后事。通篇叙议兼行,而前后着力在议论,中间着力在叙事。议论用整片笔法,叙事用错综笔法。"[3] 冯氏认为《晋楚邲之战》"通篇叙议兼行",战前有士会、知庄子、栾书等议论,战后也有潘党等议论,中间则叙述邲之战战况。而"议论用整片笔法,叙事用错综笔法",体现出《左绣》评点战争注重笔法的特点。

---

① (清)冯李骅、陆浩评辑《左绣》三十卷,文海出版社,1967年,第132页。
② (清)冯李骅、陆浩评辑《左绣》三十卷,文海出版社,1967年,第214页。
③ (清)冯李骅、陆浩评辑《左绣》三十卷,文海出版社,1967年,第745页。

第三节 《左绣》在语言特色评点上的成就

《左传》的语言是历代文人学者推崇的典范，刘知幾、陈骙、苏轼、刘熙载、冯李骅等人对此都有过著名的评论。钱锺书先生云："顾此仅字句含蓄之工，左氏于文学中策勋树绩，尚有大于是者，尤足为史有诗心、文心之证。则其记言是矣。"① 《左传》的语言主要分为叙述语言和人物语言，"凡声情意态，缓者缓之，急者急之，喜怒曲直，莫不逼肖"②。

一 叙述语言

《左传》叙述了春秋时期各国的政治、军事、外交等重大历史事件，叙述语言即是《左传》叙述历史事件及描绘历史人物等过程中阐发作者观点及立场的语言。《左传》叙述语言的主要特点是简练、准确，冯李骅在评点中极能展现出《左传》叙述语言简练、准确的特点，为后世评论者所称道。

在叙述语言简练方面，如桓公十八年叙周公欲弑庄王而立王子克事，冯李骅评曰："此节乃倒叙法。以周公为主，而前叙辛伯之告，后叙辛伯之谏，俱极简括。"③ 此篇写周公想杀死周庄王而立王子克。《左传》"前叙辛伯之告，后叙辛伯之谏"，仅用"辛伯告王，遂与王杀周公黑肩"句即叙述了整个过程及结果，极其简括。又如僖公二十四年郑文公宴请宋成公事，冯李骅评曰："铺排语却用简隽流逸之笔，妙甚！"④ 此篇写宋成公到郑国，郑文公准备宴请他，向皇武子问礼节。《左传》记述皇武子对曰："宋，先代之后也，于周为客。天子有事，膰焉；有丧，拜焉。丰厚可也。"本应是可以铺排展开的议论之语，此处却用简隽之笔，实有奇妙之效。又如评闵公二年"邢迁如归，卫国忘亡"句曰："炼语至简而有汁浆，神味足耳。"⑤ 此段写邢国迁居后十分安定，好像回到原来的国土；卫国重建后也安居乐业，忘记了曾经的亡国之痛。《左传》以"邢迁如归，卫国

---

① 钱锺书：《管锥编》第 1 册，中华书局，1979 年，第 164 页。
② （清）冯李骅、陆浩评辑《左绣》三十卷，文海出版社，1967 年，第 46 页。
③ （清）冯李骅、陆浩评辑《左绣》三十卷，文海出版社，1967 年，第 236 页。
④ （清）冯李骅、陆浩评辑《左绣》三十卷，文海出版社，1967 年，第 480 页。
⑤ （清）冯李骅、陆浩评辑《左绣》三十卷，文海出版社，1967 年，第 340 页。

忘亡"叙述,实是"炼语至简而有汁浆"。

在叙述语言准确方面,如桓公元年宋华父督见孔父之妻于路事,冯李骅评曰:"逆是看他来,送是看他去,只两字写尽狭邪行径。"① 此处《左传》写"宋华父督见孔父之妻于路,目逆而送之,曰:'美而艳。'"冯氏指出此处叙述用"目逆"二字之准确,实是鲜活点出了华父督的好色本质。又如庄公十年《曹刿论战》篇,冯李骅评曰:"远谋二字,通篇大旨。前体后用,居然霸王,兼济之才。"② 《左传》叙述语言的准确主要体现在对细节字词的准确运用上,此处"远谋"二字不仅将齐鲁长勺之战的整体情况表达出来,而且准确地将曹刿这一人物形象展现出来。

二 人物语言

关于《左传》人物语言的艺术成就,前人有过很多精辟的见解和评论。唐人刘知幾即谓:"寻《左氏》载诸大夫词令、行人应答,其文典而美,其语博而奥,述远古则委曲如存,微近代则循环可覆。必料其功用厚薄,指意深浅,谅非经营草创,出自一时,琢磨润色,独成一手。"③ 《左传》注重描述不同事件中不同人物的语言特点,而冯李骅能就不同人物的语言特点做出高水准的品评分析。如庄公六年邓国雅甥、聃甥、养甥请杀楚子事,冯李骅评曰:"此篇纯是着急语,两番催促,句句转紧,不着一笔放松,文气峻削,《吕览》、韩公子之滥觞也。"④ 此篇写楚文王路过邓国,邓国雅甥、聃甥、养甥请求邓侯杀掉楚子。先言:"亡邓国者,必此人也。若不早图,后君噬齐。其及图之乎?"后言:"若不从三臣,抑社稷实不血食,而君焉取余?"冯氏指出此篇是着急语,两番催促,乃后世《吕氏春秋》《韩非子》人物语言之滥觞也。又如成公三年楚归晋知罃事,冯李骅评曰:"此是辞令中极有机锋文字。凡四番问答,前三番答得极冷极淡、极浑沦含蓄,后一番答得极热极浓、极慷慨激昂。"⑤ 此篇写楚共王送别知罃回晋国,并问知罃:"子其怨我乎?"知罃通过四番问答,使楚共

---

① (清)冯李骅、陆浩评辑《左绣》三十卷,文海出版社,1967年,第171页。

② (清)冯李骅、陆浩评辑《左绣》三十卷,文海出版社,1967年,第258页。

③ (唐)刘知幾撰《史通》,上海古籍出版社,2008年,第303—304页。

④ (清)冯李骅、陆浩评辑《左绣》三十卷,文海出版社,1967年,第248页。

⑤ (清)冯李骅、陆浩评辑《左绣》三十卷,文海出版社,1967年,第841页。

王不由感叹"晋未可与争",并对知罃重加礼遇后送其回晋国。正如冯氏所指出的,"前三番答得极冷极淡、极浑沦含蓄,后一番答得极热极浓、极慷慨激昂",展现出了知罃这一人物语言的艺术魅力。

《左传》人物语言的主要特点是传神,冯李骅《左绣》评点中就十分注重展现出《左传》人物语言传神的特点,如襄公十六年穆叔到晋国言齐国侵犯事,冯李骅评曰:"此节以急字为主。齐再伐鲁,走望在晋。而齐晋始贰,命不及齐,故晋人之词甚缓,而穆叔之意愈切。朝夕引领,比间无及,语语着急。连写两见两赋诗,从容中笔笔传遑迫之神。"① 此篇写穆叔到晋国言说齐国侵犯之事,请求晋国急派军相助,故冯氏指出此节以急字为主。但晋人表示寡君还没有禘祀,百姓还没有休养生息,不想即刻救援,故词甚缓。而晋人之词缓愈显得穆叔"语语着急",全篇写穆叔语言"笔笔传遑迫之神"。又如昭公三年郑国游吉去晋国为少姜送葬事,冯李骅评曰:"张趯便是极晓事势人情的人。句句说得子太叔心平气和,故于出独赞其知,若曰此人尚得侧闻君子之论,若彼人者直无知之妄人而已。不满梁丙意在言表,似此照应,真以神不以形者矣。"② 此篇写郑国游吉去晋国为少姜送葬,梁丙见到游吉直接责问游吉竟然为此事来晋国,与张趯"极晓事势人情"的语言形成鲜明对比。游吉夸赞张趯明白事理,应该排在君子行列,与其对梁丙的不满形成对照。《左传》中张趯此种人物语言真是以神传而非形也。又如哀公五年齐景公立荼为太子事,冯李骅评曰:"此篇为阳生篡立起,本盖深叹景公违众立荼之失也。前景公谢诸大夫,句句是不要别人管他闲事口角,后莱人之歌亦便句句是并没人来管你闲事口角,两谋字正相应。前语似冷似谑,后语亦怨亦嘲,均属摹神之笔。"③ 此篇写齐国大夫们担心齐景公立荼为太子,便告诫景公曰:"君之齿长矣,未有大子,若之何?"而景公谢诸大夫句句是不要别人管他闲事口角:"二三子间于忧虞,则有疾疢,亦姑谋乐,何忧于无君?"后景公生病时终于还是立荼为太子,莱地人歌之曰:"景公死乎不与埋,三军之事乎不与谋,师乎师乎,何党之乎?"全篇"前语似冷似谑,后语亦怨亦嘲",深得人物

---

① (清)冯李骅、陆浩评辑《左绣》三十卷,文海出版社,1967 年,第 1139 页。
② (清)冯李骅、陆浩评辑《左绣》三十卷,文海出版社,1967 年,第 1463—1464 页。
③ (清)冯李骅、陆浩评辑《左绣》三十卷,文海出版社,1967 年,第 2052—2053 页。

语言传神之妙。

《左传》中人物语言最具文学色彩，而其中最精彩的又莫过于"行人辞令"。

"行人辞令"虽是当时外交家的口头陈词，但经过"妙手删润"已成为我国古代语言宝库中的奇珍瑰宝。正如朱自清所说："《左传》所记当时君臣的话，从容委曲，意味深长。只是平心静气的说，紧要关头却不放松一步，真所谓恰到好处。这固然是当时风气如此，但不经《左传》著者的润饰功夫，也决不会那样在纸上活跃的。"① 在《左绣》评点中，"行人辞令"的语言艺术同样受到了较多的关注，《左绣》对"行人辞令"的评点表现出极高的艺术鉴赏力。如成公十六年，《左传》先叙宣伯劝晋国执季孙，接写声伯为季孙请言，后以范文子谏栾武子之言作结，《左绣》评三人之辞令谓："此篇分三节读。第一节宣伯告晋执季孙，第二节声伯使晋请季孙，第三节范文谓栾武赦季孙，各有一首绝妙辞令。宣伯之言曲而险，声伯之言婉而挚，文子之言直而切。"② 可见冯李骅不但对不同辞令的艺术特点做出精确的概括，而且还对辞令做具体细致的分析，使读者明了《左传》外交辞令艺术魅力之所在。又如襄公二十六年声子复伍举事，冯李骅评曰："此篇声子为友复国，文章雄迈，开战国说士之风。而谈理典则，征事详赡，浑浩流转，犹是元气未漓人语，《国策》远不逮也。"③ 此篇写声子为使伍举回到楚国，对令尹子木谏曰"虽楚有材，晋实用之"，并历数彭城之役、鄢陵之役等数次晋楚大战中楚国之所以大败的原因，其辞可谓"开战国说士之风"，"犹是元气未漓人语，《国策》远不逮也"。

《左绣》不仅说明文中辞令之妙处，而且能深入剖析辞令的内在特点，使读者"知其所以然"。如其论僖公二十六年《展喜犒师》一文即从"就其辞而入之"和"反其辞而折之"两方面深入剖析辞令之妙："此篇之妙乃在兼此两法。'恐矣'是就其辞，'则否'是反其辞，随口转变，其敏妙不待言。'恃先王之命'乃以一笔擅二妙，为尤奇也。盖'何恃不恐'其意中分明笑我毫无所恃，我偏要对他说个有恃，便是反其辞而折之。他口

---

① 朱自清撰《经典常谈》，上海古籍出版社，2011 年，第 39 页。
② （清）冯李骅、陆浩评辑《左绣》三十卷，文海出版社，1967 年，第 950 页。
③ （清）冯李骅、陆浩评辑《左绣》三十卷，文海出版社，1967 年，第 1283 页。

中又若像问我毕竟有恃，我便实对他说个有恃，便是就其辞而入之，中间将盟辞做个话头，下'其率桓之功'又是就其辞而入之，'岂其嗣世'云云又是反其辞而折之，一往一复，粲花之舌，生花之笔。"① 所谓"就其辞而入之"，就是在辞令应对中顺着对方的话就势为论，使答语自然切入，而"反其辞而折之"就是要求抓住对方语言漏洞进行反驳，从而使对方折服。此篇写鲁僖公派展喜去犒劳齐国，展喜在齐国军队未入鲁国前先出境迎接齐孝公。齐孝公先发问："鲁人恐乎？"展喜巧妙应答："小人恐矣，君子则否。"冯氏即于此指出："'恐矣'是就其辞，'则否'是反其辞，随口转变，其敏妙不待言。"而"恃先王之命"更是一句兼此二种技巧之妙，既承齐侯"何恃而不恐"之问，又能对发问进行反驳。之后"其率桓之功"又是就其辞而入之，"岂其嗣世"又是反其辞而折之，实是"粲花之舌，生花之笔"。

第四节 《左绣》在叙事评点上的成就

《左传》"为历代古文家所称道，尤其是它的叙事，被捧为叙事文字之规范"②，杜预称赞《左传》叙事成就道："其文缓，其旨远，将令学者原始要终，寻其枝叶，究其所穷。"③ 刘知幾则称赞："《左氏》之叙事也，述行师则簿领盈视，呟聒沸腾，论备火则区分在目，修饰峻整；言胜捷则收获都尽，记奔败则披靡横前；申盟誓则慷慨有余，称谲诈则欺诬可见；谈恩惠则煦如春日，纪严切则凛若秋霜；叙兴邦则滋味无量，陈亡国则凄凉可悯。或腴辞润简牍，或美句入咏歌，跌宕而不群，纵横而自得。若斯才者，殆将工侔造化，思涉鬼神，著述罕闻，古今卓绝。"④ "盖《左氏》为书，叙事之最。"⑤

冯李骅在《左绣》卷首《读左卮言》中道："传中议论之精，辞令之

---

① （清）冯李骅、陆浩评辑《左绣》三十卷，文海出版社，1967年，第491—492页。
② 郭丹：《左传战国策讲演录》，广西师范大学出版社，2008年，第114页。
③ 李学勤主编《十三经注疏》第七卷《春秋左传正义》，《十三经注疏》整理委员会整理，北京大学出版社，1999年，第13页。
④ （唐）刘知幾撰《史通》，上海古籍出版社，2008年，第330页。
⑤ （唐）刘知幾撰《史通》，上海古籍出版社，2008年，第160页。

隽，都经妙手删润，然尚有底本，至叙事全由自己剪裁。"① 总结其中叙事之法二十余种："其中有正叙，有原叙；有顺叙，有倒叙；有实叙，有虚叙；有明叙，有暗叙；有预叙，有补叙；有类叙，有串叙；有摊叙，有簇叙；有对叙，有错叙；有插叙，有带叙；有搭叙，有陪叙；有零叙，有复叙；有间议夹叙，有连经驾叙，有述言代叙，有趁文滚叙，有凌空提叙，有断案结叙。"② "种种手法，开天地未有之奇，作古今莫越之准。况词条丰蔚，经术湛深，又有溢乎重规叠矩之外者哉。"③《左绣》评点《左传》在叙事上的成就，主要表现为以下几方面特点。

一　属辞比事

清章学诚云："然古文必推叙事，叙事实出史学，其源本于《春秋》'比事属辞'"④。《左传》为《春秋》经作传，其叙事的基本特征就是属辞比事。《左传》之属辞比事，主要是依据《春秋》所载历史事件，使人能连属文辞，比类其事，明断是非，严明大义。

属辞比事也是冯李骅《左绣》叙事评点的主要特点，如成公十一年郤犫求妇于声伯，《左传》先叙声伯之母，而以郤犫求妇引声伯之妹，冯李骅认为此篇是声伯之母与妹合传："是一首合传文字，合传有相似者，有相反者，有相因者，此则兼而有之。一生二子而寡，一生二子而亡；一归声伯，一归施氏，此相似者也。一为不以为姒而出，一为不能死亡而行；一则婚宦其弟妹，一则逆沈其二子，此相反者也。始也嫁施氏，继也夺施氏，终也誓施氏，其事皆起于声伯，此相因者也。以相因而相似，以相似而相反，《左氏》见有比事之事，遂构为属辞之辞，盖以间心运此妙腕也。亦太自喜矣。"⑤ 冯李骅认为声伯之母与妹两人生平事件"有相似者，有相反者，有相因者，此则兼而有之"。《左传》"见有比事之事，遂构为属辞之辞"，一见声伯能与郤犫之淫纵，二见声伯之妹有烈于其母之性格，而这些意义若不通过属辞比事，"以间心运此妙腕"，实不易以微言见大义。

---

① （清）冯李骅、陆浩评辑《左绣》三十卷，文海出版社，1967 年，第 49—50 页。
② （清）冯李骅、陆浩评辑《左绣》三十卷，文海出版社，1967 年，第 50 页。
③ （清）冯李骅、陆浩评辑《左绣》三十卷，文海出版社，1967 年，第 51 页。
④ （清）章学诚撰《章学诚遗书》，文物出版社，1985 年，第 612 页。
⑤ （清）冯李骅、陆浩评辑《左绣》三十卷，文海出版社，1967 年，第 890 页。

又如成公十四年宣伯如齐逆女与侨如以夫人妇姜至自齐两事，冯李骅评曰："《春秋》一部书法大意，却于此处阐发，盖只一人一事一时，而称族、舍族各有义例，如此《春秋》比事属辞，大略可睹矣。"①《左传》解释宣伯如齐逆女一事曰："称族，尊君命也。"解释侨如以夫人妇姜至自齐一事曰："舍族，尊夫人也。"冯李骅则认为《左传》是由"一人一事一时"属辞比事中以阐发大义的，《春秋》一部书法大意乃至此可睹。又如昭公八年陈公子招杀世子，楚人因其事而杀陈之行人，冯李骅评曰："两事各叙而总断，全在两两相对中见笔法。一在一不在，盖比事属辞，而可以得其大凡矣。"②《左传》先叙公子招之乱，再及征师之事，并以罪在公子招而不在行人作结，冯李骅认为"全在两两相对中见笔法"，通过属辞比事即可知罪之所在。综上所举之例，可见冯李骅"对《左传》属辞比事特点之阐发，有补充、扶掖前人研究成果之功"③。

二 详述本末

张高评先生指出："《左传》叙事，往往原始要终，颇见本末，此最能见属辞比事之用。"④属辞比事为《左传》叙事基本特点，而注重事件本末则最能见其之用。

冯李骅评点《左传》即谓其中有绝大线索："于鲁，则见三桓与鲁终始，而季氏尤强；于晋，则三晋之局，蚤定于献公之初。于齐，则田齐之机，蚤决于来奔之日。三者为经，秦、楚、宋、卫、郑、许、曹、邾等纷纷，皆共纬也。"⑤冯氏指出《左传》叙事以鲁、晋、齐三国为经，以秦、楚、宋、卫、郑等国为纬；而鲁国叙事以三桓为终始，晋国叙事以三家分晋之局为终始，齐国则以田和废齐为终始。又如宣公三年郑伯兰卒事，冯李骅评曰："记郑穆公卒极寻常事，却从他生之所以然，直叙到死之所以然。笔笔从兰字生情，梦兰、御兰、征兰、名兰、刈兰，连写数兰字，事

① （清）冯李骅、陆浩评辑《左绣》三十卷，文海出版社，1967年，第917页。
② （清）冯李骅、陆浩评辑《左绣》三十卷，文海出版社，1967年，第1570—1571页。
③ 蔡妙真：《追寻与传释——左绣对左传的接受》，万卷楼图书股份有限公司，2003年，第480页。
④ 张高评：《春秋书法与左传学史》，上海古籍出版社，2005年，第30页。
⑤ （清）冯李骅、陆浩评辑《左绣》三十卷，文海出版社，1967年，第59页。

奇而文妙。左氏惯于极纤悉事写得极风致有色泽，如此文真清丽之作也。"① 此篇本传仅"穆公有疾，曰：'兰死，吾其死乎，吾所以生也。'刈兰而卒"数句，事本极简单，而左氏却于此前追叙郑穆公之出生、群公子不立之缘故、郑穆公之立三事，"从他生之所以然，直叙到死之所以然"，可见《左绣》之评颇能抓住《左传》叙事原始要终、详述本末的叙事特点。

三　平中见奇

《左传》作为记载春秋时期各国历史的一部编年体史书，本强调作者应运用最平实的语言来记录当时的历史真人、真事，一般不允许有虚构的成分。但《左传》叙事却始终保持尚奇的特点，涉及预言、星象、梦境、卜筮、祥灾、逸事等多方面，"思涉鬼神，著述罕闻"②，表现出其文学性的一面。

冯李骅《左绣》同样也表现出平中见奇的特征，注重对《左传》文学性的评点。如庄公十四年郑厉返国事，于正传中插入蛇妖一事。冯李骅评曰："此夹叙法也。本叙郑厉入国诛贰，从傅瑕引入原繁。左氏好奇，便叙入蛇妖一案，令文字另换一番色泽。然安在篇首即不见其妙，妙在正叙事间，忽然夹入，篇法遂有横云断岭之奇。"③ 此篇先写郑厉公进攻郑国时俘虏了傅瑕，傅瑕表示如果释放他可以设法帮其回国。后傅瑕杀死郑子仪和他的儿子，迎接郑厉公归国。但《左传》尚奇，于此后夹叙蛇妖一案，令文字另换一番色泽，预示下文的郑厉公杀傅瑕及原繁自缢，正是叙事中"有横云断岭之奇"。又如僖公二十三年叙重耳流亡时安于齐国一事，冯李骅评曰："'怀与安''实败名'，六个字圣贤豪杰胸中皆不脱此，乃出诸女子口中，奇绝。"④ 此篇写重耳流亡齐国时，齐桓公不仅将宗室女儿嫁给他，还赠马八十匹，重耳便安于齐国的生活而不进行复国大业。从者准备设计让重耳离开齐国，在桑树下商量并被养蚕的女奴听到。女奴报告姜氏，姜氏不但将女奴杀死，而且发出"怀与安，实败名"的豪壮奇语。事

---

①　（清）冯李骅、陆浩评辑《左绣》三十卷，文海出版社，1967 年，第 706 页。
②　（唐）刘知幾撰《史通》，上海古籍出版社，2008 年，第 330 页。
③　（清）冯李骅、陆浩评辑《左绣》三十卷，文海出版社，1967 年，第 268 页。
④　（清）冯李骅、陆浩评辑《左绣》三十卷，文海出版社，1967 年，第 461 页。

奇语奇，堪称奇绝。又如僖公二十六年鲁僖公以楚师伐齐事，冯李骅评曰："于叙事中间忽然横插一笔，见鲁之竟能以楚伐齐，于叙事已了，忽然横拖一笔见齐之不能以楚责鲁，极小文字乃得此两奇笔。"① 此篇写鲁僖公率领楚国军队攻打齐国，鲁国能随意指挥楚国军队攻打齐国已经是奇事了，但更奇的是"桓公之子七人，为七大夫于楚"，而齐却"不能以楚责鲁"，实是叙事中之奇笔。

四 手法完备

《左绣》总结《左传》叙事手法道："正叙、顺叙、实叙、明叙不必言，原叙如成师兆乱，倒叙如败狄采桑，虚叙如邲战巢车之望，暗叙如城濮齐秦之赂，预叙如婴齐具舟先济，补叙如巫臣挟纩传萧，类叙如郑瞶伐我，串叙如二憾皆命，摊叙如重耳出亡本末，簇叙如宋鲍礼于国人，对叙如声伯嫁妹，错叙如戴公庐曹，插叙如郑关内蛇外蛇，带叙如晏子更宅反宅，搭叙如郤仇送孙林父，陪叙如毕万之后必大，零叙如三点厉之役，复叙如两述郎之师，夹叙如七子宠武，驾叙如宋襄盟盂，代叙如乐伯致师，滚叙如败秦刜首，提叙如晋文一战而霸，结叙如子产择能而使。"② 《左传》之叙事与西方叙事旨趣大异，《左绣》不但能全面总结《左传》之叙事手法，而且其中驾叙、簇叙、复叙、零叙、滚叙都为《左绣》首次总结之叙事手法。兹以驾叙为例。如僖公二十一年宋襄盟盂事：诸侯会于盂，执宋公以伐宋；后诸侯会于薄，而释宋公。《左传》合两事而成一篇，先记诸侯会宋公于盂，以子鱼"祸其在此"之论断为呼应及预言；中以"执宋公以伐宋"为转，融经文于叙述；后记会于薄以释宋公之事，又以子鱼"祸犹未也"为呼应论断，且为次年宋楚之战做预言。冯李骅《左绣》评曰："此连经驾叙法，会盂、会薄两头对说，'祸其在此'应上文，'祸犹未也'呼下文，中用'执宋公以伐宋'句为转换，叙事偏不着词，只一过峡相似，小小章法，工妙绝人。"③ 冯李骅认为"祸其在此"应上文，"祸犹未也"呼下文，而"执宋公以伐宋"有如过

---

① （清）冯李骅、陆浩评辑《左绣》三十卷，文海出版社，1967年，第494页。
② （清）冯李骅、陆浩评辑《左绣》三十卷，文海出版社，1967年，第50—51页。
③ （清）冯李骅、陆浩评辑《左绣》三十卷，文海出版社，1967年，第445页。

峡，连接前后两个重要事件，故曰"连经驾叙法"。又如定公十年，《春秋》经记十年春王三月及齐平与夏公会齐侯于夹谷两事，《左传》但去"王三月"三字，《左绣》评曰："当合下篇读，盖直点两经，为夹谷传首尾，亦连经驾叙法。"①

---

① （清）冯李骅、陆浩评辑《左绣》三十卷，文海出版社，1967 年，第 1986 页。

第六章 《左绣》与清前期《左传》评点著作比较研究

第一节 清前期《左传》评点代表著作

一 金圣叹《左传释》及《天下才子必读书》

李卫军《〈左传〉评点研究》认为综观《左传》评点发展的历史，大致可以分为四个时期：明万历以前，是形成期；明万历至明末，为发展期；明末至清乾隆时期，为全盛期；清嘉庆至民国初年，可称《左传》评点的延续与余辉期。[①] 清前期是《左传》评点学史上《左传》评点的全盛期，其中金圣叹《左传》评点为《左传》评点学全盛期的第一部代表作，事实上代表《左传》评点学美学特征发展的转折关键点。客观地说，清前期《左传》评点学的蔚为大观以及《左绣》的出现与金圣叹对《左传》评点的贡献是分不开的。

金圣叹（1608—1661），其《左传》评点著作有《左传释》一卷及收入《天下才子必读书》的《左传》一卷。《左传释》当成书于顺治十三年（1656）前，《天下才子必读书》的《左传》一卷成书则晚于《左传释》，"乃圣叹绝笔之书也"，刊刻于康熙二年（1663）。综观金圣叹《左传释》的《左传》评点，其主要表现为文学评点中"悟"的特征，而到其后期的《天下才子必读书》中的《左传》评点，则真正上升到了"法"的阶段。

---

① 李卫军：《〈左传〉评点研究》，博士学位论文，华东师范大学，2008 年，第 12 页。

金圣叹《左传》评点这一具有美学特征的评点的发展对清前期《左传》评点的蔚为大观有重要的导向意义,如稍晚于《天下才子必读书》被公认为是最佳古文选本的《古文观止》、《左传》评点史上具有"法"的里程碑式著作的《左绣》、桐城派开创者方苞的《左传义法举要》等都鲜明地反映出对这一"法"的美学特征的继承与发扬。

我们从金圣叹现存的两部《左传》著作中对相同文章的不同评点即可管窥这一评点美学特征的鲜明转变,如《郑伯克段于鄢》篇:

> 《左传释》在"对曰:小人有母皆"句评:"五字,字字妙绝。五字,便写尽孺慕之乐。五字,字字历入庄公耳根。五字,在考叔口中,只如一声小鸟;在庄公耳中,便如百叫清猿,便令寸心一时迸碎。五字,吾读之,亦欲洒出泪来,何况当时说者、听者?"①
>
> 《天下才子必读书》则在"对曰:小人有母"句评:"只四字,直刺入耳,从耳直刺入心,下俱羡文耳。"②

此篇叙郑庄公克公叔段后,把姜氏置于城颍,并发誓"不及黄泉,不再相见",但不久又后悔起来。后颍考叔洞悉郑伯悔意,在郑庄公赐其食物时说:"小人有母皆。"金圣叹《左传释》抓住这一寓含深意的回答,不仅点评此五字之"妙""尽""入",而且更形象地将此句比喻成"一声小鸟","百叫清猿",令人"心碎""洒泪",表现出一种感性的"悟"的特征。而《天下才子必读书》则直奔主题式地抽象概况此语"直刺入耳,从耳直刺入心",指出"下俱羡文耳"之文法效果,表现为理性的"法"的特征。

又如《阴饴甥对秦伯》篇:

> 《左传释》在"以此不和"句夹评:"疾接'小人'、'君子'二段,言以此不和也。文只是小人'曰必报仇',君子'曰必报德'二

---

① (清)金圣叹:《金圣叹全集》第5册,陆林辑校整理,凤凰出版社,2008年,第20页。
② (清)金圣叹:《金圣叹全集》第5册,陆林辑校整理,凤凰出版社,2008年,第84—85页。

句。看他于二句上，又倒装小人有小人之心，君子有君子之心；小人有小人之事，君子有君子之事。于二句下又加倍四字，云'宁事戎狄'，云'有死无二'，然后接'以此不和'文字，真有贯甲洞胸、满心满愿之乐。"①

《天下才子必读书》则在"以此不和"句夹评："二扇下又用'不和'字结正，笔法精整。'不和'在'必报仇'、'必报德'二句。看他句上，一样双加'不惮征缮'四字，乃是其制缚秦伯之要着也。上再加'君亲'，下再加'宁事戎狄'、'有死无二'，真是一字千椎，二字百炼。"②

此篇写晋国阴饴甥会见秦穆公，秦穆公问其时晋国国内是否和睦，阴饴甥一针见血地指出"晋国不和"，并在表达"宁事戎狄"也一定要报仇的前提下，说明如果秦国送回晋惠公，则"必报德，有死无二"。金圣叹《左传释》同样抓住"以此不和"这一关键句点出"以此不和""只是小人'曰必报仇'、君子'曰必报德'二句"，并详加分析认为"于二句上，又倒装小人有小人之心，君子有君子之心；小人有小人之事，君子有君子之事。于二句下又加倍四字，云'宁事戎狄'，云'有死无二'"，但根本落脚点在于指出"'以此不和'文字，真有贯甲洞胸、满心满愿之乐"，表现出追求心灵式的、感性的"悟"之乐；而《天下才子必读书》以科举应试之文法为本，认为"二扇下又用'不和'字结正，笔法精整"，其详加点评"不和"字用法的落脚点在于指出其"真是一字千椎，二字百炼"，表现为抽象的重"法"的特征。从全篇看，《左传释》着重评辞之妙，"通篇排比而愈见精悍，又通篇无一字曾作伏地可怜之声，是大奇事"③，字里行间常以个人感情体会文意，体现金圣叹评点"悟"的特色；而《天下才子必读书》则剔除了具有"悟"的美学特征的评点，篇首有客观理性的总评，但文中的夹评则大量删除。

比较金圣叹前后期《左传》评点，"《左传释》主以细读法读之，常

---

① （清）金圣叹：《金圣叹全集》第 5 册，陆林辑校整理，凤凰出版社，2008 年，第 33 页。
② （清）金圣叹：《金圣叹全集》第 5 册，陆林辑校整理，凤凰出版社，2008 年，第 92 页。
③ （清）金圣叹：《金圣叹全集》第 5 册，陆林辑校整理，凤凰出版社，2008 年，第 34 页。

在一字一句里体会文意，个人感情时有展现，《天下才子必读书》则在通盘了解全篇章节结构的基础上，分析人物特点，并做客观分析"①。金圣叹曾谓"临文无法，便成狗嗥，而法莫备于《左传》。甚矣，《左传》不可不细读也"②。而"文法"，金圣叹称"字有字法，句有句法，章有章法，部有部法"③，可见其《左传》之"法"在文学评点中的地位，并进而影响清代《左传》文学评点学的主流特征，影响《左绣》的评点特征。

冯李骅在《刻左例言》中即表示《左绣》的成书是参看了金圣叹的《天下才子必读书》一书，在具体的评点中则更有明确引用金圣叹《左传》评点之处。

如襄公三十一年《子产坏晋馆垣》篇：

> 《天下才子必读书》评："子产妙辞，更不必说，须细寻其处处细针密线，前后不差一黍。又要看前段文伯之悻悻，后段叔向之津津，俱是为极写子产而设。"④
>
> 《左绣》评："金圣叹曰前段文伯之悻悻，后段叔向之津津，俱是为极写子产而设。"⑤

此篇叙子产作为相礼陪郑简公去晋国，而晋平公因为鲁有丧事等原因没有按礼节接待；后子产把招待外宾的馆驿城墙拆毁，把车马赶进馆舍，晋国士文伯责备子产把围墙拆毁，子产俱陈缘由，不仅使赵文子承认晋国德行有亏之罪，而且达到晋平公礼见郑简公之功。全篇中心在"辞之不可以已也如是夫"，俱为"子产有辞"而发，故金圣叹《天下才子必读书》总评道："看前段文伯之悻悻，后段叔向之津津，俱是为极写子产而设。"而《左绣》在此也引用金圣叹之评语以说明此篇文法之妙。

① 罗军凤：《清代春秋左传学研究》，人民出版社，2010年，第366页。
② （清）金圣叹：《金圣叹全集》第2册，陆林辑校整理，凤凰出版社，2008年，第898—899页。
③ （清）金圣叹：《金圣叹全集》第3册，陆林辑校整理，凤凰出版社，2008年，第30页。
④ （清）金圣叹：《金圣叹全集》第5册，陆林辑校整理，凤凰出版社，2008年，第123页。
⑤ （清）冯李骅、陆浩评辑《左绣》三十卷，文海出版社，1967年，第1395页。

又如昭公三年《晏婴叔向相语》篇:

> 《天下才子必读书》评:"前幅,写两家婚媾,作无数珍重之言;后幅,写两人忧乱,作无数败坏之言。前幅珍重,是出色珍重;后幅败坏,是出色败坏。古人撰文,最重斗色,此真斗出异样色也。"①
>
> 《左绣》评:"金圣叹曰前幅写两家姘媾,作无数珍重之言;后幅写两家忧乱,作无数败坏之言。前幅珍重,是出色珍重;后幅败坏,是出色败坏。古人撰文,最重斗色,此真斗出异样色也。凡以前两段为篇者,此评最佳。"②

此篇前幅写齐景公派晏婴到晋国请求联姻,"作无数珍重之言";后幅写晏婴接受晋国享礼后与叔向互相谈论两国公室之没落,"作无数败坏之言"。对照前后两幅,实可"真斗出异样色也";而此处《左绣》也全引金圣叹之评语,并说明此评最佳。对比金圣叹《天下才子必读书》与《左绣》之评点,实可见《左绣》对金圣叹《天下才子必读书》评点内容及"法"的继承。

特别值得注意的是文公十七年《子家与赵宣子书》篇:

> 《天下才子必读书》评:"前幅,缕述自己事晋惟谨,乃至陈、蔡之事晋,皆出郑人之力,犹为战战畏大国之言。至后幅,忽然开胸破喉,竟说不复能耐,又别述楚国宽大,以深讥晋之不知恤小,真目眦尽裂之文。"③
>
> 《左绣》评:"从朝齐说到成楚。金圣叹谓别述楚国实大以深讥晋之不知恤小,固是。然作者只是言从于强令,郑素来如此,以见今之贰楚走险,晋不得而罪之也,是机锋紧对语。而笔法又与起处相应,真率中,藏得细针密线在也"④

---

① (清)金圣叹:《金圣叹全集》第5册,陆林辑校整理,凤凰出版社,2008年,第128页。
② (清)冯李骅、陆浩评辑《左绣》三十卷,文海出版社,1967年,第1466页。
③ (清)金圣叹:《金圣叹全集》第5册,陆林辑校整理,凤凰出版社,2008年,第103页。
④ (清)冯李骅、陆浩评辑《左绣》三十卷,文海出版社,1967年,第670—671页。

此篇叙晋灵公在扈地与宋、卫等国会盟时不肯见郑穆公,认为其亲附楚国;郑国子家于是以信向赵宣子解释。如《天下才子必读书》所评,前幅郑子家通过事实说明晋灵公即位的三年中,郑国实"事晋惟谨,乃至陈、蔡之事晋,皆出郑人之力";后幅"说不复能耐,又别述楚国宽大,以深讥晋之不知恤小"。《左绣》则不仅继承金圣叹"别述楚国实大以深讥晋之不知恤小"之论,且说明此"是机锋紧对语。而笔法又与起处相应,真率中,藏得细针密线在也"。《左绣》对文法不仅言其然,而且言其所以然,这可视为对金圣叹《天下才子必读书》文法的进一步发展。

二 《古文渊鉴》

《古文渊鉴》六十四卷,由康熙率臣子评点,内阁学士兼礼部侍郎徐乾学等奉敕编注。全书选文上起《左传》,下迄于宋,共选录文章 1386 篇,按朝代顺序编排卷次。"从文本形式看,《古文渊鉴》所录文章注释所处的位置有三:一在作者下,为作者小传;二在文章题目下,介绍创作背景;三在字词句下,反切注音、疏解词义、介绍相关背景。其中作者注和题目注,多引用前代史书,而不注明出处。"[1] 从评点上看,《古文渊鉴》的评点分为三种,一是康熙御批,用黄笔,计批语 1391 条;二是徐乾学等十二大臣的批语,用红笔,计批语 1096 条;三是前人的评语,用蓝笔,共引录宋、元、明、清学者文士 120 人的评语 2141 条,全书仅评语即有 17 万多字。[2] 其评点不仅分析文章事理,而且注重揭示文章之法,具有集大成的特点,是康熙朝文章指导思想的集中体现。

四库馆臣在概括《古文渊鉴》体例时说:"所录上起《春秋左传》,下迄于宋,用真德秀《文章正宗》例,而睿鉴精深,别裁至当,不同德秀之拘迂。"[3]《左传》被视为《春秋》经注,一直为经部所著录。从现存的古文选本看,真德秀《文章正宗》的辞命、议论、叙事三部分第一次从《左传》选录了 133 篇古文。其选评《左传》遵从"明理切用"的标准,宣扬《左传》的微言大义,使后来的古文选家真正开始重视《左

---

① 王亚楠:《〈古文渊鉴〉研究》,硕士学位论文,郑州大学,2011 年,第 9 页。
② 以上数据统计参见王亚楠《〈古文渊鉴〉研究》,硕士学位论文,郑州大学,2011 年,第 1 页。
③ (清) 永瑢等撰《四库全书总目》,中华书局,1965 年,第 1725 页。

传》的文学价值。《古文渊鉴》在选文上即"用真德秀《文章正宗》例","所录上起《春秋左传》",共选录《左传》文章达四卷 81 篇之多。参与《古文渊鉴》评点的清代状元韩菼在《进呈〈古文渊鉴凡例〉折子》中也记载：

> 春秋三传，已列于经。其在文家，是为鼻祖。祭川先河，斯为知本。宋儒真德秀选《文章正宗》，冠以《左传》，斯集盖仍其例。①

《古文渊鉴》"用真德秀《文章正宗》例"，以《左传》为古文之源并加以评点，直接为清前期《左传》文学评点开启了历史性的篇章。据载，康熙帝对《古文渊鉴》一书倍加喜爱，其不仅"常备案头，以备温习"，时常与《左传》名家高士奇等一起研读《左传》，而且在《古文渊鉴》中谓："文、武之教之入人最深，自《诗》、《书》所载以外，惟《左氏》为备。"② 综观《古文渊鉴》一书，康熙帝不仅选文以《左传》为首，且对御定篇目亲自评点，这在一定程度上有某种示范意义，从而极大地刺激了《左传》等古文评点的繁荣。③ "《古文渊鉴》的评点成就了一时《左传》评点之盛，其影响及于康熙中后期至乾隆早期，清代《左传》评点学影响深远的著作如《左绣》便成于此时。"④

《古文渊鉴》评点古文的示范意义，首先表现在一种文化政策上的导向作用。为了切实有效地发挥文化政策上的导向作用，清前期的康熙、雍正、乾隆都亲自参与具体的书籍选编，留下了大量的"钦定""御选"的古诗文选本。在《四库全书》中，直接于书前标明"钦定""御选""御制"字样的总集有十八种之多，包括《钦定四书文》《御选古文渊鉴》《御定全唐诗》《御选宋诗》《御选金诗》《御选元诗》《御选明诗》《御选宋金元明四朝诗》《御制词谱》《御选历代诗余》等。"还有一些虽未标明'御选'、'钦定'、'御制'字样，但从其性质和内容以及选编的过程来

---

① （清）韩菼：《有怀堂文稿》，《四库全书存目丛书》第 245 册，齐鲁书社，1997 年，第 495 页。

② （清）徐乾学编《古文渊鉴》，康熙四十九年内府刻四色套印本。

③ 李卫军：《〈左传〉评点研究》，博士学位论文，华东师范大学，2008 年，第 40 页。

④ 罗军凤：《清代春秋左传学研究》，人民出版社，2010 年，第 333 页。

看，仍然是奉皇帝诏书旨意而作，如《皇清文颖》，实际上是康熙、雍正、乾隆三帝亲为'御定'之作。"① 在这些"御选"的古文选本中，即以康熙帝亲自参与评点的《古文渊鉴》影响最大。《古文渊鉴》"所选文章以先秦两汉和唐宋八大家为主，每篇选文前有康熙皇帝'御批'，对所选文章从内容到形式的评论都各有侧重，要言不烦，画龙点睛，又有诸臣附论，其品评的倾向与康熙相一致，选文的具体篇目也都是康熙亲自选定的"②，足见康熙帝对文化政策导向的重视。如果说金圣叹的《左传》评点在评点风格、体例上具体影响了《左绣》，那么《古文渊鉴》则是在文化政策上推动了《左绣》的产生。

在清代，官方文化政策的实施是与科举应试紧密联系在一起的。在士人为尊的古代社会架构中，科举考试是个人乃至家庭、家族昌盛的必由之路。"《古文渊鉴》因其荟萃帝王之评论受到广泛的关注，产生极大的影响。当时读书人都知道一个颠扑不破的真理：如果科举制艺因《古文渊鉴》立意、敷衍，必能得不错的成绩……时文评点家竞相模仿康熙帝的评点，科举考生亦趋之若鹜。"③ 值得注意的是，《古文渊鉴》虽然题为"古文"，但对于古文与时文在形式上并未做严格区分，在具体判断上则主要依据文章的骈散，这正说明了《古文渊鉴》对时文即八股文的一视同仁与重视。康熙时期的清王朝处于统一全国初期，亟待巩固统治基础，恢复并提倡科举制度是缓和汉族仇视情绪特别是士人阶层敌视情绪的最有效的手段，而在科举选拔上的文化政策及文章导向亟待确定一种范式。"《古文渊鉴》的敕修，表明了清初统治者'崇儒尊孔'的文治政策和定理学于一尊的政治思想在文学领域的实践和垂范，实际上是对古文的思想体系和具体篇目以'圣谕'的形式固定下来"④，通过《古文渊鉴》等这一系列的敕修、选录及评点之作，康熙帝成功地为古文、时文的写作钦定了文章最权威的范式及标准。而《古文渊鉴》也在帝王首倡、群臣符合、民众响应中影响深远。"《古文渊鉴》以将《左传》作为承载先王之道的经世之书，被帝王提倡，上有所好，下必甚之，民间跟风是将《左传》作为文章品评，一

---

① 武汉强：《〈古文观止〉选评研究》，博士学位论文，西北师范大学，2009 年，第 43 页。
② 武汉强：《〈古文观止〉选评研究》，博士学位论文，西北师范大学，2009 年，第 43 页。
③ 罗军凤：《清代春秋左传学研究》，人民出版社，2010 年，第 340 页。
④ 武汉强：《〈古文观止〉选评研究》，博士学位论文，西北师范大学，2009 年，第 48 页。

时朝野大倡评点之风。在清代影响较为深远的冯李骅《左绣》就产生于康熙年间。"① 客观地说，《古文渊鉴》是清康熙时御定的官方的选文、为文准则之书，而《左绣》则是民间形成的"文法"完备的里程碑式著作。

《古文渊鉴》除对文化政策及科举制度"时文"有导向作用外，其内在还表现出肯定程朱理学，追求"理法兼备"的文风。《古文渊鉴》选入朱熹文章多达三卷，为"单个作家入选作品分量最重者"，表现出康熙帝对倡导以程朱理学为主流意识形态的努力；而反映在文学上，则表现为追求"理法兼备"的文风。"作为帝王敕修的《古文渊鉴》，是清初'崇儒尊孔'文化政策的直接体现，也是清初诸古文选本的活标本。其'精纯'、'古雅'的衡文标准、定理学于一尊的政治思想，表明了清王朝在文学领域对儒家正统文论的推行，对于规范和引导文风起了重要作用，对后来的古文选本产生了很大的影响。清初科举教科书性质的古文选本基本上都是在它提供的范式下选文和评论的。"② 这种理法兼备的文学范式及文学风格直接孕育了《古文观止》、《左绣》以及以方苞为代表的桐城派评点的蔚为大观。如方苞不仅自称其《古文约选》为康熙《古文渊鉴》的"约选"，"圣祖仁皇帝所定《渊鉴古文》，闳博深远，非始学者所能遍观而切究也。乃约选两汉书、疏及唐宋八家之文，刊而布之，以为群士楷"③，而且在《古文约选序》中称："盖古文所从来远矣，六经、《语》、《孟》，其根源也。得其枝流而义法最精者，莫如《左传》《史记》。"④ 可见《古文渊鉴》及《左传》评点对其影响是不容忽视的。

三 《古文观止》与《古文析义》

"《古文渊鉴》于康熙二十四年由内府刻印，被科举士子奉为经典，竞相仿效，但因其体制庞大，民间盛行的是《古文渊鉴》的简编本，即康熙三十四年吴楚材所编《古文观止》。"⑤ 吴楚材、吴调侯编选及评点的《古文观止》作于康熙三十三年（1694），其"选目注重文学性，不收《尚

---

① 罗军凤：《清代春秋左传学研究》，人民出版社，2010 年，第 340 页。
② 武汉强：《〈古文观止〉选评研究》，博士学位论文，西北师范大学，2009 年，第 46 页。
③ （清）方苞：《方苞集》，刘季高校点，上海古籍出版社，1983 年，第 613 页。
④ （清）方苞：《方苞集》，刘季高校点，上海古籍出版社，1983 年，第 613 页。
⑤ 罗军凤：《清代春秋左传学研究》，人民出版社，2010 年，第 333 页。

书》和先秦诸子散文,却从《春秋左氏传》开端,选出 34 篇,在全部 222 篇中所占数量最多"①。《古文观止》编选及评点受到了《天下才子必读书》的内在影响,有学者甚至认为"《古文观止》选文 220 篇,除明文 18 篇和从《公羊传》、《穀梁传》、《礼记》等书中选出的 11 篇为《才子古文》所无外,其余绝大部分都是金圣叹批点的 300 多篇《才子古文》中抄录下来的。《古文观止》中的不少评语,直接抄袭金圣叹的批语,所以显得很有水平;一些水平较低的评语,则是抄袭者吴楚材和吴调侯塞进的私货"②。《古文观止》在编选和评点内容上与《天下才子必读书》存在诸多的相似相同之处,又没有说明引用出处,故而甚至被学者定为抄袭之作,但同时也说明了清前期《左传》文学评点著作内在的传承及影响。我们将《古文观止》与《天下才子必读书》对《左传》的编选和评点进行对比,以观测金圣叹评点"法"的特征对《古文观止》的内在影响,并以此说明在这一评点体例及特征影响下的《左绣》的评点学特征。

《古文观止》与《天下才子必读书》在《左传》编选上相同的篇目有《郑伯克段于鄢》、《郑庄公戒饬守臣》(《天下才子必读书》中篇名为《庄公戒饬守臣》)、《齐桓公伐楚盟屈完》(《天下才子必读书》中篇名为《齐伐楚盟召陵》)、《宫之奇谏假道》、《齐桓下拜受胙》、《阴饴甥对秦伯》、《子鱼论战》、《介之推不言禄》、《展喜犒师》、《烛之武退秦师》、《蹇叔哭师》、《郑子家告赵宣子》(《天下才子必读书》中篇名为《子家与赵宣子书》)、《王孙满对楚子》(《天下才子必读书》中篇名为《楚子问鼎》)、《齐国佐不辱命》(《天下才子必读书》中篇名为《宾媚人责晋人》)、《楚归晋知罃》、《吕相绝秦》(《天下才子必读书》中篇名为《晋使吕相绝秦》)、《驹支不屈于晋》(《天下才子必读书》中篇名为《戎驹支不愿与会》)、《子产告范宣子轻币》(《天下才子必读书》中篇名为《子产论币重》)、《晏子不死君难》、《季札观周乐》、《子产坏晋馆垣》、《子产论尹何为邑》(《天下才子必读书》中篇名为《子产论尹何》)、《子产却楚逆女以兵》(《天下才子必读书》中篇名为《子围逆女以兵》)、《子革对灵王》、

① (清)吴楚材、吴调侯编选《古文观止译注》,李梦生、史良昭译注,上海古籍出版社,1999 年,第 4 页。

② 袁定基、易泉源、黄世礼译注《金圣叹选批才子古文》,四川大学出版社,1997 年,第 9 页。

《吴许越成》共25篇，选其中17篇列出二书在具体评点内容上相似、相同之处（见表6）。

表6 《古文观止》和《天下才子必读书》相关《左传》评点对照

篇名	《左传》文	《天下才子必读书》评点	《古文观止》评点	备注
《郑伯克段于鄢》	请京，使居之，谓之京城大叔	庄公处心积虑杀其弟，此日便早定计	庄公处心积虑，主于杀弟。封邑之始，已早计之矣	相似
	小人有母	只四字，直刺人耳，从耳直刺人心，下俱羡文耳	只四字，妙甚。直刺人心	相似
《郑庄公戒饬守臣》（《天下才子必读书》中篇名为《庄公戒饬守臣》）	寡人有弟，不能和协，而使糊其口于四方	看他怕人说，便自开口先说。奸极，然的是妙文	是怕人说，自开口先说	相似
《齐桓公伐楚盟屈完》（《天下才子必读书》中篇名为《齐伐楚盟召陵》）	蔡溃，遂伐楚	看齐来楚踪迹，便不正大	看齐来楚踪迹，便不正大	相同
	不虞君之涉吾地也，何故	问得闲闲然，绝不以齐为意，妙	问得冷隽，绝不以齐为意，妙	相似
	曰："五侯九伯，女实征之，以夹辅周室！"	一援王命，破"不相及"句	一援王命，破"不相及"句	相同
	赐我先君履，东至于海，西至于河，南至于穆陵，北至于无棣	二宣赐履，破"涉吾地"句	二宣赐履，破"涉吾地"句	相同
	尔贡包茅不入，王祭不共，无以缩酒，寡人是征。昭王南征而不复，寡人是问	三与楚罪，破"何故"句	三与楚罪，破"何故"句	相同
	齐侯陈诸侯之师，与屈完乘而观之	写齐总不正大	写齐总不正大	相同
	屈完及诸侯盟	"及诸侯盟"，则非与齐盟也，通篇结案在此	"及诸侯盟"，则非专与齐盟也，与篇首关应	相似

续表

篇名	《左传》文	《天下才子必读书》评点	《古文观止》评点	备注
《宫之奇谏假道》	虢, 虞之表也; 虢亡, 虞必从之	事急, 故徒作险语, 峭甚健甚	事急, 故徒作险语。通篇着眼在此	相似
	一之为甚, 其可再乎	在昔为晋, 在今为寇; 在昔为启, 在今为玩。晋不可启, 故一为甚; 寇不可玩, 故不可再也	在昔为晋, 在今为寇; 在昔为启, 在今为玩。晋不可启, 故一为甚; 寇不可玩, 故不可再也	相同
	大伯、虞仲, 大王之昭也	太王于周为穆, 穆生昭, 故太王之子为昭	太王于周为穆, 穆生昭, 故太王之子为昭	相同
	大伯不从, 是以不嗣	此句只说虞固出于太王	此段只说虞固出于太王	相似
	虢仲、虢叔, 王季之穆也; 为文王卿士, 勋在王室, 藏于盟府	此句乃说虢更亲于虞仲	此段乃说虢更亲于虞仲	相似
	且虞能亲于桓、庄乎, 其爱之也	句法妙, 谓之补注法。若顺笔写之, 则将云: 且晋爱虞, 能过于桓庄乎	倒句妙。若顺写, 则将云: 且晋爱虞能过于桓庄乎	相似
	故《周书》曰: "皇天无亲, 惟德是辅。"	"德"字引《书》一	"德"字引《书》一	相同
	又曰: "黍稷非馨, 明德惟馨。"	"德"字引《书》二	"德"字引《书》二	相同
	又曰: "民不易物, 惟德繄物。"	"德"字引《书》三	"德"字引《书》三	相同
《阴饴甥对秦伯》	君子爱其君而知其罪, 不惮征缮以待秦命。曰: "必报德, 有死无二。"	上初读"不和"二字, 只谓尽露其短, 今详读此, 始知正炫其长, 煞是奇事	初读"不和"二字, 只谓尽露其短; 今说出"不和"之故来, 始知正炫其长	相似
《子鱼论战》	子鱼曰: "君未知战。"	一句断尽	一句断尽	相同
《介之推不言禄》	介之推不言禄, 禄亦弗及	先正多责推借正言以泄私怨, 非也。看此叙事, 先书"不言禄"三字, 便知推本自过人一等	先正责推借正言以泄私怨。看此叙事, 先书"不言禄"三字, 便知推本自过人一等	相似
	其母曰: "能如是乎?"	细读此四字, 知母上二番为试之也	细玩此四字, 乃知其母上二番特试之也	相似

续表

篇名	《左传》文	《天下才子必读书》评点	《古文观止》评点	备注
《展喜犒师》	公使展喜犒师	人来伐我，却往迎劳之，便妙	人来伐我，却往迎劳之，便妙	相同
	对曰："小人恐矣，君子则否。"	算来说恐又不得，说不恐又不得，忽分君子小人，奇妙无比	说恐不得，说不恐又不得，分作君子、小人说，奇妙	相似
	载在盟府，太师职之	加此二句妙，言凛凛至今在	加此二句，见王命凛凛至今	相似
	桓公是以纠合诸侯而谋其不协，弥缝其阙而匡救其灾，昭旧职也	"是以"字妙绝。三"其"字，皆指鲁也	"是以"字，紧承上王命来。三"其"字，皆指鲁而言	相似
	及君即位	先之以桓公，妙。疾接"及君即位"，更妙	先之以桓公，疾接"及君即位"，妙	相似
	诸侯之望曰："其率桓之功！"	不独写鲁，通写诸侯，妙	不独写鲁，通写诸侯，妙	相同
《郑子家告赵宣子》（《天下才子必读书》中篇名为《子家与赵宣子书》）	寡君又朝以蕆陈事	郑穆又亲朝，以成去年陈共之好	郑穆又亲朝，以成往年陈共之好	相似
	十五年五月，陈侯自敝邑往朝于君	陈灵新即位，又自郑入朝	陈灵新即位，自郑入朝	相似
	八月，寡君又往朝	郑穆又亲朝	郑穆又亲朝	相同
《齐国佐不辱命》（《天下才子必读书》中篇名为《宾媚人责晋人》）	晋师从齐师	齐师拜走，晋师追之	齐师拜走，晋师追之	相同
《楚归晋知罃》	若从君之惠而免之，以赐君之外臣首，称于异国君曰外臣。首其请于寡君，而以戮于宗，亦死且不朽	此虽二宾句，然显见晋之国法森然，家法森然	此虽二客意，然显见晋之国法森然，家法森然	相似

篇名	《左传》文	《天下才子必读书》评点	《古文观止》评点	备注
《吕相绝秦》(《天下才子必读书》中篇名为《晋使吕相绝秦》)	昔逮我献公及穆公相好,戮力同心,申之以盟誓,重之以昏姻	从秦晋好说起	从秦、晋相好说起	相似
	我是以有辅氏之聚	"我是以有"四。"之师","之役","之战","之聚",各换字	"我是以有"四,言辅氏之聚,出于万不得已也。"之师","之役","之战","之聚",句法变幻	相似
	诸侯备闻此言,斯是用痛心疾首,昵就寡人	一路备说秦恶,归到此句	一路备说秦恶,归到此句	相同
《驹支不屈于晋》(《天下才子必读书》中篇名为《戎驹支不愿与会》)	昔秦人负恃其众,贪于土地,逐我诸戎	第一段,先辨戎祖吾离被逐瓜州,则秦人实恶,非戎之丑	此辨戎祖被逐,则秦人实恶,非戎之丑	相似
	惠公蠲其大德,谓我诸戎,是四岳之裔胄也,毋是翦弃	第二段,次辨惠公加德于戎,乃因戎本圣裔,礼应存恤,不为特惠	此辨惠公加德于戎,乃因戎本圣裔,礼应存恤,不为特惠	相似
	我诸戎除翦其荆棘,驱其狐狸豺狼,以为先君不侵不叛之臣,至于今不贰	第三段,又辨晋分土田,至为敝恶,戎自开垦,非受实惠	此辨晋剖分之田,至为敝恶,戎自开垦,非受实惠	相似
	晋御其上,戎亢其下,秦师不复,我诸戎实然	第四段,又辨戎有大功于晋,亦足云报矣	此辨戎大有功于晋,亦足云报	相似
	自是以来,晋之百役,与我诸戎相继于时,言给晋役不旷时。以从执政,犹殽志也,意常如殽,无中二也。岂敢离遏	第五段,又辨戎之有功于晋,殽师乃其大者,至于百役,岂可枚举	此辨戎之报晋,不止殽师一役,至于百役,不可胜数	相似
	今官之师旅,无乃实有所阙,以携诸侯,而罪我诸戎	第六段,终辨诸侯不如昔者,定是晋实有阙,与我戎则何与	此辨诸侯事晋不如昔者,乃晋实有阙,与我诸戎无干	相似

续表

篇名	《左传》文	《天下才子必读书》评点	《古文观止》评点	备注
《子产告范宣子轻币》（《天下才子必读书》中篇名为《子产论币重》）	子为晋国	只此四字，落笔便妙	只此四字，落笔便妙	相同
	夫令名，德之舆也；德，国家之基也。有基无坏，无亦是务乎	从名转德，从德转国家，从国家转到无坏	从名转德，从德转国家，从国家转到无坏，笔笔转，笔笔应	相似
《子产坏晋馆垣》	又不获闻命，未知见时	一段，次责晋慢客	此责晋慢客	相似
	不敢输币，亦不敢暴露	一段，次陈已左难右难，然未畅说，故下又双承之	此言郑左难右难，下复双承畅言之	相似
《子产论尹何为邑》（《天下才子必读书》中篇名为《子产论尹何》）	譬如田猎，射御贯，则能获禽，若未尝登车射御，则败绩厌覆是惧，何暇思获	随手出喻：一喻尹何，二喻自己，三喻子皮，四喻尹何。初无定法，手便即喻	一喻尹何，二喻自己，三喻子皮，四又喻尹何，随手出喻，绝无痕迹	相似
《子革对灵王》	是能读三坟、五典、八索、九丘	恰凑入"摩厉以须"人刃下	恰凑入摩厉以须吾刃下	相似

　　考《古文观止》与《天下才子必读书》评语完全相同之处，内容前多标有圆圈标志。从现存明清评点刻本分析，在内容之前标有圆圈大多实际即为引用之意。或许《古文观止》在翻刻过程中存在圈点刻失的情况，完全被定为抄袭之作实在有冤枉之处，但其事实上不仅在评点内容上借鉴和引用了金圣叹《天下才子必读书》的《左传》评点，而且在评点体例及美学特征上也继承了《天下才子必读书》"法"的特征。《古文观止》的总评和夹评与《天下才子必读书》一致，而与金圣叹前期的《左传释》的《左传》评点风格完全不同。《古文观止》自序云："兢兢焉一义之未合于古勿敢登也，一理之未慊于心勿敢载也，一段落、一钩勒之不轨于法度勿敢袭也，一声音、一点画之不协于正韵勿敢书也。"[①] 客观地说，《古文观止》能成为科举制度下广大士子热衷的应试必备参考书，成为中国散文史上影响最大的古文选本，与其文章及其评点内容坚持"不轨于法度勿敢袭也"的"法"是分不开的。而《古文观止》对文法的追求和坚守实际上

---

① （清）吴楚材、吴调侯选注《古文观止》，安平秋点校，中华书局，1987年，第2页。

是和《左绣》内在相通的。

考《左绣》成书所参考的《左传》文学评点著作，冯李骅虽然没有直接阅读《古文观止》，但直接引用了与《古文观止》的产生息息相关的《古文析义》。"二吴是编，博采诸家选本，如金圣叹《才子必读古文》、林云铭《古文析义》、徐乾学《古文渊鉴》等，取其长而补其不足，是故此书行而诸家皆为所掩。"①

《古文析义》，是林云铭所著。林云铭（1628—1697），字西仲，号损斋，侯官（今福建省福州市）人。少嗜学，每探索精思，竟日不食，里人皆呼为"书痴"。顺治十五年（1658）进士，官徽州府通判。著作有《庄子因》《古文析义》《楚辞灯》《韩文起》《西仲文集》《挹奎楼选稿》《损斋焚余》《吴山鷇音》《四书讲义》等。《古文析义》是编凡十六卷，选自周、秦到宋、元、明的文章 539 篇；其中选《左传》两卷，并以《左传》为首，尊《左传》为古文之源。《古文析义》的命名，乃取陶渊明"奇文共欣赏，疑义相与析"之义，盖欲揭示古文之神理，以为学文之助。主要版本有"清康熙二十六年（1687）的晋安林氏自刻本（十六卷），清嘉庆十一年（1806）刻本（八卷），清咸丰八年（1858）刻本（十六卷），清宣统元年（1909）石印本（初编六卷，二编八卷），民国元年（1912）石印本（初编六卷，二编八卷），民国三年（1915）上海鸿文书局的印行本（初编六卷，二编八卷）"②。其中《古文析义合编》分前后两编，前编成书于康熙壬戌年（1682），有林云铭在《古文析义》中自序落款"康熙壬戌岁春王正月望日晋安林云铭"③为证；二编"始于乙丑三月越丁卯十月"，即开始于康熙乙丑年（1685），大约成书于康熙丁卯年（1687）。

其中《增订古文析义详解合编》本，刻板标注大司马吴留村先生鉴定、晋安林云铭西仲评注、山阴吴乘权楚材附注，说明了《古文析义》对《古文观止》的直接影响。对比《古文析义》和《古文观止》，其选文惊人的相同，《古文观止》选《左传》文 34 篇，其中 32 篇与《古文析义》相同，具体篇目为：《郑伯克段于鄢》《周郑交质》《石碏谏宠州吁》《郑

① 李卫军：《〈左传〉评点研究》，博士学位论文，华东师范大学，2008 年，第 206 页。
② 陈燕：《林云铭〈楚辞灯〉研究》，硕士学位论文，漳州师范学院，2011 年，第 10 页。
③ （清）林云铭评选《古文析义合编》，清仁记书局版。

庄公戒饬守臣》《臧哀伯谏纳郜鼎》《季梁谏追楚师》《曹刿论战》《齐桓公伐楚盟屈完》《宫之奇谏假道》《齐桓下拜受胙》《阴饴甥对秦伯》《子鱼论战》《寺人披见文公》《介之推不言禄》《展喜犒师》《烛之武退秦师》《蹇叔哭师》《王孙满对楚子》《齐国佐不辱命》《楚归晋知罃》《吕相绝秦》《驹支不屈于晋》《祁奚请免叔向》《子产告范宣子轻币》《晏子不死君难》《季札观周乐》《子产坏晋馆垣》《子产论尹何为邑》《子产却楚逆女以兵》《子革对灵王》《子产论政宽猛》《吴许越成》。《古文析义》除没有《古文观止》选入的《臧僖伯谏观鱼》《郑子家告赵宣子》两篇外，对其余篇目都有相应评点。在具体评点上，《古文析义》篇中的夹评因为有吴乘权楚材附注而显示出众多相同之处。如《郑伯克段于鄢》篇"他邑唯命"后评语相同："庄公似为爱段之言，实恐段居制邑，太险难除。他邑虽极大，谅不若制邑之险，适可以养其骄而灭除之。'他邑唯命'四字毒甚。"又如《周郑交质》篇"周郑交恶"后评语相同："叙事止此。下皆左氏断辞。"

　　而《左绣》与《古文析义》在评点风格、文法上都有诸多的相同之处，具体如隐公三年《石碏谏宠州吁》篇，《左绣》引《古文析义》评曰："林西仲曰卫州吁始末，弑立伐郑传，则专罪州吁；杀州吁石厚传，则专美石碏。此传则叙过宠速祸之由，专责庄公也。"[①] 隐公五年《臧僖伯谏观鱼》篇，《左绣》引《古文析义》评曰："林西仲曰一滚说来，庄重中有流动之气。"[②] 昭公六年《叔向论铸刑书》篇，《左绣》引《古文析义》评曰："林西仲曰民有争心微书不忌等语，即张乘崖以盗一钱笞吏。吏云君能笞我，不能杀我之说。可谓推勘入微。"[③] 昭公二十年《子产论政宽猛》篇，《左绣》引《古文析义》评曰："子产只说宽猛。夫子却添一和字，便说得融洽无渗漏。亦预为爱字作地步也。林西仲云三证总是大雅民劳首章语。则宽猛为一时并到可知。"[④] "又足和之至也一层。化板为活四不字，见相济之妙。并宽猛之名，皆化也。析义谓此两端都容不得在内，乃过火语。"[⑤] 足见清前期《左传》评点著作之间的内在影响和

① （清）冯李骅、陆浩评辑《左绣》三十卷，文海出版社，1967年，第121页。
② （清）冯李骅、陆浩评辑《左绣》三十卷，文海出版社，1967年，第130页。
③ （清）冯李骅、陆浩评辑《左绣》三十卷，文海出版社，1967年，第1531页。
④ （清）冯李骅、陆浩评辑《左绣》三十卷，文海出版社，1967年，第1754页。
⑤ （清）冯李骅、陆浩评辑《左绣》三十卷，文海出版社，1967年，第1755页。

传承性。

四　方苞及桐城派《左传》评点学

方苞（1668—1749），字凤九，又字灵皋，晚年号望溪，安徽桐城人。康熙四十五年（1706）进士，累官至礼部侍郎，为桐城派之初祖。现存《左传义法举要》《方氏左传评点》等《左传》评点学著作。《左传义法举要》由方苞讲述，门人王兆符、程崟传录，刊于雍正六年（1728）。是书批语有夹批和尾批，所评共六篇，具体包括《齐连称管至父弑襄公》《韩之战》《城濮之战》《邲之战》《鄢陵之战》《宋之盟》。《方氏左传评点》二卷，版本为光绪十九年癸巳刊本，是编仅有圈点而无具体批语。"大抵词义精深处用丹笔，叙事奇妙处用绿笔，脉络相灌处用蓝笔，又分坐点、坐角、坐圈等三种，以示遣词造语炼字诸法。方苞《左传义法举要》一书，不重圈点，是书则专以圈点指示文法，两相合观，庶几得见方苞'义法说'之全。"①

罗军凤《清代春秋左传学研究》云："《古文观止》、《左绣》等影响极大的评点学著作，分析《左传》纯熟的结构技巧及名目繁多的章法，连《左传》的经义也成为技法品评的对象。"② 事实上，方苞及桐城派代表将《左传》经义不仅发展为"技法品评的对象"，而且使其作为古文创作的内在法则并成为清代散文创作的主流特征。方苞及桐城派代表认为作文法式传承为"《左传》——《史记》——韩愈、柳宗元、欧阳修、三苏、王安石、曾巩——归有光——方苞"③。尊《左传》为文章鼻祖，并认为《左传》文法源远流长、泽被后学。方苞本人即力倡"义法说"，强调"义以为经而法纬之，然后为成体之文"④，其现存《左传义法举要》等《左传》学评点著作始终坚持以"义法"贯之，在评点体例上与《天下才子必读书》《古文渊鉴》《古文观止》等《左传》评点的"法"的美学特征一致。

具体评点如于《鄢陵之战》篇"吾不复见子矣"句后夹批："楚之

---

① 李卫军：《〈左传〉评点研究》，博士学位论文，华东师范大学，2008 年，第 193 页。
② 罗军凤：《清代春秋左传学研究》，人民出版社，2010 年，第 332 页。
③ 周作人：《中国新文学的源流》，江苏文艺出版社，2007 年，第 42 页。
④ （清）方苞：《方望溪全集》，中国书店，1991 年，第 29 页。

败，申叔时早必之；与晋之克，郤至早必之相对。"① 方苞于此重在说明
《左传》之文善用对照法。又于《鄢陵之战》"楚子登巢车，以望晋
军……战祷也"句后夹批："邲之战，不实叙致师，而以致师者之口出之，
以虚为实也；此则以实为虚，晋人军中事，皆现于楚子、伯州梨之目，可
谓出奇无穷。"② 方苞认为《邲之战》以虚为实，《鄢陵之战》则以实为
虚，极赞篇法之出奇无穷。于《鄢陵之战》"唐苟谓石首曰：'子在君侧，
败者壹大。'"句后夹批："此篇杂叙战事，并未明著胜败之迹，故于唐苟
请止，见郑之败；于楚子及子重之谓子反，见楚师之败；于子反引罪，见
奔由中军。一变从前诸战壁垒，是谓文成而法立。"方苞此段叙郑楚交战，
虽未明确说明胜败之迹，然胜败之势实已明了③，可见《左传》以旁笔见
大义之神妙，可谓文成法立。再如于《鄢陵之战》"旦而战，见星未已"
句后夹批："此战实无大胜负，但楚君既集失于日，而复宵遁，子反之卒
又奔，故以败绩书。得此二语，情事了然。盖日既终，而战未已，楚师实
未大奔也。以'旦'字遥接'晨压晋军'，简明而曲畅若此。"④ 方苞认为
《左传》"以'旦'字遥接'晨压晋军'"，不仅使文章气势雄阔，而且更
能脉络一贯。

在总评方面，如于僖公十五年《韩之战》后总评云："叙事之文义法
精深至此，所谓出奇无穷，虽太史公、韩退之不过能仿佛其二三，其余作
者皆无阶而升。"⑤ 方苞盛赞《左传》叙事之文义法精深，非司马迁、韩愈
所能及，其总评往往提纲挈领、一针见血。又如于僖公二十八年《城濮之
战》后总评云："唐宋诸家之文，终篇一义相贯，譬如万派同源，百枝共
本；不如此，则气脉断隔，而篇法为之裂矣。太史公《礼书序》，首尾以
二义分承，篇法之奇，唐以后无之。此篇以德、礼、勤民三义相贯，间见
层出，融洽无间，又汉以后所未有也。"⑥ 方苞盛赞《左传》此篇以德、
礼、勤民三义相贯，通过惩恶劝善之道德观以表现《城濮之战》之主题，

---

① 方望溪口授，王兆符传述《左传义法》，广文书局有限公司，1977 年，第 47 页。
② 方望溪口授，王兆符传述《左传义法》，广文书局有限公司，1977 年，第 50 页。
③ 方望溪口授，王兆符传述《左传义法》，广文书局有限公司，1977 年，第 53 页。
④ 方望溪口授，王兆符传述《左传义法》，广文书局有限公司，1977 年，第 54 页。
⑤ 方望溪口授，王兆符传述《左传义法》，广文书局有限公司，1977 年，第 13 页。
⑥ 方望溪口授，王兆符传述《左传义法》，广文书局有限公司，1977 年，第 22 页。

篇法奇特，为汉以后所未有。

综观《左传义法举要》，载道言志，主题严正，寓法于文，理深义远，以随文评点的形式，先列出文章标题，再评点《左传》行文的各种精妙之处，并在各篇结束后进行总评。"在谋篇上，'举其取材详略、剪裁得当以见其义法'、'举其虚实、变化无方以见其义法'、'举其前后呼应、首尾相抱以见其义法'、'举其正反相对、相准成章以见其义法'、'举其两两相映、锦绣组文以见其义法'、'举其连类而书、相从不杂以见其义法'、'举其用字直接、事件遥应以见其义法'、'举其追叙结构、绾合浑然以见其义法'"①，概括《左传》文章的字法、句法、章法、篇法以示读者学习古文之文章正宗。《左传义法举要》甚至因为推崇文法而"篇末与篇心皆有小批单言文法，不说经义"②，与《左传》文法的代表作《左绣》"左氏文章也，非经传也"③ 之内在特征一致。

其后桐城派的著名《左传》评点学代表作如李文渊《左传评》、姜炳璋《读左补义》、刘大櫆《评点左传》、姚鼐《评点左传》、曾国藩《评点左传》、吴汝纶《评点左传》、林纾《左传撷华》、吴闿生《左传微》等，都承继《天下才子必读书》《古文渊鉴》《古文观止》等《左传》评点著作所建立的美学特征，并将这一评点美学特征发挥到极致。故张高评先生尝谓："桐城文家所师者，一左传耳；所谓桐城义法者，左传之义法也。"④

第二节　清前期《左传》评点其他著作

一　王源《左传评》

王源，字昆绳，号或庵，清直隶大兴（今北京大兴区）人。生于清顺治五年（1648），卒于康熙四十九年（1710），是主要活动在康熙时期的一

---

① 黄肇基：《清代方苞 林纾〈左传〉评点研究》，博士学位论文，台湾师范大学，2008 年，第 420 页。
② 方望溪口授，王兆符传述《左传义法》，广文书局有限公司，1977 年，第 71 页。
③ （清）冯李骅、陆浩评辑《左绣》三十卷，文海出版社，1967 年，第 1 页。
④ 张高评：《左传之文学价值》，文史哲出版社，1990 年，第 64 页。

位很有特色的学者。

《左传评》"全书首有程城《文章练要序》，次有王源《左传评序》，次为王源自定凡例一十二条。其评眉批、旁批、夹批与尾批皆有，而以篇后总评及文中夹批为主。圈点形式亦较完备，计有十种。大抵凡主意用双钩，眼目用大圈（〇），大段落用大画（——），小段落用半画（一），案用联虚点或单虚点，精彩与奇变处用联圈（。。。），次单圈（。），闲情点缀句法用联点（、、、），字法用双点"①。王源《左传评》注重文法评点，其在《左传评·凡例》中提出"评语皆揆作者之意，知其意而后知其章法，知其章法而后知其文之所以妙，皆枯心呕血而得之者"②，对清代的《左传》文学评点学产生了深远影响。据《左绣·刻左例言》，冯李骅曾阅读过王源的《左传练要》（即《左传评》），虽得之于成书之后，但由冯李骅将王源之评点择取若干增补入《左绣》中看，足见其对《左传评》的重视。其中如《左绣》评点中的宾主、虚实、离合、详略、整散、错综、伏应、过渡、断续等多与王源之说内在相同。如王源注重"宾主"，谓："用宾之法，非与主相类，则与主相反，相类者以正映，相反者以反映，反正虽不同，未有不与主相映者。"③《左绣》亦重"宾主"，在《左绣·读左卮言》谓："有添宾并主之法，如'反自箕'，竟将胥臣与先轸、郤缺双结；'遂霸西戎'竟将子桑与秦穆、孟明双结，所谓水镜造元，直不辨谁为宾主者。又有略主详宾之法，如要写太子不得立，却将毕万必复其始极力铺张；要见晋文怜新弃旧，却通身详写季隗，而叔隗只须起手一句、对面一照，无不了了。又有宾主互用之法，如克段是主，却重在姜氏；杀州吁是主，却重在石厚；于事为主，于文则为宾；于事为宾，于文则为主。"④ 具体如王源评庄公八年齐无知弑其君诸儿事："弑襄公者，连称、管至父也，故二人为主；无知虽被弑君之名，二人特借以作乱，故为主中宾；僖公、夷仲年，只引出无知，故为宾中宾；连称从妹，二人使以间公者也，故为宾；公子彭生与二人迥不相谋，却亦欲弑襄公者，故为宾；徒

① 李卫军：《〈左传〉评点研究》，博士学位论文，华东师范大学，2008年，第190页。
② 李卫军：《〈左传〉评点研究》，博士学位论文，华东师范大学，2008年，第167页。
③ （清）王源评订《左传评》十卷，《四库全书存目丛书》第139册，齐鲁书社，1997年，第227页。
④ （清）冯李骅、陆浩评辑《左绣》三十卷，文海出版社，1967年，第51—52页。

人费、石之纷如、孟阳三人，为公死者，故总为宾；二人立无知，鲍叔牙奉小白，管夷吾、召忽奉公子纠，又借来映带作结，鲍叔、管、召，陪二人者也，故为宾；小白、子纠，陪无知者也，故为宾中宾。"① 此篇叙齐襄被弑之事，所涉凡十六人，王源按人物与文章主旨之轻重关系，将众多人物分为主、主中宾、宾、宾中宾四类，令读者对文章之结构层次一目了然。又如昭公三年齐侯使晏婴请继室于晋事，其事以葬少姜、请继室为主，文却详写晏婴与叔向论齐晋之政，王源以为："左氏往往用倒宾作主之法，此传亦此法也。"②

《左绣》注重宾主互用亦随文可见，具体如隐公元年《郑伯克段于鄢》篇，冯李骅评曰："故论事以克段于鄢为主，论文以置母于颍为主，玩其中间结局兄弟，末后单收母子与起呼应一片，左氏最多宾主互用笔法，细读自晓也。"③ 冯李骅认为此篇本为解释《春秋》"郑伯克段于鄢"一语而作，故于事自以"克段于鄢"为主，但全篇起手却从姜氏偏爱酿祸叙起，其精神所注全在母子之间，中间详写克段始末，最后又单收母子与起笔呼应，故认为"论事以克段于鄢为主，论文以置母于颍为主"，"左氏最多宾主互用笔法"。又如隐公四年卫人杀州吁事，冯李骅评曰："此篇前案后断，断之妙，妙于正喻夹写，案之妙，妙于宾主互用。"④ "此篇传杀州吁自应以吁为主，然石碏难处又不在吁而在厚。文从州吁未能和民叙起，已立一篇之主。而一则曰厚问，再则曰厚从，三则曰厚与莅杀。两两对写，而中间直称二人，不分首从。至末单以大义灭亲，赞碏为纯臣，却全注重厚一边。盖论事则吁主而厚宾，论文则吁宾而厚主。看他起处从主入宾，结处反宾为主，中间由平而侧，安放无迹，手法绝佳。"⑤ 此篇本为解释《春秋》"九月，卫人杀州吁于濮"一事，所以论事自应以州吁为主，但全篇于起笔说明州吁不能和其民，接写石厚问计、从州吁赴陈等事，然后又写杀二人之事亦不分轻重，末后则以赞石碏大义灭亲收结，故全篇"起处

---

① （清）王源评订《左传评》十卷，《四库全书存目丛书》第 139 册，齐鲁书社，1997 年，第 187 页。

② （清）王源评订《左传评》十卷，《四库全书存目丛书》第 139 册，齐鲁书社，1997 年，第 312 页。

③ （清）冯李骅、陆浩评辑《左绣》三十卷，文海出版社，1967 年，第 100 页。

④ （清）冯李骅、陆浩评辑《左绣》三十卷，文海出版社，1967 年，第 124 页。

⑤ （清）冯李骅、陆浩评辑《左绣》三十卷，文海出版社，1967 年，第 126 页。

从主入宾，结处反宾为主"，实"妙于宾主互用"。

综观王源《左传评》，其虽与《天下才子必读书》《古文渊鉴》《古文观止》《左传义法举要》《左绣》等《左传》评点著作一样追求文法，但因为王源师从魏禧，且受其父王世德影响而有内在的遗民情结①，故其在具体篇章评点中表现出不同于《天下才子必读书》《古文渊鉴》《古文观止》《左传义法举要》《左绣》等《左传》评点著作，并非专注于与科举紧密联系的"以古文为时文、以时文为古文"的评点特征。②

具体如闵公二年狄灭卫、齐存卫事，冯李骅评曰："此篇作两半读，前半叙狄入卫事，后半叙立戴庐曹事。亡卫以国人，故上半国人起、国人结；存卫以齐侯，故下半总提以齐子起，分叙以齐侯结。至上下联络映带，则大题小做，纯以零星点缀见姿致，盖画家小李将军金碧山水笔意也。"③"又上段'伐卫''灭卫''入卫'作章法，下段连写'七百有二十人''五千人''三百乘''三千人'，又'乘马五称''皆三百''三十两'，许多数目，与前'二子''二人'两'国人'，多少相映，皆文字各成片段处。大概文字长短疏密，都要相济相错，出没不拘，而合之则成一大章法，分之则自成小章法，乃千变万化而不可易者耳。"④而王源对于此段则评道："文字惟不可捉摸，方臻胜境。如懿公好鹤，将战而先叙国人使鹤之语，其败可知，若径序其序，何趣乎？惟特地将他规划方略铺叙于前，然后方将败亡叙出，人岂能捉摸得定乎？"⑤"结尾一段铺张，妙绝妙绝！原是一篇亡国败家文字，写卫侯之败，狄人之入，卫人之亡，戴公之立，乱杂光景，如落叶秋风，雨零星散，衰飒极矣。使如此即索然而住，文

---

① 王源的先祖王玉在明朝洪武年间从江南无锡迁居北平，因为应征参加明成祖靖难之师战死白沟河而成为大明功臣，并为子孙得到了世袭锦衣卫指挥金事的职务。王源的父亲王世德（1613—1693），字克承，别字中斋，少年时就继承世袭锦衣卫指挥金事，为人忠正刚毅，一向有改革政治弊端、复兴国家的抱负。1644 年李自成攻陷京师，听宫人说崇祯皇帝已经驾崩，痛哭流涕，欲自杀殉国，被家仆阻止。明朝覆亡后，在金刚寺出家，有遗民情结。（参见董静：《王源思想研究》，硕士学位论文，河北师范大学，2006 年，第 2—3 页。）

② 王源是魏禧的学生，魏禧有感于明清易代巨变，不参与科举，其学生王源亦终生不参与科举。故其《左传评》评点不同于科举制度下的与时文紧密联系，不同于"以古文为时文、以时文为古文"的清前期《左传》文学评点的主流特征。

③ （清）冯李骅、陆浩评辑《左绣》三十卷，文海出版社，1967 年，第 330—331 页。

④ （清）冯李骅、陆浩评辑《左绣》三十卷，文海出版社，1967 年，第 333 页。

⑤ （清）王源评订《左传评》十卷，《四库全书存目丛书》第 139 册，齐鲁书社，1997 年，第 195 页。

章便无收煞，故借齐侯戈曹，归公乘马云云，极力铺张，将从前景况，洗发净尽，焕然复觉气象维新，如大寒之后，万物凋零，忽尔春风鼓动，欣欣向荣。文章至此，那得不令人快煞！"① 比较冯李骅、王源之评点，可以看出冯评重结构，重联络，讲求上下段不同的章法，讲求前后篇不同的笔法；而王评则更趋于纯文学的欣赏式批评，重感兴，重文趣，多意象之比喻。

又如成公十年写晋景公之卒，冯李骅评曰："此亦类叙格也。《左氏》好奇，因梦奇，遂以梦成章，然剪裁贯串，段段有法。始也，因梦而病，继复病变为梦，末更附以因梦而死者。妙以巫医穿插生色，巫则'食新''献麦'，呼应在两头；医则复笔，呼应在中间，而二竖与大厉相映，小臣负公登天，又与坏门请帝相映，事幻而文更奇。"② "一篇凡三写梦兆，看来以中段为主。梦不可知，而医实有理，前一梦是引笔，末一梦是带笔，构局最轻重有法。大厉之梦，以惧心感之；桑田之梦，以邪心感之；登天之梦，以贪心感之；二竖之梦，则真吾之精神为之，故曰疾为二竖子也。以人而论，则巫贱而医贵；以理而论，则巫短而医长，故巫言如梦，医言亦如梦，而详略迥别，以医当礼而巫可杀也。小臣则因其梦而用之，亦如其人而用之，斯已矣。传虚幻事，亦煞有针线，岂比痴人酋说梦耶？相其体制，分明以巫兜里医事在中，而以'登天''请帝'首尾相映成章法，如花之有菡萏也。类叙宾主，唯此最整而圆矣。中一段句句前后相应，自成生段，不欲落稗官家数也。"③ 而王源则评曰："晋侯以梦得疾，疾而死，因序其一梦再梦，奇矣；亲以巫医，又奇，托序小臣亦以梦死，更奇。窅冥荒诞，阴风飒起，读者毛发惧竖。画鬼魅不能令人畏，画姝姬不能令人怜，必非妙手。而人之所以畏且怜者如生耳，或曰梦幻境也，安得如生曰吾逼真写出一幻境，固如生矣。况参以人事之真境乎。然此种文字，其奇在外，不难知亦不难为，难在刻划工，安顿妙耳。"④ 冯李骅总评首先勾勒全篇以见脉络，突出"事幻文奇"之效果，认为此种亦是类叙格。后以

① （清）王源评订《左传评》十卷，《四库全书存目丛书》第139册，齐鲁书社，1997年，第196页。
② （清）冯李骅、陆浩评辑《左绣》三十卷，文海出版社，1967年，第886页。
③ （清）冯李骅、陆浩评辑《左绣》三十卷，文海出版社，1967年，第886—887页。
④ （清）王源评订《左传评》十卷，《四库全书存目丛书》第139册，齐鲁书社，1997年，第251—252页。

"梦不可知，而医实有理"点破通篇，认为三梦以"疾为二竖"一梦为主，故详写求医、礼医；并以结构之联络照应，指出三梦又是表，写其致疾之"惧""邪""贪"方是全篇主题。而王源之评注重文学性的阅读感受，表达"奇""毛发惧竖"的阅读感受，强调画面的效果，与冯评实大不同。又如昭公二十年卫齐豹之乱事，冯李骅评曰："此篇前叙后断，不重齐豹，而重宗鲁。以宗鲁不善处主臣朋友之间，观结语可见也。卫侯因公孟见杀，而出而入亦本不重，却详叙公孙青一番礼辞，所以为告宁作地，以便引何忌语，为宗鲁作反照之笔也。篇中头绪虽多，处处留意宗鲁一人，则自串成一片矣。凡读史皆此法。"① 而王源评曰："此传序齐豹杀公孟，则齐豹主也，杀公孟主也。""序宗鲁一段，其情苦，其词曲，其意可伤，而其事不可训，故详之于前，而以仲尼之言断于后，夫详宾妙矣，而宾中之宾尤详。如六子之从君写得纷纷杂杂，公孙青之聘卫，写得欸欸殷殷；卫侯之入卫，写得皇皇迫迫；齐侯之赏诸大夫，写得离离奇奇。主如彼而宾与宾中之宾却如此。重重花阁，叠叠云山，望者为之目迷，游者为之神眩，其孰能与于此哉？古之化裁尽变通乎昼夜之道而知者夫。"② 冯李骅由结构分析全篇旨义，认为"不重齐豹，而重宗鲁"。读至公孙青一段，乃知宗鲁为后文伏笔；读至苑何忌处，乃知公孙青一番礼辞亦为伏笔；读至末尾孔子讥宗鲁，才知宗鲁一段正是全文反伏之处。而王源偏向于欣赏式的评点，认为"其情苦""其意伤"，说明此段写得"纷纷杂杂""欸欸殷殷""皇皇迫迫""离离奇奇"。其评点虽也重宾主，但因未能揭示篇中章法伏应之内在联系，认为齐豹是主，而宗鲁反是宾。

冯李骅与王源虽无直接交游之证据，但是代表《左传》文学评点主流风格的方苞与王源却有直接交游。"康熙三十年，方苞始与王源交，方苞与之讨论《左传》义法，二人意见相左。"③ 王源与方苞在《左传》义法上意见相左，如僖公十五年晋侯及秦伯战于韩获晋侯事，王源对此篇之分析以奇正为论："文章之妙不外奇正……不履险，不临危，遇敌而战，进

---

① （清）冯李骅、陆浩评辑《左绣》三十卷，文海出版社，1967年，第1734—1735页。
② （清）王源评订《左传评》十卷，《四库全书存目丛书》第139册，齐鲁书社，1997年，第347页。
③ 罗军凤：《清代春秋左传学研究》，人民出版社，2010年，第345页。

无速奔，退无遽走。于是锐兵不能破，突兵不能动，伏兵不可蹈，追兵不可躐。当我者破，触我者碎，而我无毫发间隙之可乘，是谓正兵或偃旗息鼓以误之。"① "此文序晋惠公之丧败，全是自作之孽，故职竟由人一语乃通篇之主。而前序其获，后序其归，序其获，固见其孽，由己作序，其归更见其孽由己作。故凡正叙其事者，皆正也。正固正，奇即为奇，中之正矣。凡与其事相反者，皆奇也。奇固奇正，即为正中之奇矣。然而读者孰不知晋侯为自作之孽，乃未必明乎奇正之辨者，盖为古人乘其所之也。"② 王源对此篇强调"奇正"，实大不同于《左绣》注重本篇之"暗伏"章法："通篇分四大段，首段在秦伯伐晋截，是一篇缘起；次段至秦获晋侯截；又次至作州兵截；末段又一篇结断。大要中两段，乃正叙之文，分上下半篇读：上半步步回顾首段，暗伏一'人'字；下半忽提起妖梦，于穆姬口中明透一'天'字，步步为结处伏脉，而'匪天由人'竟以一笔倒卷中间，缴还起手，此等结构，世岂有两也。"③ 王源认为"此文序晋惠公之丧败，全是自作之孽，故职竟由人一语乃通篇之主"，冯李骅同样认为本篇主要叙述秦晋两国争战，重在评价惠公其人，但强调以暗伏、明伏、倒伏安排章法，强调结构，称赞"此等结构，世岂有两也"。方苞的《左传义法举要》此篇评曰："备举晋侯失德，而束之以故秦伯伐晋，通篇脉络皆总会于此。"④ "方叙秦筮伐晋，忽就筮辞'败'字，突接'三败及韩'。以叙事常法论之，为急遽而无序，为冲决而不安，然左氏精于义法，非汉唐作者所能望正在此。盖此篇大指，在著惠公为人之所弃，以见文公为天之所启，故叙惠公愎谏失德甚详，而战争甚略；正战且不宜详，若更叙前三战三败之地与人，则臃肿不中绳墨，宋以后诸史见杂庸俗，取讥于世，由不识详略之义耳。"⑤ "晋后先事而败德，临事而失谋，孽由己作，作通篇关键。"⑥ 方苞强调脉络、义法、大指、通篇关键等，其评实与《左绣》

① （清）王源评订《左传评》十卷，《四库全书存目丛书》第 139 册，齐鲁书社，1997 年，第 206 页。
② （清）王源评订《左传评》十卷，《四库全书存目丛书》第 139 册，齐鲁书社，1997 年，第 207—208 页。
③ （清）冯李骅、陆浩评辑《左绣》三十卷，文海出版社，1967 年，第 407 页。
④ （清）方望溪口授，王兆符传述《左传义法》，广文书局有限公司，1977 年，第 4 页。
⑤ （清）方望溪口授，王兆符传述《左传义法》，广文书局有限公司，1977 年，第 5 页。
⑥ （清）方望溪口授，王兆符传述《左传义法》，广文书局有限公司，1977 年，第 10 页。

内在相同而不同于《左传评》。①

王源《左传评》不同于与科举紧密联系的"以古文为时文"的评点特征②，而是表现出追求纯粹文章之"奇"的风格③，且与其对《左传》兵法的追求相联系。如僖公十五年晋侯及秦伯战于韩获晋侯一事，王源评道："文章之妙，不外奇正。奇正者，兵家之说也。堂堂正正，四头八尾，触处为首，大将握奇于中，偏裨分统乎外，旌旗以方，金鼓以节，昼行夜止，不履险，不临危，遇敌而战，进无速奔，退无遽走，于是锐兵不能破，突兵不能冲，伏兵不可陷，追兵不可蹑，当我者破，触我者碎，而我无毫发间隙之可乘，是谓正兵；或掩旗息鼓以误之，或变易服色以乱之，或伏于草莽山林以陷之，或佯北以诱之，或从间道疾驱掩其不备而袭之，或击其西而声东以乘之，或形诸此而出彼以罔之，或以骁骑直冲中坚以摧之，或诈降内间从中以溃之，或断其归路饷道以困之，不以常律，不由轨道，以战则克，以功则取，百战百胜者，奇兵也。"④ 王源师从魏禧学习古文，而魏禧是清初古文三大家之一。魏禧著有《左传经世钞》，其对《左传》的研究尤以其中的经世治国之道为主，同时十分注重从文章学的角度对《左传》进行评点，且尤其喜欢从兵法、兵谋角度研究《左传》，甚至

---

① "王源的《左传评》承袭了清初魏禧等古文家的传统，视时文与古文绝不相容，本人不预科举，而方苞却正相反，他投身科举，本人又是个八股名家，乾隆四年，奉敕编纂时文选本《钦定四书文》，代表官方将时文的正体通告天下士子。""简而言之，王源的古文不与时文相通，而方苞的古文与时文相通，所以在评点学著作中，前者不重对偶，而后者炉火纯青地运用了时文对偶思维。"参见罗军凤：《方苞的古文"义法"与科举世风》，《文学遗产》2008 年第 2 期，第 133 页。

② 罗军凤先生认为："在'公矢鱼于棠'篇里，王源阐发《左传》为文'错综'之法，说'后人务取枝枝相对，叶叶相当，板到底，俗到骨，皆宋人陋习'。王源归纳的'错综'之法与时人评点中'枝枝相对，叶叶相当'的严格对称式的评点大唱反调，斥时文评点'板到底，俗到骨'，是宋人之空虚学风的遗留。时人评点《左传》，大多'枝枝相对，叶叶相当'，评点直接为科举制艺服务，而王源《左传评》中的文章技法与八股制艺无关。"参见罗军凤：《清代春秋左传学研究》，人民出版社，2010 年，第 336 页。

③ 除特别表现为追求纯粹文章之"奇"的风格外，其他具体文法如"草蛇灰线""连山断岭"等也表现出不同的特征，"虽然王源亦用'草蛇灰线'、'连山断岭'等比喻文章脉络之显隐、断续，但整体而言，冯李骅的比喻多用以形容文法结构，王源则尚多借由比喻以形容读后之感受或文章风格气势。"参见蔡妙真：《追寻与传释——左绣对左传的接受》，万卷楼图书股份有限公司，2003 年，第 441 页。

④ （清）王源评订《左传评》十卷，《四库全书存目丛书》第 139 册，齐鲁书社，1997 年，第 206—207 页。

认为《左传》是《孙子》的注脚。王源师从魏禧,不仅精通兵法,也特别熟悉孙子。其"生平为文,论兵者居多",且著有《兵论》三十二篇、《兵法要略》二十二卷,在《左传》兵法评点上也取得了突出的贡献。该篇之评,即是王源《左传》兵法评点上以"奇正"论兵、论文的典型表现,"在王源看来,由于左氏本身精通兵法,所以在叙述战争时游刃有余地将军事斗争的原则、方法运用来驱遣词句,从而取得了前无古人、后无来者的巨大成就"①。

又如王源对桓公五年蔡人、卫人、陈人从王伐郑一事总评道:"战法之妙,千古名将,不能出此范围。然非左氏知兵,安能叙之简而明、精而备如此?文人每叙战功不能传古人兵法之妙者,以不知奇正、虚实、分合之术也。他家无论,即以马迁之雄,亦不能辨,非不知兵之故乎?故千古以文章兼兵法者,唯《左传》;以兵法兼文章者,唯《孙子》。"② 王源"批点《左传》,喜以奇正、虚实论文,又喜以战阵喻文法,贵意贵势,凡此种种,皆使其评点呈现出与他人不同之特色"③。

二 盛谟《于垫左氏录》

盛谟(1699—1762),又作盛大谟,字于垫,号字巢,江西武宁人。《于垫左氏录》凡三刻,今见为同治五年重镌版。《于垫左氏录》评点取隐、桓、庄、闵、僖、文公六事,尽于文公三年。全编分为二册,共五十四篇,末附《国风录》二十一篇。其书名页题"于垫左氏录,同治五年重镌,课花别馆藏板"。全书首有《吴序》,末署"潮州吴东卧鲁序";次有《徐序》,末署"壬寅冬饶州徐怀仁耕天序";次有《自序》;次有《梅花书屋梓于垫左氏录序后》,末署"乾隆五十六年辛亥秋中既望武宁王子音序后";又有盛谟《读意》凡四十则,总论读《左传》之法;又有《附书》六条。卷末有二跋:一为盛恢颢跋,末署"道光癸巳初夏侄曾孙恢颢谨跋";另一为盛宝铦跋,末署"同治四年乙丑岁季春上浣族孙

---

① 张根云:《王源〈左传评〉对清初古文叙事研究的贡献》,《求索》2008 年第 12 期,第 164 页。

② (清)王源评订《左传评》十卷,《四库全书存目丛书》第 139 册,齐鲁书社,1997 年,第 179 页。

③ 李卫军:《〈左传〉评点研究》,博士学位论文,华东师范大学,第 191 页。

宝铦跋于黄安尉署"。

《于埜左氏录》成书于康熙五十七年（1718），其时盛谟才 19 岁，与产生于康熙五十九年（1720）的《左绣》可谓同时期《左传》文学评点的两颗明珠。正如王源的《左传评》一样，《于埜左氏录》的评点"欲建立一套有别于古人的评点系统"①，不仅"不沿俗见，无关制义"，而且注重挖掘《左传》文章之"奇"，强调"古人本色"，以"读意"取胜。

1. 不沿俗见，无关制义

清前期的《左传》文学评点著作如《天下才子必读书》《古文渊鉴》《古文析义》《古文观止》《左传义法举要》《左绣》等都与科举之间有内在的密切联系，在具体评点中则注重揭示文法以满足科举考试中八股文的需要。而盛谟《于埜左氏录》不沿俗见，在选文及评点上已然跳出科举应试的束缚，其与清前期《左传》文学评点代表著作的《左传》选文之比较见表 7。

《于埜左氏录》在选文上已极不同于《天下才子必读书》《古文渊鉴》《古文析义》《古文观止》等"俗见"之作，如《宋公、陈侯、蔡人、卫人伐郑》《齐无知弑其君诸儿》《楚屈完来盟于师，盟于召陵》《晋人执虞公》《晋重耳入秦》《卫侯郑自楚复归于卫，卫元咺出奔晋》《晋侯重耳卒》《秦人伐晋》《晋人及秦人战于令狐，晋先蔑奔秦》《楚子围宋》《楚子舍解扬》《宋人及楚人平》《夏，公会尹子、单子、晋侯、齐侯、宋公、卫侯、曹伯、邾人伐郑》《晋程郑卒》《子产授兵登陴》《郑子产卒》《于越败吴于檇李，吴子光卒》《公会卫侯、宋皇瑗于郧》《西狩获麟》等大量篇目均为"俗本"所无。更值得注意的是，盛谟认为"《左传》以《春秋》为题，凡传有经者，悉依经文为题；其无经者，或依传为题。非如俗本自撰题目，大失作传本意"，"俗本题目如《周郑交质》《重耳出亡》之类，与本年传意不合，令读者无可寻解。如《穆叔重拜鹿鸣》《子产坏晋馆垣》之类，竟将传意露尽，令读者不必观文。即此数字已失《左传》微妙，学人细观此书便见"。② 其反对与科举应试密切联系的"俗本"相题作文之程式，主张应真正以"文"来读《左传》。其中《王崩》《宋公、陈侯、

---

① 罗军凤：《清代春秋左传学研究》，人民出版社，2010 年，第 333 页。

② （清）盛谟：《于埜左氏录》，清同治五年课花别馆重刊，卷上，第 7 页。

表7 《千墨左氏录》等《左传》选文比较一览

选文篇目	《千墨左氏录》54篇（康熙五十七年[1718]）	《天下才子必读书》48篇（顺治末年[1661]）	《古文渊鉴》81篇（康熙二十四年[1685]）	《古文析义》80篇（康熙二十六年[1687]）	《古文观止》34篇（康熙三十三年[1694]）
隐公元年	郑伯克段于鄢	郑伯克段于鄢	郑庄公叔段本末	郑伯克段于鄢	郑伯克段于鄢
隐公三年	石碏谏庄公	石碏谏宠州吁	卫石碏谏宠州吁	石碏谏宠州吁	石碏谏宠州吁
隐公三年	王崩			周郑交质	周郑交质
隐公四年	宋公、陈侯、蔡人、卫人伐郑				
隐公五年	公观鱼于棠		鲁臧僖伯谏观鱼	臧僖伯谏观鱼	臧僖伯谏观鱼
隐公六年			郑伯侵陈		
隐公十一年	公及齐侯、郑伯入许	庄公戒饬守臣	郑伯命大夫百里居许	郑庄公戒饬守臣　羽父长勺于薛	郑庄公戒饬守臣
桓公二年	夏四月，取郜大鼎于宋。戊申，纳于大庙		鲁臧哀伯谏纳郜鼎	鲁臧哀伯谏纳郜鼎	鲁臧哀伯谏纳郜鼎
桓公五年				郑庄公败王师于繻葛	
桓公六年	楚子侵随		随季梁劝修政	季梁谏追楚师	季梁谏追楚师
桓公十三年			楚屈瑕伐罗	斗伯比知邓睺眼必败	
庄公八年	齐无知献其君诸儿				
庄公十年	公败齐师于长勺		鲁齐长勺之战	曹刿论战	曹刿论战
庄公十四年				郑厉公复国杀原繁	

续表

选文篇目	《于莘左氏录》54篇（康熙五十七年〔1718〕）	《天下才子必读书》48篇（顺治末年〔1661〕）	《古文渊鉴》81篇（康熙二十四年〔1685〕）	《古文析义》80篇（康熙二十六年〔1687〕）	《古文观止》34篇（康熙三十三年〔1694〕）
庄公二十二年				陈敬仲辞乡	
庄公二十八年			晋献公骊姬		
闵公二年	狄入卫		晋献公使太子申生伐东山皋落氏		
僖公四年	公会齐侯、宋公、陈侯、卫侯、郑伯、许男、曹伯，侵蔡。蔡溃，遂伐楚，次于陉。 楚屈完来盟于师，盟于召陵	齐伐楚盟召陵	楚屈完对齐侯	齐桓公伐楚盟屈完	齐桓公伐楚盟屈完
僖公五年	晋人执虞公	宫之奇谏假道	宫之奇谏假道	宫之奇谏假道	宫之奇谏假道
僖公七年	晋侯馆诸卒		齐管仲论受郑子华		
僖公九年	晋侯归	齐桓下拜	晋秦韩之战	齐桓下拜受胙 荀息不食言	齐桓下拜受胙
僖公十五年	阴饴甥对秦伯	秦伯不食言 阴饴甥对秦伯	晋阴饴甥对秦伯	秦穆公获晋惠公 阴饴甥对秦伯 晋吕甥作州兵	阴饴甥对秦伯
僖公二十二年	子鱼论战	子鱼论战	宋楚泓之战	子鱼论战	子鱼论战
僖公二十三年	晋重耳入秦	重耳历楚至秦	叙晋重耳出亡本末		

续表

选文篇目	《于楚左氏录》54篇（康熙五十七年[1718]）	《天下才子必读书》48篇（顺治末年[1661]）	《古文渊鉴》81篇（康熙二十四年[1685]）	《古文析义》80篇（康熙二十六年[1687]）	《古文观止》34篇（康熙三十三年[1694]）
僖公二十四年	介之推隐而死	介之推不言禄	富辰谏襄王	寺人披见晋侯	寺人披见文公
僖公二十六年	齐人伐我北鄙	展喜犒师	鲁展喜犒齐师	介之推不言禄	介之推不言禄
僖公二十七年			晋文公始霸	展喜犒师	展喜犒师
僖公二十八年	卫侯郑自楚复归于卫，卫元咺出奔晋	宁武子保身济君	晋楚城濮之战	晋文公城濮败楚，宁武子盟宛濮	
僖公三十年	晋人秦人围郑	烛之武退秦师	郑烛之武说秦伯	烛之武退秦师	烛之武退秦师
僖公三十二年	晋侯重耳卒	蹇叔哭师	秦蹇叔谏穆公袭郑	蹇叔哭师	蹇叔哭师
僖公三十三年	秦人入滑，晋人及姜戎败秦师于殽	晋败秦师于殽	秦师自郑人滑，晋败秦师于殽	秦人入滑，晋败秦师于殽	
文公元年		商臣弑父本末		楚太子商臣弑君	
文公二年	晋及秦师战于彭衙，秦师败绩		鲁跻僖公	晋败秦师于彭衙	
文公三年	秦人伐晋		秦穆公济河焚舟		
文公四年	晋人及秦人战于令狐，晋先蔑奔秦			宁武子答赋	

续表

选文篇目	《手楚左氏录》54篇（康熙五十七年[1718]）	《天下才子必读书》48篇（顺治末年[1661]）	《古文渊鉴》81篇（康熙二十四年[1685]）	《古文析义》80篇（康熙二十六年[1687]）	《古文观止》34篇（康熙三十三年[1694]）
文公七年		晋立灵公	宋乐豫谏昭公	晋人败秦于令狐	
文公十三年		郑文公知命	晋郤缺说赵宣子	晋谋复会于葵	
文公十五年		季文子讥齐侯不免			
文公十七年		子家与赵宣子书		郑子家告赵宣子	郑子家告赵宣子
文公十八年			鲁季文子出莒仆	季文子出莒仆	
宣公三年		楚子问鼎	王孙满对楚子	王孙满对楚子	王孙满对楚子
宣公十一年	楚子围郑	楚子筑京观	楚子围郑	申书时论楚人陈	
宣公十二年		土贞子谏杀林父	楚子围郑 晋楚邲之战	楚庄王围郑 楚庄王筑京观 土贞子谏杀荀林父	
宣公十四年	楚子围宋 楚子舍解扬				
宣公十五年	宋人及楚人平				
成公二年	晋师归	宾媚人责晋人	齐卫新筑之战 齐国佐不辱命 晋卿让功 晋巩朔献齐捷于周	齐国佐不辱命 晋郤克败齐于鞍 韩厥追齐杀荀及齐侯	齐国佐不辱命

续表

选文篇目	《于楚左氏录》54篇（康熙五十七年[1718]）	《天下才子必读书》48篇（顺治末年[1661]）	《古文渊鉴》81篇（康熙二十四年[1685]）	《古文析义》80篇（康熙二十六年[1687]）	《古文观止》34篇（康熙三十三年[1694]）
成公三年	楚子送知罃	楚归晋知罃	晋知罃对楚子	楚归晋知罃	楚归晋知罃
成公六年			晋韩厥谋迁国		
成公八年		巫臣忧莒城			
成公十三年	公会晋侯、齐侯、宋公、卫侯、郑伯、曹伯、邾人、滕人伐郑	晋使吕相绝秦	刘子论成肃公受脤	吕相绝秦	吕相绝秦
成公十六年	夏,会尹子、单子、晋侯、齐侯、宋公、卫侯、曹伯、邾人伐郑		晋楚鄢陵之战		
成公十七年					
成公十八年			晋悼公复霸		
襄公三年	祁奚请老		祁奚请老		
襄公四年		穆叔重拜鹿鸣	晋魏绛对晋侯	穆叔重拜鹿鸣	
襄公十三年	叔孙豹如晋				
襄公十四年		戎驹支不愿与会	晋师旷论卫人出君	驹支不屈于晋	驹支不屈于晋
襄公十五年	宋人献玉		宋子罕辞玉		
襄公二十一年	臧武仲不能诘盗	臧武仲不能诘盗	鲁臧孙论诘盗	祁奚请免叔向	祁奚请免叔向
襄公二十二年			子产对晋征朝	子产对晋征朝	

续表

逸文篇目	《于埜左氏录》54篇（康熙五十七年[1718]）	《天下才子必读书》48篇（顺治末年[1661]）	《古文渊鉴》81篇（康熙二十四年[1685]）	《古文析义》80篇（康熙二十六年[1687]）	《古文观止》34篇（康熙三十三年[1694]）
襄公二十四年	郑伯如晋	子产论币重	郑子产论币重	子产告范宣子轻币	子产告范宣子轻币
襄公二十五年	晋程郑卒	晏子不死君难 子产戎服献捷	子产然明论政	晏子不死君难 子产献陈捷于晋	晏子不死君难
襄公二十六年				楚获郑皇颉印堇父	
襄公二十九年	吴子使札来聘	季札观周乐	吴公子诸观周乐	蔡声子复伍举 季札观周乐	季札观周乐
襄公三十一年	子产相郑伯如晋 郑人游于乡校 子皮欲使尹何为邑	子产坏晋馆垣 子产论尹何	卫北宫文子相襄公如楚 子产不毁乡校 子产论尹何为邑 卫北宫文子论威仪	子产坏晋馆垣 子产论尹何为邑	子产坏晋馆垣 子产论尹何为邑
昭公元年	子围逆女以兵	子围逆女以兵	子产论晋侯疾	子产却楚逆女以兵	子产却楚逆女以兵
昭公三年	张趯智在君子后	张趯智在君子后 晏婴叔向论相语 叔向许子皮朝楚	晏婴叔向论齐晋	张趯智在君子后 晋赵文子会楚于虢 晏子叔向论齐晋之衰	
昭公四年	司马侯许楚召晋诸侯	司马侯许楚召晋诸侯	晋司马侯论三不殆 鲁申丰雨雹	楚灵王求诸侯于晋	
昭公五年	吴蹶由对楚子	吴蹶由对楚子	晋女叔齐论鲁侯 楚薳启疆论辱晋	吴蹶由对楚子	

续表

选文篇目	《于楚左氏录》54篇（康熙五十七年[1718]）	《天下才子必读书》48篇（顺治末年[1661]）	《古文渊鉴》81篇（康熙二十四年[1685]）	《古文析义》80篇（康熙二十六年[1687]）	《古文观止》34篇（康熙三十三年[1694]）
昭公六年			郑人铸刑书	叔向论铸刑书	
昭公七年			芊尹无宇对楚子 鲁孟僖子论礼		
昭公八年			晋师旷论石言		
昭公九年		詹桓伯让晋争阎田	晋屠蒯谏平公	詹桓伯让晋争阎田	
昭公十二年	楚子伐徐	子革对灵王	楚子革对灵王	子革对灵王	子革对灵王
昭公十四年				叔向不私亲	
昭公十五年	穆子不受鼓降	穆子不受鼓降	晋荀吴不纳鼓叛人	晋荀吴不受鼓降	
昭公十六年	子产不与晋玉环	子产不与晋玉环		子产辞宣子请玉环	
昭公十七年			郑子论官名		
昭公十八年	子产授兵登陴				
昭公二十年	齐侯田 郑子产卒	晏子论梁丘据	晏子谏诛祝史 晏子论梁丘据	晏子谏诛祝史 晏子论梁丘据 子产论政宽猛	子产论政宽猛
昭公二十五年			郑子大叔对赵简子论礼		
昭公二十六年			晏子论襄售		
昭公二十八年				魏献子辞梗阳赂	
昭公二十九年			仲尼论晋铸刑鼎		

续表

选文篇目	《于鬯左氏录》54篇（康熙五十七年[1718]）	《天下才子必读书》48篇（顺治末年[1661]）	《古文渊鉴》81篇（康熙二十四年[1685]）	《古文析义》80篇（康熙二十六年[1687]）	《古文观止》34篇（康熙三十三年[1694]）
昭公三十一年			邾黑肱以滥奔鲁		
定公四年			卫祝佗争先蔡	申包胥如秦乞师	
定公十年	公会齐侯于夹谷		孔子相夹谷之会	公会齐侯于夹谷	
定公十四年	于越败吴于檇李,吴子光卒			卫世子蒯聩出奔宋	
哀公元年	越及吴平	吴许越成	楚子西论夫差将败	伍员谏许越成 齐陈乞立阳生	吴许越成
哀公十一年			仲尼论用田赋		
哀公十二年	公会吴于橐皋 公会卫侯,宋皇瑗于郧			子产释卫侯于吴	
哀公十四年	西狩获麟				
哀公十六年				叶公讨白公胜	

蔡人、卫人伐郑》《公及齐侯、郑伯入许》《夏四月，取郜大鼎于宋。戊申，纳于大庙》《齐无知弑其君诸儿》《公败齐师于长勺》《公会齐侯、宋公、陈侯、卫侯、郑伯、许男、曹伯侵蔡。蔡溃，遂伐楚，次于陉》《楚屈完来盟于师，盟于召陵》《晋侯佹诸卒》《齐人伐我北鄙》《卫侯郑自楚复归于卫，卫元咺出奔晋》《晋人、秦人围郑》《晋侯重耳卒》《秦人入滑》《晋及秦师战于彭衙，秦师败绩》《秦人伐晋》《楚子围郑》《楚子围宋》《宋人及楚人平》《公会晋侯、齐侯、宋公、卫侯、郑伯、曹伯、邾人、滕人伐秦》《夏，公会尹子、单子、晋侯、齐侯、宋公、卫侯、曹伯、邾人伐郑》《叔孙豹如晋》《吴子使札来聘》《楚子伐徐》《公会齐侯于夹谷》《于越败吴于槜李，吴子光卒》《公会于吴于橐皋》《公会卫侯、宋皇瑗于郧》《西狩获麟》等选篇都严格按照《春秋》经之原文为题，并不依照科举制义所需重新拟题①而"竟将传意露尽，令读者不必观文"。

另《天下才子必读书》《古文渊鉴》《古文析义》《古文观止》《左绣》等"俗本"评点十分注重字法、句法、章法，而《于埜左氏录》则强调在无字句处评点，表现出超越科举应试的所谓字法、句法、章法的一面。如总评隐公三年《石碏谏庄公》篇即云："前面提出桓公，后用桓公一结，遂觉中间文字处处神情耸动。若只向'宠'字、'祸'字寻取，便死于有字句处矣，可知左氏文字全在言外领会。"②此篇先叙卫桓公、庄姜、州吁之事端由来，中写石碏力谏庄公，后以桓公即位作结。通常评点者"只向'宠'字、'祸'字寻取"，以突出州吁得宠以及取祸之中心，但盛谟则认为全文"中间文字处处神情耸动"，须在"言外领会"，方能领会文章之艺

---

① 盛谟《于埜左氏录》认为如《王崩》（"俗本"一般作《周郑交质》）、《公及齐侯、郑伯入许》（"俗本"一般作《郑庄公戒饬守臣》）、《夏四月，取郜大鼎于宋。戊申，纳于大庙》（"俗本"一般作《鲁臧哀伯谏纳郜鼎》）、《公败齐师于长勺》（"俗本"一般作《曹刿论战》）、《公会齐侯、宋公、陈侯、卫侯、郑伯、许男、曹伯侵蔡。蔡溃，遂伐楚，次于陉》（"俗本"一般作《齐桓公伐楚盟屈完》）、《齐人伐我北鄙》（"俗本"一般作《展喜犒师》）、《晋人、秦人围郑》（"俗本"一般作《烛之武退秦师》）、《公会晋侯、齐侯、宋公、卫侯、郑伯、曹伯、邾人、滕人伐秦》（"俗本"一般作《吕相绝秦》）、《叔孙豹如晋》（"俗本"一般作《穆叔重拜鹿鸣》）、《吴子使札来聘》（"俗本"一般作《季札观周乐》）、《楚子伐徐》（"俗本"一般作《子革对灵王》）等选篇，都是"俗本自撰题目，大失作传本意"。

② （清）盛谟：《于埜左氏录》，清同治五年课花别馆重刊，卷上，第7页。

术效果。他反对"死于有字句处",强调读《左传》当"全以神行,使读者自得于言外",这正是《于埜左氏录》不同于"俗本"挖掘字法、句法、章法的鲜明体现。盛谟一生未涉足科举功名,《于埜左氏录》更成书于其19岁前的读书时期,故能无关科举及八股文。综观《于埜左氏录》,其选文及其评点都极不同于与科举相关的《天下才子必读书》《古文渊鉴》《古文析义》《古文观止》等选文范本,实可视为《左传》文学评点的"一朵奇葩"。

2. 文之为文,我之为我

盛谟《于埜左氏录》一再强调不应把《左传》作叙事书看:

> 读《左传》者,见《左氏》传《春秋》事,误认为叙事书,便时刻有叙事二字往来胸中,如近日过商侯林西仲辈,并欲使天下读者,时刻有叙事二字往来胸中,竟令《左氏》积成千古冤案,皂白莫分。岂知《春秋》,题也;《左传》,文也。左氏特借题以发笔墨之奇,举列国君卿盟会、战役、灾祥、变异等事,一时奔赴腕下,供其驱使运用。则左氏胸中并无春秋,并无盟会、战役、灾祥、变异等事,读者亦必无盟会、战役、灾祥、变异等事,以至胸中并无左氏,有不知文之为文,我之为我,乃可与读《左传》。
>
> 余仁石谓《左传》若果叙事书,便如乡人放租簿,一一登载,岂复有文字?后人读《左传》,竟作叙事书,便如翻阅放租簿,记其名姓,岂复有文字?余妙其说,并登之以质读者。
>
> 《穀梁》略,《左氏》详,岂传述之不同乎?亦以文人用笔,纵所欲之,不暇计古人之果然、果不然也。《左传》非记事书也,知此可读左氏传。
>
> 《左氏》生出"忠贞"二字,《公羊》却拈"信"字,可见文人用笔结构由我,岂徒作一部叙事书记口舌已乎?
>
> 此种奇文,令我难想读《左氏》文谓《左氏》叙事者,必未尝梦见左氏。
>
> 盛于埜曰:怪岫奇峰,倏起倏止,忽断忽续,若接若离,海内异观。零零碎碎,读者只见一篇星散文字,不可收拾,却不知《左氏》只在其出聘也。三句运动全身精神,前后骨节都见灵通。若能从此领

会，便识《史记》极力学《左传》正不在叙事处也。①

在盛谟看来，《左传》是文，而非"乡人放租簿"式的叙事书。盛谟"不把《左传》作叙事书看，破除《春秋》经在《左传》阅读中的导向作用，实即排除《左传》阅读过程中的'先入之见'"②。历来读《左传》者如林云铭《古文析义》"时刻有叙事二字往来胸中"，而盛谟认为阅读《左传》应"并无盟会、战役、灾祥、变异等事"，纯把《左氏》当作"文"来看，强调读左氏之文，须破除叙事之局限，方能领会其妙，"胸中并无左氏，有不知文之为文，我之为我，乃可与读《左传》"。

特别需要注意的是，盛谟在此不仅能把《左氏》当作"文"来读，而且说明《左传》是"以文人用笔，纵所欲之，不暇计古人之果然、果不然也"，"可见文人用笔结构由我，岂徒作一部叙事书记口舌已乎"，"便识《史记》极力学《左传》正不在叙事处也"，强调《左传》乃文人之文，是"道德流为文章液"。这一点事实上是能真正揭示《左传》以文会道、文统与道统合一的精义的。美国《左传》学学者 Burton Watson 教授尝认为《左传》本是"一本道德因果指南，一个语言体系，这个体系不是建立在数字或预兆的基础上的，而是建立在更复杂的、更值得信服的、在实际的人类历史中可觉察的道德模式基础上的"，"《左传》基本上不太像是我们所理解的所谓历史，而更像是一篇带有历史外衣的讨论伦理的论文"③。Burton Watson 教授此论虽没有直接指出《左传》之文化精义，然其内在精义与盛谟实是相通。

盛谟排除《左传》阅读中的"先入之见"，真正把《左传》当作文人之"文"来读，集中表现为追求《左传》文章中"奇"的特征。"《左氏录》的创作，是在于同学少年读书的过程中有所心得，都为一书，最先为同学吴东、徐天耕所读，即被惊为奇。"④ 综观《于埜左氏录》，其评点中

---

① （清）盛谟：《读意》，《于埜左氏录》，清同治五年课花别馆重刊，卷上。
② 罗军凤：《文化和传统在"中国早期叙事文"中的迷失——对王靖宇〈左传〉研究的批评》，《中国文化研究》2006年夏之卷，第160页。
③ 〔美〕王靖宇：《中国早期叙事文研究》，上海古籍出版社，2003年，第219页。
④ 罗军凤：《文化和传统在"中国早期叙事文"中的迷失——对王靖宇〈左传〉研究的批评》，《中国文化研究》2006年夏之卷，第157页。

注重 "奇" 之特征随处可见。如于隐公元年《郑伯克段于鄢》篇评:"以上四层,俱从旁赶注,至此方用正锋赶出。""步步赶,步步留。路留赶到,此句鼓动异常。赶笔似合,留笔似开,他人先开后合,左氏先合后开,故奇。"[①] 于桓公六年《楚子侵随》篇总评:"一篇极奇文字,经选家注断,便令读者心眼尘封,不见左氏面目。于埶如此批出可好不?"[②] 于僖公三十三年《秦人入滑》篇总评:"突出商人暗递,一面犒师,一面遽告。忽视馆忽使辞,疾忙中几层转折变幻,经左氏写来都不见其笔墨运动之迹,乃为大奇。"[③] 又如昭公十二年《楚子伐徐》篇写:"子革曰:'摩厉以须,王出,吾刃将斩矣'。"盛谟于其后评:"奇文。读到此忽觉前面文字尽变成奇阵矣。"总评则曰:"天之奇者,莫奇于雪云月电;地之奇者,莫奇于山水花鸟;文之奇者,莫奇于左氏。左氏之奇,参天地之奇也,而于此传尤奇。"[④] 盛谟在具体评点中还时常引用王源之语,突出表现 "奇" 的特征。如《石碏谏庄公》篇,在 "卫庄公娶于齐东宫得臣之妹曰庄姜" 后评:"王或庵云不曰齐侯之女,而曰东宫之妹,与桓公州吁暗映,奇幻绝世。"[⑤] 客观地说,《于埶左氏录》之 "奇" 随处可见,其 "诞生之初,便被评点界目为'奇书'。盛大谟古文评点之'奇',与王源评点的不入时流,正好反衬出方苞古文义法之入于主流"[⑥]。

3. 古人本色,以意取胜

"成书于康熙五十七年,稍早于《左绣》的盛大谟《于埶左氏录》,打破了于《左传》评点之中取对偶的固定思路,以'读意'为要,力图在错综复杂的万象中寻求文章纵横开阖的诀窍,与王源的立场相同。"[⑦] 盛谟强调读书贵得其意,认为 "读然后知《左传》,读其意然后谓之读《左传》。呜呼!读书见大意,一齐大大放开眼孔看古人妙文也"[⑧]。其撰《读意》四十则,以意取胜:

---

① (清) 盛谟:《于埶左氏录》,清同治五年课花别馆重刊,卷上,第 10 页。
② (清) 盛谟:《于埶左氏录》,清同治五年课花别馆重刊,卷上,第 17 页。
③ (清) 盛谟:《于埶左氏录》,清同治五年课花别馆重刊,卷上,第 46 页。
④ (清) 盛谟:《于埶左氏录》,清同治五年课花别馆重刊,卷下,第 37 页。
⑤ (清) 盛谟:《于埶左氏录》,清同治五年课花别馆重刊,卷上,第 6 页。
⑥ 罗军凤:《清代春秋左传学研究》,人民出版社,2010 年,第 359 页。
⑦ 罗军凤:《清代春秋左传学研究》,人民出版社,2010 年,第 359 页。
⑧ (清) 盛谟:《于埶左氏录》,清同治五年课花别馆重刊,卷首。

《左传》文之海,《左传》文之祖。

读左文要眼光、要心细、要精神完足。

于埜有十种看法。分看、合看、近看、远看、赶看、回看、横看、竖看、含情看、解纽看,看破造化泄处,乃为大看。

或曰叙事好,或曰词令妙,或曰句调佳。读古人书,既不能取古人神妙,又不肯留古人本色,只向此赞他好处,不可解也。

诸选家评《左传》,类多褒贬前人是非,自矜才辨,喇喇不休,腐烂语不唯无益,并令左氏精气光怪,湮没于故纸堆中,煞是千古大恨。①

《于埜左氏录》徐天耕序指出:"向来评点多取古人事迹反复辩论,又好摘其词华,掩失古人面目,其妙不传。"盛谟"读意"之法则完全摆脱了科举考试环境下读《左传》的局限性,不仅罗列十种看法,强调"读左文要眼光、要心细、要精神完足";而且十分注重以"古人本色"读古人书,认为只有"肯留古人本色",方能取古人神妙,展现《左传》"精气光怪",以读《左传》之法读天下书。盛谟能以"读意"取胜,故其颇为自信地认为:"于埜所录之左氏,非天下古今之左氏也。既为于埜录,自有于埜胸中之左氏,则亦有不可以左氏属之于埜。以于埜之左氏为天下古今之左氏,则妄也,即以天下古今之左氏为于埜左氏,又岂可哉?"② 其将著作直接命名为《于埜左氏录》实已具有现代批评之意义和价值。

另值得注意的是,盛谟的"读意"评点,实有仿效金圣叹《水浒》《左传》之读法,特别是其评点风格实与金圣叹内在相同。如谓"乍披于埜录,非叱为异,即疑为僻,虽暗室然烛终自灭耳。读者先将坊本朗诵数次,冥心元钩。试思其章法何如,用意用笔何如,接落转变何如,手挥目送何处,精神聚会何处,一一参悟。忽取于埜录观之,当亦狂呼大笑,为之三浮大白"③,盛谟评点《于埜左氏录》"乍披于埜录,非叱为异,即疑

---

① (清)盛谟:《读意》,《于埜左氏录》,清同治五年课花别馆重刊,卷上。
② (清)盛谟:《读意》,《于埜左氏录》,清同治五年课花别馆重刊,卷上。
③ (清)盛谟:《于埜左氏录》,清同治五年课花别馆重刊,卷上,第4页。

为僻"，"当亦狂呼大笑，为之三浮大白"的性格与金圣叹不可不谓内在神似。盛谟生性孤傲狷介，其书径以"于埜"冠之，认为"左氏非天下古今之左氏也，既为于埜录自有于埜胸中之左氏"，自谓知《左氏》不同于天下古今，实有金圣叹性格的一面。又如"左氏以前无此笔，无此文，左氏以后，无此笔无此文"，"于埜是录，非为敏人作捷径，钝人作药石也。引而申之，触而通之，虽读《左传》可也，不读《左传》可也。以读《左传》者读天下书，无不可也"①，对《左传》评点的语言表达、体例特征也都内在一致。盛谟在具体评点中也时常引用金圣叹《左传释》之评语②，如《郑伯克段于鄢》篇，其在"遂恶之"后评"金云'遂'字与下两'遂'字作关锁"。

在《读意》四十则中，盛谟还总评金圣叹《左传》评点的得失："金圣叹谓左氏用笔，笔前笔后不用笔处，无不到，是亦善读《左传》者。余尝谓不得其所评焉。近于咀华中偶见克鄢传，已尝一脔及晋侯归传，所言亦沿俗见，殊出不意。"③从盛谟对金圣叹的《左传》文学评价，我们可以窥见盛谟原来在意识中是非常憧憬金圣叹《左传》评点中纯文学的一面的，但后来在实际阅读中又发现其有科举"俗见"的一面。④这也正说明了盛谟对《左传》文学评点的理解以及《于埜左氏录》的特殊成就。

---

① （清）盛谟：《读意》，《于埜左氏录》，清同治五年课花别馆重刊，卷上。
② 盛谟《于埜左氏录》引用金圣叹《左传》评点更倾向于《左传释》而非《天下才子必读书》。《左传释》虽仅存5篇，但《于埜左氏录》有4篇与其选文一致，且引用之评语更倾向于《左传释》评语（如《郑伯克段于鄢》篇）。这一点也可以作为盛谟《于埜左氏录》不同于科举"俗本"之佐证。
③ （清）盛谟：《读意》，《于埜左氏录》，清同治五年课花别馆重刊，卷上。
④ 应该说金圣叹的文学评点有超越科举及为八股文写作服务的高度，当然，又与科举及八股文有内在联系。这就好比明清时代一个有文学才华的人，他必然要接受传统科举教育及八股文的一面，但也必然有超出功利文学的一面。

第七章　清前期《左传》文学评点
与各体文学评点

第一节　清前期《左传》文学评点与古典散文评点

清前期《左传》文学评点与古典散文评点之间有内在联系，最具代表性的如林云铭的《左传》评点与其《庄子》散文评点。

林云铭的《古文析义》评点文章包括周文、秦文等七卷，对《庄子》则更认为"若《庄子》一书，为文字中鬼神独步于古，余既有全注行世。兹不选入此书，不可不全读故也"①。《庄子因》六卷共三十三篇，有原刻本和增注本两种，其"与近注《古文析义》前后编并行于世，今且遍及海内矣"②。"原刻本《庄子因》刊于康熙二年癸卯（1663），有林云铭的自序，署款'康熙癸卯岁秋七月望前三日题于金陵报恩塔寺'"，"增注本全名题为《增注庄子因》，刊于康熙二十七年戊辰（1688），有林云铭的《增注庄子因序》，署款'康熙戊辰季秋望日三山林云铭西仲氏题于西湖画舫'"③。曹雪芹在《红楼梦》的林黛玉题诗里，曾有"无端弄笔是何人，作践《南华》《庄子因》"，可见《庄子因》在当时影响之大。综观林云铭之《古文析义》与《庄子》散文评点，其具有内在的相通性，具体体现在以下几方面。

---

① （清）林云铭评选《古文析义合编》，清仁记书局版。
② （清）林云铭：《庄子因》，华东师范大学出版社，2011年，第2页。
③ （清）林云铭：《庄子因》，华东师范大学出版社，2011年，第13页。

一　注重字法、句法、章法、篇法

林云铭《古文析义》评点"小注内有解字面者，有解大意者，有承衬上文者，有吊起下文者，有补文中语所未及者，有用一二字分析辞句者。总为全篇血脉着眼，不可以寻常训诂一例看却"①。他的评语不但讲求字、句的用法，而且注重章法、全篇之法。

在字法方面，林云铭《古文析义》庄公十年《曹刿论战》针对"齐师伐我公将战"评曰："'将'字与下文将鼓将驰相呼应。"对宣公三年《王孙满对楚子》总评曰："提出'德'字，已足以破痴人之梦；揭出'天'字，尤足以寒好雄之胆。"僖公十五年《阴饴甥对秦伯》中针对"以此不和"评曰："又用'不和'二字，一束笔法严整。"其《庄子因》同样十分注重字法，如《庄子·人间世》中写："且德厚信矼，未达人气，名闻不争，未达人心，而强以仁义绳墨之言，术暴人之前者，是以人恶有其美也，命之曰'菑人'。"林云铭联系该篇前后文，指出"'气'字'心'字看得甚细，下文'听之以心'、'听之以气'与此呼应，极灵"②，提示读者应特别注意"气"字、"心"字，因为其关联下文"听之以心、听之以气"。又如《庄子·在宥》中写："自三代以下者，匈匈焉终以赏罚为事，彼何暇安其性命之情哉！"后又写"吾又何暇治天下哉"，林云铭在该句后评"'何暇'二字应上'何暇'句，呼应绝佳，得失判然。篇首至此，是一篇论断，起伏呼应，无法不备，熟此者，大家诸篇可束置高阁矣"③，指出"吾又何暇治天下哉"中的"何暇"二字与上文的"彼何暇安其性命之情哉"一句形成绝佳呼应；这种呼应真正使篇首形成完整的论断，文章无法不备。

在句法方面，隐公三年《周郑交质》中针对"君子曰：'信不由中，质无益也'"句评："二句是一片论断之纲。"隐公五年《臧僖伯谏观鱼》中针对"君将纳民于轨物者也"句认为："此句是通篇结穴。"昭公元年《晋赵文子会楚于虢》中针对"武将以信为本"句评："弭兵之信，此句

---

① （清）林云铭评选《古文析义合编》，清仁记书局版。
② （清）林云铭：《庄子因》，华东师范大学出版社，2011年，第36页。
③ （清）林云铭：《庄子因》，华东师范大学出版社，2011年，第109页。

是眼目。"《庄子因》同样注重句法,如《庄子因·齐物论》中在"子游曰:'地籁则众窍是已,人籁则比竹是已。'"句后评:"上言人籁,若径撇下则漏,若再提起,则无处安着,趁此一句,便补一句,是文之细处。"①认为此句法乃文之细处,有助于把握庄子散文的艺术特点。又如《庄子因·则阳》中在"君曰:'然则若何?'曰:'君求其道而已矣。'"句后评道:"二句之间,能了前案,能伏后脉,人只当快论读过,差矣!"② 林云铭认为二句之间既能了结前文,又可以为后文埋下伏笔,那种忽视过渡句的读法是不能体会到此句法的精妙之处的。可以说,"林云铭充当了清人庄子散文研究的开路先锋,他注《庄》不以训诂和释义见长,而是层层剖析,逐句逐段点明意旨,探究脉络,对庄文的艺术特征进行品味欣赏,为人们从纯文学角度研究庄子树立了典范,开风气之先,在庄子散文研究史上具有里程碑的意义"③。

在章法、篇法方面,林云铭《古文析义》中针对僖公十五年《阴饴甥对秦伯》"君子曰:'我知罪矣,秦必归君'"句评曰:"即承上君子小人说来双开双合,章法极整又极变。"对昭公二十年《子产论郑宽猛》评曰:"篇中结构完密,两人轩轾自见,一唱三叹,饶有余味。"《庄子因·庄子总论》则详细说明《庄子》各篇之间的对应关系:"《逍遥游》言人心多狃于小成,而贵于大;《齐物论》言人心多泥于己见,而贵于虚;《养生主》言人心多役于外应,而贵于顺。《人间世》则入世之法,《德充符》则出世之法,《大宗师》则内而可圣,《应帝王》则外而可王,此《内七篇》分著之义也。然人心惟大,故能虚;惟虚,故能顺。入世而后出世,内圣而后外王。此又《内七篇》相因之理也,若是而大旨已尽矣。"④ 林云铭将《庄子》外篇、杂篇当作内七篇的注脚,不仅肯定了外篇与内篇的篇法,同时也突出了杂篇的存在价值,从整体上揭示了《庄子》内篇、外篇、杂篇之间的内在联系。

---

① (清)林云铭:《庄子因》,华东师范大学出版社,2011年,第12页。
② (清)林云铭:《庄子因》,华东师范大学出版社,2011年,第284页。
③ 李波:《清代庄子散文评点研究》,博士学位论文,华东师范大学,2007年,第64页。
④ (清)林云铭:《庄子因》,华东师范大学出版社,2011年,第5页。

二　注重评点文法

林云铭《古文析义》《庄子因》都大量运用各种文法进行评点，如林云铭《古文析义》成公十三年《吕相绝秦》篇"楚人恶君之二三其德也，亦来告我曰：'秦背令狐之盟，而来求盟于我，昭告昊天上帝、秦三公、楚三王曰："余虽与晋出入，余唯利是视。"不穀恶其无成德，是用宣之，以惩不壹。'"评曰："告狄盟楚二段写出秦反覆情景如画，一先叙其二心徐出告我二字，一直叙其告晋之词，而以秦无成德俱托之楚语，错综变化之法尽矣。"而"林云铭《庄子因》则是文学解庄的代表作，书前有《庄子总论》、《庄子杂说》，总论庄子散文的宗旨、真伪与读法，注文也以说明庄子文章的艺术技巧为主，借由欣赏奇文如见其人入手，再由文寄托处见出庄子之真精神之所在，还他一个真正的原貌。林云铭尝试指导读者阅读《庄子》的视角，运用如观贝、观地理、读五经与传奇法来解析庄子，更指出，光凭以上方法阅读，对穷尽庄子之深义仍有所不足，在议论发挥处更需要有合盘打算法与进一步法的逻辑思维"①。其文学解庄之文法包括振裘挈领之法、散中取整法、化板为活法、详略变化之法、文字埋伏法、抑扬开阖之法、统中引线之篇法、双发双敲法、进一步法、和盘打算及以传奇之法读《庄》等诸多文法。"在庄子散文研究史上，林云铭是对庄子文脉用力最多，研究最细的人。"②

客观地说，林云铭《庄子因》之《庄子》评点可以与清前期的《左传》文学评点代表作中金圣叹《天下才子必读书》的《左传》评点、《左绣》、方苞评点等地位相媲美。金圣叹《天下才子必读书》中的《左传》评点真正上升到了"法"的阶段，对清前期《左传》评点的蔚为大观有着重要的导向意义，如稍晚于《天下才子必读书》被公认为是最佳古文选本的《古文观止》、《左传》评点史上具有"法"的里程碑式著作《左绣》、桐城派开创者方苞的《左传义法举要》等都鲜明地反映出对这一"法"的美学特征的继承与发扬。而林云铭《庄子因》在《庄子》文学评点中同样可以视为文学解庄的里程碑式著作。"林云铭是清代庄子散文研究的奠基

---

① 陈鼓应主编《道家文化研究》（第25辑），生活·读书·新知三联书店，2010年，第466页。
② 李波：《清代庄子散文评点研究》，博士学位论文，华东师范大学，2007年，第69页。

人和开拓者，也是庄子散文研究史上一个划时代的重要人物，为清人治《庄》思维方式的转变起到了不可磨灭的作用。他不再像前人那样主要运用以训诂和释义的治经方法来解读《庄子》，而是从纯文学的角度探究意旨，梳理文脉。"①

三　注重人物情感

林云铭《古文析义》《庄子因》文学评点都注重对人物形象的评点，最突出的是对子产这一历史人物的情感评价。《古文析义》中针对子产的人物评点反映出林云铭在面对子产这一被孔子誉为"古之遗爱"的完美人物形象时，发现了其不足的另一面，如对昭公十六年子产辞宣子请玉环事评曰："林西仲曰小国事大有体，韩子岂不知。只以一环小事无关大体，子产却发出失位成贪二罪来，何等峻厉。及成价再请竟以盟誓为词，并自言不共无艺，仍本前面二罪之意发挥。总是争言轻币，一副辣嘴也。"林云铭批评子产总是"争言轻币""一副辣嘴"，反映出其对子产这一被孔子誉为"古之遗爱"的完美人物形象的不同观点。而《庄子因·德充符》中有"子产谓申徒嘉"一段："（子产）：'子见执政而不违，子齐执政乎？'申徒嘉曰：'先生之门固有执政焉如此哉。'"林云铭评道："似此时始知其为执国政乎？恨语"，"自负其贵，撇人于后也。率性骂破"。②林氏所评直接针对庄子塑造的子产这一人物形象，展现其"自负其贵"之栩栩如生的一面，故使林云铭有此"率性骂破"之评。

林云铭还善于从叙事、议论中发掘人物形象，感受人物形象的魅力和其本身包含的情感基调。如《古文析义》评隐公元年《郑伯克段于鄢》篇曰："然则庄公何以必杀之而后快，盖庄公，猜刻残忍人也。"对僖公二十八年晋文公城濮之战事评曰："篇中写子玉处只是粗莽，写文公处只是谨慎，写原轸子犯处只是机变。"将城濮之战中作战双方的主要人物形象一一评出。而《庄子因》更是"以情解庄"，如《庄子·应帝王》中有对神巫季咸的描写："（季咸）出而谓列子曰：'幸矣，子之先生遇我也！有瘳矣！全然有生矣！吾见其杜权矣。'"林云铭评道："不但能定人生死，而

---

① 李波：《清代庄子散文评点研究》，博士学位论文，华东师范大学，2007年，第1页。
② （清）林云铭：《庄子因》，华东师范大学出版社，2011年，第55页。

且能起死回生，行术之人惯有此副自赞话头，曲曲写出。"① 其称赞庄子抓住了季咸这种行术之人喜好"自赞自扬"的特点，曲曲写出极是逼真，让人顿生厌恶之感。又如在《庄子·天道》一文中也有对机警之人的刻画："而容崖然，而目冲然，而颡頯然，而口阚然，而状义然，似系马而止也。动而持，发也机，察而审，知巧而睹于泰，凡以为不信。边竟有人焉，其名为窃。"林云铭评曰："此段言机警之人，不可与入道。状得肖，骂得狠，奇文！至文！"② 其赞许作者对机警之人的描写，称其"状得肖"，"骂得狠"，乃奇文至文也。

情为古文之本，林云铭《古文析义》《庄子因》文学评点十分注重人物评点中的情感特征，其《庄子因·庄子杂说》即谓："庄子似个绝不近情的人，任他贤圣帝王，矢口便骂，眼大如许；又似个最近情的人，世间里巷家室之常，工技屠宰之末，离合悲欢之态，笔笔写出，心细如许。"③

四　注重文章脉络

林云铭在评析古文的过程中，始终坚持以文章脉络为出发点。其在康熙二十一年（1682）为《古文析义》所作序中道："是故古文篇法不一，皆有神理，有结穴，有关键，有窾郄。或提起或脱卸，或埋伏或照应，或收或纵，或散或整，或突然而起，或咄然而止，或拉杂重复，或变换错综，亦莫不有一段脉络贯行其间。"④《古文析义·凡例》亦云："读古文最忌在前后中间异解得数语，便囫囵读过，其未解者一切置之不知。上下文既解不去、即所解者皆错认也。兹编必细会全文血脉，每篇先讽诵过数十遍，然后落笔诠释，誓不留一句疑窦，致误同志欣赏"，"是编全文中有明白易晓处，止于逐段下总评数语以阐发通篇血脉，其深心结构出没收纵，有鬼斧神工之妙者，必逐句注出，不敢草率"，"是编小注内有解字面者，有解大意者，有承衬上文者，有吊起下文者，有补文中语所未及者，有用一二字分析辞句者，总为全篇血脉着眼，不可以寻常训诂一例看

---

① （清）林云铭：《庄子因》，华东师范大学出版社，2011年，第87页。
② （清）林云铭：《庄子因》，华东师范大学出版社，2011年，第144页。
③ （清）林云铭：《庄子因》，华东师范大学出版社，2011年，第11页。
④ （清）林云铭评注《增订古文析义详解合编》，清刻本。

却"。① 林云铭强调读古文要"细会全文血脉",然后才能"落笔诠释",并"誓不留一句疑窦",同时以"阐发通篇血脉""总为全篇血脉着眼"为要。

在具体评点实例中,如《古文析义》对僖公三十三年《晋人败秦师于殽》评曰,"若妇人能与军事,臣子敢怒其君,囚既释而复追,将既败而犹用,其中结构穿插皆以失奉纵敌二句为脉络",即点出"失奉纵敌二句"之脉络。《庄子因》之评点更具体点出了脉络之重要,如《庄子因·庚桑楚》评"奔蜂不能化藿蠋,越鸡不能伏鹄卵,鲁鸡固能矣。鸡之与鸡,其德非不同也,有能与不能者,其才固有巨小也。今吾才小,不足以化子。子胡不南见老子"句称,"此是上下过脉,一语了却庚桑前案,来路去路井然,乃作者极力结构处"②,指出作为上下文的过脉处,其不仅结束上文所论,而且引出下文,使整个文章脉络井然有序。又如《庄子因·徐无鬼》评"故足之于地也践,虽践,恃其所不蹍而后善博也;人之于知也少,虽少,恃其所不知而后知天之所谓也"句云,"此承上起下语,是通段过脉处,下面层层俱发此义"③,点出此句为"通段过脉处"。可以说,林云铭这种疏通文章脉络、重全局的观念,贯穿在其对《庄子》整部书的解读中。

总之,清前期《左传》文学评点与散文评点间有内在的联系,从代表个体如林云铭、方苞等人身上,我们更能窥见其时文学评点的时风、世风。

第二节　清前期《左传》文学评点与古典小说评点

清前期《左传》文学评点所内蕴的各种文章学理论不仅丰富了古文、时文的创作手法,同时也对清前期小说评点产生了深远的影响。代表中国古典小说最高成就的《聊斋志异》《儒林外史》《红楼梦》等作都产生于康乾时期,且其创作及传播实都得益于《左传》及其评点。如《聊斋志

---

① (清)林云铭评选《古文析义合编》,清仁记书局版。
② (清)林云铭:《庄子因》,华东师范大学出版社,2011年,第246页。
③ (清)林云铭:《庄子因》,华东师范大学出版社,2011年,第277页。

异》最负盛名的评点家冯镇峦云：

> 千古文字之妙，无过《左传》，最善叙怪异事。予尝以之作小说看。此书（《聊斋志异》）予即以当《左传》看，得其解者方可与之读千古奇书。①
>
> 读《聊斋》，不作文章看，但作故事看，便是呆汉。惟读过《左》、《国》、《史》、《汉》，深明体裁作法者，方知其妙。②
>
> 作文有前暗后明之法，先不说出，至后方露，此与伏笔相似不同，左氏多此种，《聊斋》亦往往用之。③
>
> 是书当以读《左传》之法读之。《左传》阔大，《聊斋》工细。其叙事变化，无法不备；其刻划尽致，无妙不臻。工细亦阔大也。④

冯镇峦指出了《聊斋志异》在叙事、体裁、作法等方面与《左传》的渊源关系，并着重强调《聊斋志异》所运用的诸多笔法实源于《左传》，强调读《聊斋志异》当以读《左传》之法读之。更值得注意的是，其还直接受到冯李骅《左绣》评点的深刻影响："文之参错，莫如《左传》。冯天闲（即冯李骅）专以整齐论《左》。人第知参错是古，不知参错中不寓整齐，则气不团结，而少片段。能以巨眼看出左氏无处非整齐，于古观其深矣。左氏无论长篇短篇，其中必有转掕处。左氏篇篇变，句句变，字字变。上三条，读《聊斋》者亦以此意参之，消息甚微，非深于古者不解。"⑤ 冯镇峦在《聊斋志异》评点中能认识到《左传》评点学里程碑式著作《左绣》代表的整齐论，赞叹冯李骅"能以巨眼看出左氏无处非整齐，于古观其深矣"，深刻说明清前期《左传》文学评点对小说评点之内在影响。

值得我们深思的是，不仅清前期《左传》文学评点对《聊斋志异》等小说评点产生深远的影响，小说评点也促进了清前期《左传》文学评点的

① 朱一玄编《〈聊斋志异〉资料汇编》，南开大学出版社，2012 年，第 479 页。
② 朱一玄编《〈聊斋志异〉资料汇编》，南开大学出版社，2012 年，第 482 页。
③ 朱一玄编《〈聊斋志异〉资料汇编》，南开大学出版社，2012 年，第 483 页。
④ 朱一玄编《〈聊斋志异〉资料汇编》，南开大学出版社，2012 年，第 486 页。
⑤ 朱一玄编《〈聊斋志异〉资料汇编》，南开大学出版社，2012 年，第 485 页。

繁荣发展。最具代表性的人物即是开启清前期《左传》文学评点的中国历史上最负盛名的文学批评家金圣叹。

金圣叹自十五岁即开始评点《水浒传》，其认为"《水浒》之文精严，读之即得读一切书之法也。汝真能善得此法，而明年经业即毕，便以之遍读天下之书，其易果如破竹也者，夫而后叹施耐庵《水浒传》真为文章之总持"①。"何谓之精严？字有字法，句有句法，章有章法，部有部法是也。"②"可见，在圣叹语文教学观点中，幼儿应自十岁开始读金批《水浒》，借以了解'读一切书之法'，然后循序渐进读《国策》、《史记》等'一切书'（自然包括《左传》，《庄子》，《离骚》，《公羊》，《穀梁》，《汉书》，韩、柳、三苏之文等）。"③"《水浒传》章有章法，句有句法，字有字法。人家子弟稍识字，便当教令反复细看。看得《水浒传》出时，他书便如破竹。"④

金圣叹正是以《水浒传》"精严"之"读一切书之法"评点《左传》的，具体表现在以下两个方面。

一 字有字法，句有句法，章有章法

在字法方面，《水浒传》第五回《鲁智深火烧瓦官寺》写瓦官寺"清长老唤集两班许多职事僧人，尽到方丈，乃云"，金圣叹于其后评曰："每读禅宗语录，见一往一来后，忽接'乃云'二字，不觉欲呕。耐庵想亦丑之恶之、悲之笑之，故特用此二字于此。"⑤金圣叹特别点出"乃云"二字与禅语之落差，用字之妙令人叹绝。又如第十九回写"黄安就箭林里夺路时，只剩得三四只小船了"，金圣叹评道："字法之奇者，如'肉雨'、'箭林'、'血粥'等，皆可入《谐史》。"⑥第二十三回写"那妇人看着武大道：'我陪侍着叔叔坐地，你去安排些酒食来，管待叔叔。'"金圣叹评曰："两句二十字，却字字绝倒。"⑦而金圣叹在《宫之奇谏假道》篇中

① （清）金圣叹：《金圣叹全集》第3册，陆林辑校整理，凤凰出版社，2008年，第22页。
② （清）金圣叹：《金圣叹全集》第3册，陆林辑校整理，凤凰出版社，2008年，第21页。
③ （清）金圣叹：《金圣叹全集》第6册，陆林辑校整理，凤凰出版社，2008年，第41页。
④ 朱一玄编《〈聊斋志异〉资料汇编》，南开大学出版社，2012年，第220页。
⑤ （清）金圣叹：《金圣叹全集》第3册，陆林辑校整理，凤凰出版社，2008年，第159页。
⑥ （清）金圣叹：《金圣叹全集》第3册，陆林辑校整理，凤凰出版社，2008年，第370页。
⑦ （清）金圣叹：《金圣叹全集》第3册，陆林辑校整理，凤凰出版社，2008年，第432页。

"故《周书》曰：'皇天无亲，惟德是辅。'"后评"'德'字，引书一"①；"又曰：'黍稷非馨，明德惟馨。'"后评"'德'字，引书二"②；"又曰：'民不易物，惟德緊物。'"后评"'德'字，引书三。连引三书，'德'字三见，皆是峭健之笔"③。

在句法方面，第五回《鲁智深火烧瓦官寺》中，鲁智深见到被糟蹋得凋零败落的寺院，就追问和尚事情缘由，和尚奸诈狡辩，文章于此处写道："那和尚便道：'师兄请坐。听小僧……'智深睁着眼道：'你说！你说！'"金圣叹不仅于夹批中评点："'说'字与上'听小僧'本是接着成句，智深自气忿忿在一边，夹着'你说，你说'耳。章法奇绝，从古未有。"④ 这一夹评立即将鲁智深疾恶如仇的脾气和当时的紧张气氛尽情烘托了出来。而金圣叹还深恐人们不知这一句之妙，在总评中也点明："此回突然撰出不完句法，乃从古未有之奇事。如智深跟丘小乙进去，和尚吃了一惊，急道：'师兄请坐，听小僧说。'此是一句也。却因智深睁着眼，在一边夹道：'你说！你说！'于是遂将'听小僧'三字隔在上文，'说'字隔在下文。"接着金圣叹还指出下文的"正在那里""姓甚名谁"二句也都运用了此种"不完句法"，并指出"凡三句不完，却又是三样文情，而总之只为描写智深性急，此虽史迁，未有此妙矣"⑤。又如第二十五回写武松见到武大郎灵位时，问潘金莲道："我哥哥几时死了？得甚么症候？吃谁的药？"金圣叹不仅在每句后着重强调其为"一句"，而且评道："三句一气问，妙绝。"⑥ 后武松又问道："哥哥死得几日了？"圣叹于后评曰："上一气问三句，是死日、病症、吃药，补问一句是葬处，已都晓得了。忽然临去，又于四句中，将死日再问一遍。写得惊疑恍惚、闪闪烁烁。妙绝。"⑦ 金圣叹对《水浒传》句法评点可见一斑，而其《左传》评点同样十分注重句法。如《宫之奇谏假道》篇写宫之奇回虞公道："虢仲、虢叔，王季之穆也；为文王卿士，勋在王室，藏于盟府。"其下夹评曰："此句乃

---

① （清）金圣叹：《金圣叹全集》第3册，陆林辑校整理，凤凰出版社，2008年，第89页。
② （清）金圣叹：《金圣叹全集》第3册，陆林辑校整理，凤凰出版社，2008年，第89页。
③ （清）金圣叹：《金圣叹全集》第3册，陆林辑校整理，凤凰出版社，2008年，第89页。
④ （清）金圣叹：《金圣叹全集》第3册，陆林辑校整理，凤凰出版社，2008年，第151页。
⑤ （清）金圣叹：《金圣叹全集》第3册，陆林辑校整理，凤凰出版社，2008年，第147页。
⑥ （清）金圣叹：《金圣叹全集》第3册，陆林辑校整理，凤凰出版社，2008年，第485页。
⑦ （清）金圣叹：《金圣叹全集》第3册，陆林辑校整理，凤凰出版社，2008年，第486页。

说虢更亲于虞仲。"① "将虢是灭,何爱于虞?" 其下夹评曰:"承上'吾宗'句,破得甚辣。"② "且虞能亲于桓、庄乎,其爱之也?" 其下夹评曰:"句法妙,谓之补注法。若顺笔写之,则将云:'且晋爱虞,能过于桓庄乎?'"③

在章法方面,《水浒传》第五十三回写"天子看呼延灼一表非俗,喜动天颜,就赐踢雪乌骓一匹",金圣叹于此后评:"下文将有连环马一篇奇文。便先向此处生出踢雪乌骓一匹,装作头彩,绝妙章法也。"④ 后五十四回写"(呼延灼)见韩滔战秦明不下,便从中军舞起双鞭,纵坐下那匹御赐踢雪乌骓,跑哮嘶喊,来到阵前",金圣叹于此后亦评:"此段文字本以山泊为主,以呼延为宾,今看他详写山泊诸将纺车般脱换,又插写呼延将军掷狮来去。以一笔兼写两家健将,遂令两篇章法一齐俱成,妙绝。"⑤ 金圣叹尤为欣赏《水浒传》章法,在评点中一一指出,以至称赞《水浒传》为"读一部七十回篇必谋篇、段必谋段之后,忽然结以如卷、如扫、如驰、如撒之文,真绝奇之章法也"⑥。《天下才子必读书》评点《左传》同样注重章法,如《晋使吕相绝秦》篇,金圣叹总评曰:"章法句法字法,真如千岩竞秀,万壑争流,而又其中细条细理,异样密致,读万遍不厌也。"⑦

二 评点美学上的一致

清前期的《左传》评点与小说评点不仅在字法、句法、章法上相同,而且在评点美学风格上也趋于一致,具体表现在三点。

(一)以奇为绝

《水浒传》第四回《小霸王醉入销金帐 花和尚大闹桃花村》写"(鲁智深)把销金帐子下了,脱得赤条条地,跳上床去坐了",金圣叹于此评:

---

① (清)金圣叹:《金圣叹全集》第 3 册,陆林辑校整理,凤凰出版社,2008 年,第 88 页。
② (清)金圣叹:《金圣叹全集》第 3 册,陆林辑校整理,凤凰出版社,2008 年,第 88 页。
③ (清)金圣叹:《金圣叹全集》第 3 册,陆林辑校整理,凤凰出版社,2008 年,第 88 页。
④ (清)金圣叹:《金圣叹全集》第 4 册,陆林辑校整理,凤凰出版社,2008 年,第 981 页。
⑤ (清)金圣叹:《金圣叹全集》第 4 册,陆林辑校整理,凤凰出版社,2008 年,第 988 页。
⑥ 朱一玄编《〈聊斋志异〉资料汇编》,南开大学出版社,2012 年,第 303 页。
⑦ (清)金圣叹:《金圣叹全集》第 3 册,陆林辑校整理,凤凰出版社,2008 年,第 111 页。

"销金帐中赤条条一个和尚，奇文。"① 又写 "约莫初更时分，只听得山边锣鸣鼓响。这刘太公怀着鬼胎"②，接着评道："虽写怕极之语，然亦故作奇文。女儿做亲，丈人先怀鬼胎耶？"后写 "鲁智深坐在帐子里都听得，忍住笑，不做一声。那大王摸进房中"，金圣叹于此评："六字奇文，'大王'字与'摸'字不连，大王'摸'字与'房中'字不连：思之发笑。"接着写 "打得大王叫'救人！'"金圣叹又评："七字奇文，'大王'字与'叫'字不连，'打'字与'大王'字不连，'大王'叫'救人'字不连，打得'大王'叫'救人'字不连。"后又写 "那大王爬出房门"，金圣叹又评："六字奇文。'大王'字，'爬'字，'房门'字，从来不曾连也。"③此段写鲁智深为刘太公伸张正义，拳打抢占民女的 "大王"，处处以 "奇文""奇笔" 评点，其对 "奇" 之评点美学风格之推崇油然可见。

又如第三十六回写 "揭阳岭上岭下，便是小弟和李立一霸"，金圣叹评："此一句，结束揭阳岭一篇绝奇文字。"文章接着写 "揭阳镇上是他弟兄两个一霸"，金圣叹评："此一句，结束揭阳镇一篇绝奇文字。"又写 "浔阳江边做私商的，却是张横、张顺两个一霸"，金圣叹又评："此一句，结束浔阳江一篇绝奇文字。"④金圣叹以 "奇" 评《水浒传》毕现。而金圣叹评点《左传》也时以 "奇" 为绝。如《子革对灵王》篇，金圣叹总评曰："不图有如此前半篇，有如此前半篇了，不图又有如此后半篇，真千载奇文。"⑤并于 "对曰：'臣尝问焉。昔穆王欲肆其心，周行天下，将皆必有车辙马迹焉。祭公谋父作《祈招》之诗，以止王心。王是以获没于祗宫。臣问其诗而不知也。若问远焉，其焉能知之？'"句后夹评道："大奇大妙，何处飞来？"于 "王曰：'子能乎？'对曰：'能。'"句后夹评："大奇大妙。"于 "其诗曰：'祈招之愔愔，式昭德音。思我王度，式如玉，式如金。形民之力，而无醉饱之心。'"句后夹评："大奇大妙。"⑥

---

① （清）金圣叹：《金圣叹全集》第 3 册，陆林辑校整理，凤凰出版社，2008 年，第 134 页。
② （清）金圣叹：《金圣叹全集》第 3 册，陆林辑校整理，凤凰出版社，2008 年，第 134 页。
③ （清）金圣叹：《金圣叹全集》第 3 册，陆林辑校整理，凤凰出版社，2008 年，第 136 页。
④ （清）金圣叹：《金圣叹全集》第 4 册，陆林辑校整理，凤凰出版社，2008 年，第 672 页。
⑤ （清）金圣叹：《金圣叹全集》第 3 册，陆林辑校整理，凤凰出版社，2008 年，第 134 页。
⑥ （清）金圣叹：《金圣叹全集》第 3 册，陆林辑校整理，凤凰出版社，2008 年，第 135 页。

（二） 以妙为境

《水浒传》第二回《鲁提辖拳打镇关西》写："郑屠道：'却才精的，怕府里要裹馄饨。肥的臊子何用？'鲁达睁着眼道：'相公钧旨分付洒家，谁敢问他。'（金圣叹于此后评："以人治人，只是相公分付四字，妙绝。"）郑屠道：'是合用的东西，（金圣叹于此后评："吓极，生出妙语。"①）小人切便了。'"鲁智深将郑屠夫打死后，"假意道：（金圣叹于此后评："鲁达亦有假意之口，写来偏妙。"）'你这厮诈死，洒家再打！'只见面皮渐渐的变了。鲁达寻思道：（金圣叹于此后评："写粗人偏细，妙绝。"）'俺只指望痛打这厮一顿，不想三拳真个打死了他。洒家须吃官司，又没人送饭，不如及早撒开。'拔步便走。回头指着郑屠尸道：'你诈死！洒家和你慢慢理会！'一头骂，一头大踏步去了（金圣叹于此后评："鲁达亦有权诈之日，写来偏妙。"②）"。

又如第六十回写卢俊义上梁山前与燕青的对话："燕青道：'倒敢是梁山泊歹人，假装阴阳人，来煽惑主人。（金圣叹于此后评："只是有意无意之语，却宛然千伶百俐声口，又令行文波致横生，妙笔。"③）小乙可惜夜来不在家里，若在家时，三言两语盘倒那先生，倒敢有场好笑。'（金圣叹于此后评：'绝世妙人，绝世妙语。若真有之，真乃绝世妙事。令即无之，亦是绝世妙文。'④）"而金圣叹以"妙"评《左传》也是随处可见，如对僖公十五年《秦伯不食言》总评道："写秦伯语，又如骄奢，又如戏谑，又如真恳，妙！写晋群臣语，满口哀求，又并不曾一字吐实，妙！写穆姬语，无限慌迫，却只说得一片瓜葛何至于此，并不是悍妇要求，妙！"⑤ 又如对《张趯智在君子后》篇评曰："妙处全在冷峭。峭故愈冷，冷故愈峭。"⑥

（三） 文法相同

清前期的《左传》评点与小说评点还表现在文法的相同上，如金圣叹就在其《水浒传》评点和《左传》评点中指出两书都运用了夹叙法、起结

---

① （清）金圣叹：《金圣叹全集》第 3 册，陆林辑校整理，凤凰出版社，2008 年，第 96 页。
② （清）金圣叹：《金圣叹全集》第 3 册，陆林辑校整理，凤凰出版社，2008 年，第 98 页。
③ （清）金圣叹：《金圣叹全集》第 4 册，陆林辑校整理，凤凰出版社，2008 年，第 1091 页。
④ （清）金圣叹：《金圣叹全集》第 4 册，陆林辑校整理，凤凰出版社，2008 年，第 1091 页。
⑤ （清）金圣叹：《金圣叹全集》第 3 册，陆林辑校整理，凤凰出版社，2008 年，第 90 页。
⑥ （清）金圣叹：《金圣叹全集》第 3 册，陆林辑校整理，凤凰出版社，2008 年，第 127 页。

法等文法。

1. 夹叙法

夹叙法，即将后文内容移入前文中，横插一句，使行文富于变化。如《水浒传》第三十四回写："宋江答道：'老叔自说得是。家中官事且靠后，只有一个生身老父殁了，如何不烦恼？'张社长大笑道：'押司真个也是作耍？令尊太公却才在我这里吃酒了回去，只有半个时辰来去，如何却说这话？'宋江道：'老叔休要取笑小侄。'便取出家书，教张社长看了。（金圣叹于此后评："此句是夹叙法，下语与上语连读下。"①）'兄弟宋清明明写道父亲于今年正月初头殁了，专等我归来奔丧。'"在宋江回答张社长半个时辰前刚见到宋太公，有兄弟宋清家书为证之语中，插入"取出家书教张社长看"这一句，使文章富有动作的生动性。而金圣叹评点《左传》也善于运用夹叙法，如僖公九年《齐桓下拜》篇写："王使宰孔赐齐侯胙，曰：'天子有事于文、武，使孔赐伯舅胙。'齐侯将下拜。（金圣叹于此后评："本与下'以伯舅耋老'句连文，只因齐侯下拜，遂隔断，此古人夹叙法也。"②）孔曰：'且又后命。天子使孔曰：以伯舅耋老，加劳，赐一级，无下拜。'"其点明在宰孔宣布周天子赐祭肉给齐侯，而尚未来得及告知齐侯无须下拜这两句话之间，插入"齐侯将下拜"这一句生动的文字。金圣叹如此重视文字的形式价值，并使之贴切地、技巧性地为表现人物形象服务，这在小说评点和散文评点中都极具开创性意义。

2. 起结法

《水浒传》开篇有诗曰"天下太平无事日，莺花无限日高眠"，金圣叹评点道："好诗。一部大书，诗起诗结，'天下太平'起，'天下太平'结。"③ 在小说接尾之诗又评道："好诗。以诗起，以诗结，极大章法。"④这里的"极大章法"指的即是金圣叹屡次提及的起结法。金圣叹评点《水浒传》结构，往往注重行文的起结以及对其间故事的暗示、导引、解释作用。如金圣叹在《水浒传》第七十回中评道："晁盖七人以梦始，宋江、

---

① （清）金圣叹：《金圣叹全集》第 4 册，陆林辑校整理，凤凰出版社，2008 年，第 640 页。
② （清）金圣叹：《金圣叹全集》第 5 册，陆林辑校整理，凤凰出版社，2008 年，第 89 页。
③ （清）金圣叹：《金圣叹全集》第 3 册，陆林辑校整理，凤凰出版社，2008 年，第 42 页。
④ （清）金圣叹：《金圣叹全集》第 4 册，陆林辑校整理，凤凰出版社，2008 年，第 1250 页。

卢俊义一百八人以梦终，皆极大章法。"① "以梦始"，又"以梦终"，金圣叹总结为起结之法。金圣叹在评点《左传》时同样注重起结法，如隐公元年《郑伯克段于鄢》篇，文章写"初，郑武公娶于申，曰武姜。生庄公及共叔段"，金圣叹《天下才子必读书》于此后评："'初'字起，后仍至'初'字结。"②《左传释》则还在后文的"遂为母子如初"句后批道："不惟结还'遂'字，乃至直结还'初'字。一篇大文字，'初'字起，'初'字住，奇绝。"③ 又如《季札观周乐》篇，金圣叹在"始基之矣"后评："'始'字起，'止'字住，为一篇大局段。"④ 在"虽甚盛德，其蔑以加于此矣，观止矣"后评："'始'字起，'止'字住，一篇大局段。如此长文，只三字收住。"⑤

第三节　清前期《左传》文学评点与古典戏曲评点

　　清前期《左传》评点与戏曲评点内在联系最为典型的个案即是金圣叹的《左传》评点与其《西厢记》评点。其在《西厢记》评点中道："如此一段文字，便与《左传》何异？凡用佛殿、僧院、厨房、法堂、钟楼、洞房、宝塔、回廊无数字，都是虚字；又用罗汉、菩萨、圣贤无数字，又都是虚字。相其眼觑何处，手写何处，盖《左传》每用此法。我于《左传》中说，子弟皆谓理之当然，今试看传奇亦必用此法，可见临文无法，临文无法，便成狗嗥，而法莫备于《左传》。甚矣，《左传》不可不细读也。我批《西厢》，以为读《左传》例也。"⑥ 清前期的戏曲评点主要集中在《西厢记》《长生殿》《桃花扇》等著名传奇上，其评点体例、手法等多源于金圣叹评点《西厢记》之法，而金圣叹"批《西厢》，以为读《左传》例也"，清前期《左传》评点于戏曲评点之影响于此可见一斑。金圣叹《左传》评点与《西厢记》评点的相同之处具体表现在以下两点。

---

① （清）金圣叹：《金圣叹全集》第 4 册，陆林辑校整理，凤凰出版社，2008 年，第 1249 页。
② （清）金圣叹：《金圣叹全集》第 3 册，陆林辑校整理，凤凰出版社，2008 年，第 83 页。
③ （清）金圣叹：《金圣叹全集》第 5 册，陆林辑校整理，凤凰出版社，2008 年，第 23 页。
④ （清）金圣叹：《金圣叹全集》第 3 册，陆林辑校整理，凤凰出版社，2008 年，第 121 页。
⑤ （清）金圣叹：《金圣叹全集》第 3 册，陆林辑校整理，凤凰出版社，2008 年，第 123 页。
⑥ （清）金圣叹：《金圣叹全集》第 2 册，陆林辑校整理，凤凰出版社，2008 年，第 898—899 页。

一 字有字法，句有句法，章有章法

字有字法。《西厢记》卷三《后侯》一折中写："你心不存学海文林，梦不离柳影花阴，只去窃玉偷香上用心。又不曾得甚，我见你海棠开想到如今。"金圣叹于此后评："'又不曾得甚'五字，妙绝！便将夫人许婚、小姐传简，一齐赖过。前夫人赖、小姐赖，此红娘又赖，妙妙！"而紧接着"你自审这邪淫；看尸骨岩岩是鬼病侵"，金圣叹于此后也评："'自审'妙，'邪淫'妙，'是鬼'妙，看他便一毫不提及莺莺。"① 并在节评中道："只看其各用一'你'字起，便是藏过莺莺，更不道及为弃绝之至也。……看他只用两'你'字，纯责张生，便将莺莺直置之不足又道，而其尽情极致，不觉遂转过于前文。天下真有除却死法，别是活法之理也。前'你'是说张生病源；后'你'是说张生病证。"② 金圣叹评此段时对两个"你"字及"又不曾得甚""自审""邪淫""是鬼"等字的评点，表现了其对字法的重视，实不愧为中国古代文学批评史上最出色的评点家。又如卷四《哭宴》一折中写："恰告了相思回避，破题儿又早别离！"金圣叹于此后也评："'回避'、'破题'，字法妙极！'回避'者，任之终；'破题'者，文之始。"③ 金圣叹在《读六才子书〈西厢记〉法》中道："若是章，便应有若干句；若是句，便应有若干字。今《西厢记》不是一章，只是一句，故并无若干句；乃至不是一句，只是一字，故并无若干字。《西厢记》其实只是一字。"④ 金圣叹《左传》评点同样极重字法，如《张趯智在君子后》篇写："子太叔曰：'将得已乎？'"金圣叹于此后评："四字用紧笔先接住，下引文襄，宽宽反起。"⑤ "足以昭礼、命事、谋阙而已，无加命矣。"金圣叹于此后评："'足以'，妙，'而已'，妙。再添'无加命矣'四字，妙！此既明明说晋将失诸侯，只是反说，故不觉。"⑥ 又如《季文子讥齐侯不免》篇写："多行无义，弗能在矣。"金圣

---

① （清）金圣叹：《金圣叹全集》第 2 册，陆林辑校整理，凤凰出版社，2008 年，第 1034 页。
② （清）金圣叹：《金圣叹全集》第 2 册，陆林辑校整理，凤凰出版社，2008 年，第 1034—1035 页。
③ （清）金圣叹：《金圣叹全集》第 2 册，陆林辑校整理，凤凰出版社，2008 年，第 1071 页。
④ （清）金圣叹：《金圣叹全集》第 2 册，陆林辑校整理，凤凰出版社，2008 年，第 860 页。
⑤ （清）金圣叹：《金圣叹全集》第 5 册，陆林辑校整理，凤凰出版社，2008 年，第 127 页。
⑥ （清）金圣叹：《金圣叹全集》第 5 册，陆林辑校整理，凤凰出版社，2008 年，第 128 页。

叹评道："'在'字妙妙，只一字，耐人数日思。"①《士贞子谏杀林父》篇写："得臣犹在，忧未歇也。"金圣叹评道："'犹在'字法妙，'未歇'字法妙。"②《子产不与晋玉环》篇写："若韩子奉命以使，而求玉焉，贪淫甚矣，独非罪乎？"金圣叹评："细看他用'而'字法，用'焉'字法，便下得'贪淫甚矣'四字。"③"出一玉以起二罪，吾又失位，韩子成贪，将焉用之？"金圣叹评："此只是'出一玉以起二罪，将焉用之'十一字句，中八字注'二罪'耳，此古文法也。"④

句有句法。《西厢记》卷二《琴心》一折中写："云敛晴空，冰轮乍涌。风扫残红，香阶乱拥。离恨千端，闲愁万种。"金圣叹评道："上四句之下，如何斗接此二句，故知上二句是人也，非景也。试反覆诵之！"⑤ 卷三《赖简》一折中写："他水米不沾牙，越越的闭月羞花。"金圣叹评道："'水米不沾'，则似有情；'闭月羞花'，则又似无情。只二句，写尽红娘贼。"⑥ 卷一《借厢》一折中写："只闻巫山远隔如天样，听说罢，又在巫山那厢。"⑦ 金圣叹评道："唐诗云：'平芜尽处是青山，行人更在青山外。'此用其句法。"金圣叹《左传》评点同样极重句法，如评《子产论币重》篇道："气最遒，调最婉。婉与遒本相背，今却又遒又婉，须细寻其婉在何处，遒在何处。又不得云此句遒，此句婉，须知其句句遒，句句婉也。"⑧

章有章法。金圣叹在《读六才子书〈西厢记〉法》中道："若是字，便只是字；若是句，便不是字；若是章，便不是句。何但不是字，一部《西厢记》，真乃并无一字；岂但并无一字，真乃并无一句。一部《西厢记》，只是一章。"⑨ 金圣叹对《西厢记》章法实有其无限心得。在卷四《惊梦》一折中写："别恨离愁，满肺腑难陶写。除纸笔代喉舌，千种相思

① （清）金圣叹：《金圣叹全集》第 5 册，陆林辑校整理，凤凰出版社，2008 年，第 103 页。
② （清）金圣叹：《金圣叹全集》第 5 册，陆林辑校整理，凤凰出版社，2008 年，第 107 页。
③ （清）金圣叹：《金圣叹全集》第 5 册，陆林辑校整理，凤凰出版社，2008 年，第 138 页。
④ （清）金圣叹：《金圣叹全集》第 5 册，陆林辑校整理，凤凰出版社，2008 年，第 138 页。
⑤ （清）金圣叹：《金圣叹全集》第 2 册，陆林辑校整理，凤凰出版社，2008 年，第 980 页。
⑥ （清）金圣叹：《金圣叹全集》第 2 册，陆林辑校整理，凤凰出版社，2008 年，第 1020 页。
⑦ （清）金圣叹：《金圣叹全集》第 2 册，陆林辑校整理，凤凰出版社，2008 年，第 915 页。
⑧ （清）金圣叹：《金圣叹全集》第 5 册，陆林辑校整理，凤凰出版社，2008 年，第 117—118 页。
⑨ （清）金圣叹：《金圣叹全集》第 2 册，陆林辑校整理，凤凰出版社，2008 年，第 860 页。

对谁说?"金圣叹于此后评:"此自言作《西厢记》之故也。为一部一十六章之结,不只结《惊梦》一章也。于是《西厢记》已毕。"① 卷一《惊艳》一折中写:"(莺莺云)红娘,我看母亲去。"金圣叹于此后评:"双文才见客来,便侧转身云:'我看母亲去。'此是一眩眼间事,看他偏有本事将'我看母亲'一声写出如许章法。"② 又如卷二《琴心》一折中写:"是牙尺剪刀声相送? 是漏声长滴响壶铜?"金圣叹于此后评:"此二句,杂猜之也。看他八句八样,伧只谓可以漫然杂写,岂知其中间有必有小小章法如是哉?"③ 金圣叹《左传释》中的《左传》评点也注重章法,如《郑伯克段于鄢》篇:"公入而赋:'大隧之中,其乐也融融。'姜出而赋:'大隧之外,其乐也泄泄。'"金圣叹于此后评:"故写'融融',知其写庄公也;写'泄泄',知其亦写庄公也:此庄公之章法也。"④ 又如《周郑始恶》篇写:"周、郑交恶。"金圣叹于此后评:"看他章法之妙:'交质'句,便先书后注;'交恶'句,便先注后书。"⑤

在具体文法上,有叠字法,如《西厢记》卷一《酬韵》写:"等着我那齐齐整整,袅袅婷婷,姐姐莺莺。"金圣叹后评:"止是'等莺莺'三字,却因莺莺是叠字,便连用十数叠字倒衬于上,累累然如线贯珠垂。看他妙文,止是随手拈得也。"⑥ 金圣叹《天下才子必读书》中选《宁武子保身济君》篇:"不协之故,用昭乞盟于尔大神,以诱天衷。自今日以往,既盟之后。"金圣叹于此后评:"二句叠写,妙。"⑦ 有曲折法,如《西厢记》卷三《闹简》写:"只见他厌的扢皱了黛眉,忽的低垂了粉颈,氲的改变了朱颜。"金圣叹于此后评:"是决计发作,无有再说也。看他三句,写出莺莺心头曲折。"⑧ 对卷三《赖简》则总评:"文章之妙,无过曲折。诚得百曲千曲万曲、百折千折万折之文,我纵心寻其起尽,以自容于其

---

① (清)金圣叹:《金圣叹全集》第2册,陆林辑校整理,凤凰出版社,2008年,第1090页。
② (清)金圣叹:《金圣叹全集》第2册,陆林辑校整理,凤凰出版社,2008年,第901页。
③ (清)金圣叹:《金圣叹全集》第2册,陆林辑校整理,凤凰出版社,2008年,第982页。
④ (清)金圣叹:《金圣叹全集》第5册,陆林辑校整理,凤凰出版社,2008年,第22页。
⑤ (清)金圣叹:《金圣叹全集》第5册,陆林辑校整理,凤凰出版社,2008年,第26页。
⑥ (清)金圣叹:《金圣叹全集》第2册,陆林辑校整理,凤凰出版社,2008年,第921页。
⑦ (清)金圣叹:《金圣叹全集》第5册,陆林辑校整理,凤凰出版社,2008年,第97页。
⑧ (清)金圣叹:《金圣叹全集》第2册,陆林辑校整理,凤凰出版社,2008年,第1002页。

间，斯真天下之至乐也。何言之？我为双文《赖简》之一篇言之。"① 金圣叹在《庄公戒饬守臣》篇后总评曰："细细读，其计又远，心又孤，极欲瞒人，更瞒不得。于是乎遂成曲曲折折、袅袅婷婷之笔。"② 《卫州吁弑其君完》篇写："又娶于陈，曰厉妫，生孝伯，早死。其娣戴妫，生桓公，庄姜以为己子。"金圣叹于此后评："此一行叙事虽多，要识单重末句，上头皆闲笔曲折耳。"③

二　评点美学上的一致

1. 以奇为绝

《西厢记》卷一《惊艳》写："向诗、书经传，蠹鱼似不出费钻研。棘围呵守暖，铁砚呵磨穿。投至得云路鹏程九万里，先受了雪窗萤火十余年。才高难入俗人机，时乖不遂男儿愿。怕你不雕虫篆刻，断简残编。行路之间，早到黄河这边，你看好形势也呵！"金圣叹于此后评："张生之志，张生得自言之；张生之品，张生不得自言之也。张生不得自言，则将谁代之言，而法又决不得不言，于是顺便反借黄河，快然一吐胸中隐隐岳岳之无数奇事。呜呼！真奇文大文也。"④ 后又写："疑是银河落九天，高源云外悬。入东洋不离此径穿。滋洛阳千种花，润梁园万顷田，我便要浮槎到日月边。"金圣叹于此后评："借黄河以快比张生品量。试看其意思如此，是岂偷香傍玉之人乎哉！用笔之法，便如擘五石劲弩，其势急不可就，而入下斗然转出事来，是为奇笔。"⑤ 而金圣叹评点《左传》也以"奇"为绝。如《穆叔重拜〈鹿鸣〉》写："晋侯享之，（金圣叹于此后评："四字，叙。以下写出奇。"）金奏《肆夏》之三，不拜。（金圣叹于此后评："奇。"）工歌《文王》之三，又不拜。（金圣叹于此后评："奇。"）歌《鹿鸣》之三，三拜。（金圣叹于此后评："奇。后贤读至此等处，便须作出奇想，不得草草成诵去。"⑥）"又如《左传释》中评隐公元年《郑伯克

---

① （清）金圣叹：《金圣叹全集》第 2 册，陆林辑校整理，凤凰出版社，2008 年，第 1013 页。
② （清）金圣叹：《金圣叹全集》第 5 册，陆林辑校整理，凤凰出版社，2008 年，第 85 页。
③ （清）金圣叹：《金圣叹全集》第 5 册，陆林辑校整理，凤凰出版社，2008 年，第 32 页。
④ （清）金圣叹：《金圣叹全集》第 2 册，陆林辑校整理，凤凰出版社，2008 年，第 896 页。
⑤ （清）金圣叹：《金圣叹全集》第 2 册，陆林辑校整理，凤凰出版社，2008 年，第 897 页。
⑥ （清）金圣叹：《金圣叹全集》第 5 册，陆林辑校整理，凤凰出版社，2008 年，第 114 页。

段于鄢》篇，文章写："书曰：'郑伯克段于鄢'。"金圣叹于此后评："看他叙事正极忙时，忽然折笔走出篇外去，另作训诂之文，落后却重折入来，再续上叙事。文极忙，笔极闲，千古绝奇之法。"① 如《周郑始恶》篇写："郑武公、庄公，为平王卿士，王贰于虢。"金圣叹于此后评："连武公，谓之添一人；因添此一人，又谓之减一人：奇绝之笔。"②

2. 以妙为境

金圣叹评《西厢记》卷二《寺警》篇道："世之愚生，每恨恨于夫人之赖婚。夫使夫人不赖婚，即《西厢记》且当止于此矣。今《西厢记》方将自此而起，故知夫人赖婚，乃是千古妙文，不是当时实事。如《左传》，句句字字是妙文，不是实事。吾怪读《左传》者之但记其实事，不学其妙文也。"③ 金圣叹对《西厢记》"妙文"之推崇，与《左传》之妙文相对照，可见其在《西厢记》《左传》评点美学风格上之相通。又如卷二《琴心》篇写："他思已穷，恨不穷，是为娇鸾雏凤失雌雄。他曲未终，我意已通，分明伯劳飞燕各西东。"金圣叹于此后评："犹言日间之事如此，尚何心情弄琴？则解之曰'他思已穷，恨不穷'也。又问他调弦犹未入弄，汝乃何从知之？则解之曰：虽'曲未终，意已通'也。其文之妙如此。"④ 卷三《前候》折写："你忒聪明，忒煞思，忒风流，忒浪子。虽是些假意儿，小可的难到此。"金圣叹于此后评："分明赞不容口，忽又谓之'假意'。写红娘真有二十分灵慧，二十分松快，真正妙笔。"⑤ 紧接着文章写："又颠倒写鸳鸯两字，方信道'在心为志'。"金圣叹于此后又评："《诗大序》曰：'在心为志，发言为诗。'此言既封后，人止见其'发言为诗'也；我于未封前，实亲见其'在心为志'也。真正妙笔。"⑥ 而金圣叹评点《左传》也以"妙"为境。如《庄公戒饬守臣》篇写："郑伯使许大夫百里奉许叔以居许东偏，（金圣叹于此后评："己弟叔段何在，而爱许庄公之弟耶？一片纯是奸滑，毋为其妙文所欺也。"⑦）曰：'天祸许国，鬼神实不

---

① （清）金圣叹：《金圣叹全集》第5册，陆林辑校整理，凤凰出版社，2008年，第14页。
② （清）金圣叹：《金圣叹全集》第5册，陆林辑校整理，凤凰出版社，2008年，第24页。
③ （清）金圣叹：《金圣叹全集》第2册，陆林辑校整理，凤凰出版社，2008年，第954页不
④ （清）金圣叹：《金圣叹全集》第2册，陆林辑校整理，凤凰出版社，2008年，第983页。
⑤ （清）金圣叹：《金圣叹全集》第2册，陆林辑校整理，凤凰出版社，2008年，第996页。
⑥ （清）金圣叹：《金圣叹全集》第2册，陆林辑校整理，凤凰出版社，2008年，第996页。
⑦ （清）金圣叹：《金圣叹全集》第5册，陆林辑校整理，凤凰出版社，2008年，第85页。

逞于许君,而假手于我寡人。(金圣叹于此后评:"自瞒云,非己欲伐许也。一片纯是奸滑,文却妙绝。"①)寡人唯是一二父兄,不能共亿,其敢以许自为功乎?寡人有弟,不能和协,而使糊其口于四方,其况能久有许乎?(金圣叹于此后评:"看他怕人说,便自开口先说。奸极,然的是妙文。"②)吾子其奉许叔以抚柔此民也,吾将使获也佐吾子。'(金圣叹于此后评:"笔笔老奸,心事吞吐,然的是妙文。"③)"又如《楚归晋知罃》写知罃回答楚公王咄咄逼人之问:"虽遇执事,其弗敢违,其竭力致死,无有二心,以尽臣礼,所以报也。"金圣叹于此后评:"对得愈妙。妙绝妙绝,此是千古第一等议论,第一篇文字。"④

在古典戏剧审美范畴中,"妙"又是与"趣"紧密联系在一起的。"'妙'与'趣'在李贽评点中使用频率几乎相同,亦均有诙谐动人的喜剧效果之含义。"⑤金圣叹与李贽评点尚趣一致,《西厢记》卷一《闹斋》写:"惟愿存在的人间寿高,亡过的天上逍遥。我真正为先灵礼三宝。再焚香暗中祷告:只愿红娘休劣,夫人休觉,犬儿休恶!佛啰,成就了幽期密约!"金圣叹于此后评:"红娘、夫人,已无伦次,再入犬儿,一发无礼。所谓'触手成趣'也。"⑥《西厢记》卷一《惊艳》写:"你看衬残红芳径软,步香尘,底印儿浅。"金圣叹于此后评:"下将凭空从脚痕上揣摩双文留情,故此特指芳径浅印,以令人看也。伧父强作解事,多添衬字,谓是叹其小,叹其轻。彼岂知文法生趣哉!"⑦而金圣叹评点《左传》也时以"趣"为尚,《左传释》选《宋公和卒》篇中写:"先君若问与夷,其将何辞以对?"金圣叹于此后评:"'若问'字、'其将'字,写得幽冥路上,亦复娓娓成趣。千古滑稽,此为始事矣。"⑧

3. 人物评点的一致性

金圣叹《西厢记》评点与《左传》评点在人物爱憎情感上也趋于一

---

① (清)金圣叹:《金圣叹全集》第5册,陆林辑校整理,凤凰出版社,2008年,第86页。
② (清)金圣叹:《金圣叹全集》第5册,陆林辑校整理,凤凰出版社,2008年,第86页。
③ (清)金圣叹:《金圣叹全集》第5册,陆林辑校整理,凤凰出版社,2008年,第86页。
④ (清)金圣叹:《金圣叹全集》第5册,陆林辑校整理,凤凰出版社,2008年,第110页。
⑤ 左东岭:《李贽与晚明文学思想》,天津人民出版社,1997年,第240页。
⑥ (清)金圣叹:《金圣叹全集》第2册,陆林辑校整理,凤凰出版社,2008年,第931页。
⑦ (清)金圣叹:《金圣叹全集》第2册,陆林辑校整理,凤凰出版社,2008年,第901页。
⑧ (清)金圣叹:《金圣叹全集》第5册,陆林辑校整理,凤凰出版社,2008年,第29页。

致，最典型的即是其对于"秀才"人物形象的评点。

《西厢记》卷二《请宴》一折中写："这人一事精，百事精；不比一无成，百无成。"金圣叹于此后评："从来秀才天性，与人不同。何则？如一闻请便出门，一也；既出门，反回转，二也；既回转，又立住，三也。……虽圣叹亦不解秀才何故必如此，然普天下秀才则必如此。不但普天下秀才必如此，即圣叹不能免俗，想是亦必如此。今日却被红娘总付一笑也。通节只是反复写'来回顾影'四字。若云去即去矣，'来回'何也？回即回矣，'顾'又何也？意者秀才性好修容，还要对镜抿发，为复酸丁不舍米瓮，自来封锁关盖。下因趁笔极赞其'一精百精'，言真是养得莺莺活也。世间奇文妙文固有，亦有奇妙至此者乎？"[1] 他以十分不恭的口气挖苦当时的读书人，称《西厢记》三言两语将那些酸丁腐儒"请便出门""出门反回""来回顾影""性好修容""对镜抿发"等人物形象活灵活现地展现出来。又如卷三《前侯》一折写："你个挽弓酸傒没意儿，卖弄你有家私。（金圣叹于此后评："石崇、王恺决不卖弄。其最卖弄者，偏是秀才纸裹中家私也。"[2]）我图谋你东西来到此？把你做先生的钱物，与红娘为赏赐，（金圣叹于此后评："先生钱物，犹言束脩也，所谓纸裹中家私也。虽一文钱亦必自称'赏赐'，亦秀才语也。"[3]）我果然爱你金资？"金圣叹谓秀才"最卖弄者""虽一文钱亦必自称'赏赐'"，其讽刺秀才之尖酸刻薄可见一斑。

金圣叹《左传》评点对"秀才"人物形象同样贬斥，如其《左传释》中《郑伯克段于鄢》篇写："既而大叔命西鄙北鄙贰于己。公子吕曰：'国不堪贰，君将若之何？欲与大叔，臣请事之；若弗与，则请除之，无生民心。'公曰：'无庸，将自及。'"金圣叹于此后评："秀才读至此等处，便骂太叔痴，吾谓卿痴亦不减太叔也！"[4] 后于"段不弟，故不言弟；如二君，故曰'克'；称郑伯，讥失教也；谓之郑志"下评："前讥，讥伯叔之'伯'字；后讥，讥公侯伯子男之'伯'字。分释经，前箭犹轻；总释经，

---

① （清）金圣叹：《金圣叹全集》第 2 册，陆林辑校整理，凤凰出版社，2008 年，第 961—962 页。

② （清）金圣叹：《金圣叹全集》第 2 册，陆林辑校整理，凤凰出版社，2008 年，第 995 页。

③ （清）金圣叹：《金圣叹全集》第 2 册，陆林辑校整理，凤凰出版社，2008 年，第 995 页。

④ （清）金圣叹：《金圣叹全集》第 5 册，陆林辑校整理，凤凰出版社，2008 年，第 11 页。

后箭极重。如此行文，真非《史记》以下书所得者，安望秀才知之！"① 于
"遂置姜氏于城，颍"下评："秀才不识，却将'城'字连下'颍'字共
读，谓之'城颍'，而又自为注曰：'城颍，郑地名。' 如卿幸自无事，那
复须读左氏也！"② 于"而誓之曰：'不及黄泉，无相见也。'"下评："秀
才亦不知其解，遂以黄泉为鬼国，自汉至今，从来旧矣。"③ 于"颍考叔为
颍谷封人，闻之，有献于公"下评："秀才不知，只谓置城是一日事，悔
是一日事，有献是一日事。彼食瓮荠肠胃，安能知圣贤之事哉！"④ 于《周
郑始恶》"郑武公、庄公，为平王卿士，王贰于虢"下评："秀才读此篇，
多遗平王而恶郑庄；更不文者，乃至并恶周、郑，皆有之。"⑤ 金圣叹对
"秀才"之鄙薄乃如此，与《西厢记》评点之爱憎实为一致。

金圣叹评点人物对"秀才"多表现为负面情绪，对"妙人"等则表现
出肯定及向往的一面。如《西厢记》卷二《请宴》一折中写："只是今宵
欢庆，软弱莺莺，那惯经？你索款款轻轻，灯前交颈。端详可憎，好煞人
无干净。"金圣叹于此后评："'端详'一转，妙人妙事，妙笔妙文，犹言
你虽依我言，果将款款轻轻矣，然仔细算来，终不能十分款款轻轻也。"⑥
又如卷三《赖简》一折写："你且潜身曲槛边，他今背立湖山下。"金圣叹
于此后评："妙绝妙绝！昨与一友初看，谓此句是红娘放好张生。此友人
便大赏叹，谓真是妙事、妙人、妙情、妙态也。"⑦ 金圣叹《左传释》评点
也有"妙人"之评，如于《郑伯克段于鄢》篇"小人有母皆"后评："此
是考叔心上口下隐隐含蓄语，然却又不直吐出来，只轻轻说得五字，令他
自作橄榄回想，真是绝代妙人。"⑧

---

① （清）金圣叹：《金圣叹全集》第 5 册，陆林辑校整理，凤凰出版社，2008 年，第 16 页。
② （清）金圣叹：《金圣叹全集》第 5 册，陆林辑校整理，凤凰出版社，2008 年，第 17 页。
③ （清）金圣叹：《金圣叹全集》第 5 册，陆林辑校整理，凤凰出版社，2008 年，第 17—
  18 页。
④ （清）金圣叹：《金圣叹全集》第 5 册，陆林辑校整理，凤凰出版社，2008 年，第 19 页。
⑤ （清）金圣叹：《金圣叹全集》第 5 册，陆林辑校整理，凤凰出版社，2008 年，第 24 页。
⑥ （清）金圣叹：《金圣叹全集》第 2 册，陆林辑校整理，凤凰出版社，2008 年，第 962 页。
⑦ （清）金圣叹：《金圣叹全集》第 2 册，陆林辑校整理，凤凰出版社，2008 年，第 1021 页。
⑧ （清）金圣叹：《金圣叹全集》第 5 册，陆林辑校整理，凤凰出版社，2008 年，第 20 页。

第八章 结论

第一节 《左绣》评点学的地位与意义

《左绣》作为《左传》评点学史上具有里程碑式意义的著作，深化对其评点学的研究，不仅有助于展现《左传》文学评点在清前期达到全盛期的内在原因，而且可以进一步推动对《左传》文章学及《左传》学史的深入研究。

首先，因为尊经思想的影响，明清以前对《左传》的研究多不出经学范畴，部分或涉及史学，而文学价值则更少论及。而"《左绣》'专论文法'的解读策略，的确跨越了传统《左传》为经为史的研究边界，而另辟'文学'疆域"①。《左绣》总结了正叙、原叙、顺叙、倒叙、实叙、虚叙、明叙、暗叙、预叙、补叙、类叙、串叙、摊叙、簇叙、对叙、错叙、插叙、带叙、搭叙、陪叙、零叙、复叙、详略、宾主、离合、虚实、埋伏、剪裁、褒贬、起法、过渡、伏应、眼目、断结、提应、偶对、牵上搭下、以整齐为错综、以中间贯两头等各种文法，为最系统、最全面、最完备的《左传》评点著作，对于建构《左传》评点学体系，可谓居功至伟。

其次，《左绣》从文法评点的理论视角建构起了桐城派的核心文论——"义法说"，促进了桐城派在古文理论上的集大成。"桐城文派一言以蔽之曰'古文义法'，古文义法又特标举《左传》，而对《左传》义法

---

① 蔡妙真：《追寻与传释——左绣对左传的接受》，万卷楼图书股份有限公司，2003 年，第 473 页。

之阐扬，又以《左绣》最为全面而有系统。"① "桐城派是清代最大的散文流派，而很多桐城派作者往往通过对《左传》的评点来构建自己的理论。据刘声木统计，方苞、刘大櫆、姚鼐、曹一士、周大璋、李文渊、方宗诚、吴汝纶等桐城派作家都有《左传》评点著作，而王源与桐城派也颇有渊源，吴闿生为吴汝纶之子，论文亦谨守家法，林纾则私淑桐城派。可以说，桐城派'义法说'及'雅洁'的理论主张，在其对《左传》的评点中都有体现，亦可见《左传》评点对于我国散文理论的贡献。"② 清康熙朝正是亟待建立文统及道统的时代，《左绣》"以文法求义理"的评点正好顺应了文统及道统双重建构的时代思潮需要，实现了文统与道统的有机统一。③

再次，《左绣》的诞生标志着《左传》文学批评新范式的建立。冯李骅《刻左例言》曰："全部评论皆一意孤行，直至脱稿，方广罗校订，凡有增改必记其所由得，毋敢蹈伯宗无续之诃。"④ 其始终坚持以一种文学批评范式对《左传》进行"一意孤行"的评点，表现出了批评主位的自觉意识。冯氏以评点为体式，以古文与时文为切入点，以义法为期待视野，真正对《左传》进行全文解读，为《左传》文学评点建立起了一种新的文学批评范式。蔡妙真先生亦指出："在冯李骅之前以评点方法从事文学批评，且亦以时文结构或古文义法为其切入点者，并非没有，但多为'选本'心态，亦即只选取合于所论之篇章甚或小节，而非真正意识到是在采用一个'范式'来对全书作批评，《左绣》则于前言之处，对自己采用的范式多所说明及辩护，故而，不论就文本范围或批评认知来说，真正标志着新范式之产生或应用，仍得由《左绣》算起。"⑤《左绣》文学批评新范式的核心

---

① 蔡妙真：《追寻与传释——左绣对左传的接受》，万卷楼图书股份有限公司，2003年，第10页。
② 李卫军：《〈左传〉评点研究》，博士学位论文，华东师范大学，2008年，第148页。
③ 刘再华先生也认为："义法说是桐城派古文理论体系的基础和柱石，这一古文理念的提出，实际上可以视为自韩愈以来就一直为古文学家和经学家共同关注的'道'与'文'的关系这一命题在清代的延续，其最终的目的仍然是要实现文章之学与儒者之学或者说文统与道统的有机统一。"参见刘再华：《近代经学与文学》，东方出版社，2004年，第195页。
④ （清）冯李骅、陆浩评辑《左绣》三十卷，文海出版社，1967年，第41—42页。
⑤ 蔡妙真：《追寻与传释——左绣对左传的接受》，万卷楼图书股份有限公司，2003年，第495页。

是以文法求义理，坚持文统与道统相统一，其完备且自觉地应用了整个新
范式，与桐城派诸家真正建构起了文学批评的新范式。①

复旦大学先后于 2009 年、2012 年、2015 年、2018 年多次召开中国古
代文章学研究的国际性学术会议，与会学者王水照、祝尚书、吴承学、欧
明俊、张海鸥、侯体健、何诗海、马茂军、张秋娥、宁俊红等都发表了致
力于中国古代文章学学科建构的相关研究，这也为以《左绣》为代表的
《左传》文章学研究进一步提供了学科支撑。《左绣》视《左传》为文章，
对《左传》文章进行全文评点，虽不同于古文总集的《左传》文章选本，
但事实上代表我国古代《左传》文章评点的最高成就；深化对《左绣》评
点学的研究，对推动《左传》文章评点学史及《左传》学史发展具有不可
替代的意义。

第二节 《左绣》评点学有待商榷之处

《左绣》在《左传》评点学史乃至《左传》学史上取得了巨大成就，
但其也存在部分可商榷之处，主要表现在采用"评点"批评样式及与八股
文的密切联系上。

一 采用"评点"批评样式的利弊

《左绣》采用"评点"作为文学批评样式，而"在中国文学批评史
上，没有哪一种批评形式本身像评点之学这样引起如此激烈的争议"②。
"评点"批评样式的基本特点即是"评"与"点"紧紧依附于原文，随文
批评，故批评者往往认为评点学琐碎不成体系，流于随意性，缺乏抽象的
理论性和普适性。

事实上，评点与专题论文式的评论实有不同，是真正内蕴顿悟式的、
心灵式的文学批评样式，在当代文学批评领域应进一步发挥其应有的作

---

① 龚鹏程先生认为："几乎所有人都只能采用西方哲学或科学的思考方式、观念系统、术
　语、概念来讨论中国的东西。碰到这个新'范式'所无法丈量的地方，便诟病中国哲学
　定义不精确、系统不明晰、结构不严谨、思想不深刻等等。"参见龚鹏程：《中国传统文
　化十五讲》，北京大学出版社，2006 年，第 5 页。
② 吴承学：《〈四库全书〉与评点之学》，《文学评论》2007 年第 1 期，第 5 页。

用。中国的文学批评尝一度有意识地模仿、吸收西方的批评模式，朝着系统性、思辨性的理论形态发展；部分研究者试图通过对西方批评理论的研究以建立一套具有普适性的哲学体系，这对于偏重美感经验的古代传统文学批评来说无疑有其进步之处。但这绝不意味着在主流上抛弃民族文学批评的内在精义①，不少批评家的兴趣集中在一些抽象、枯燥的理论问题上，脱离文本，缺乏具体性的、心灵性的审美经验，从根本上背离了文学精神。康来新《晚清小说理论研究》提出："评点是从作品本身出发，道道地地是实用的文学批评，所有的评点者无不正视文学作品本身的权威性，他们最关心的是作品本身，全力以赴的是怎样对作品本身做最精确的分析与阐释，评点可说是一种极为彻底的研读。如果评点者本身具备高度的文学修养与鉴赏能力，则在评点之际自然会流露出相当可贵的真知灼见，如此理论与批评的结合，自然要比脱离作品的某些先验性空洞理论批评来得具体切实得多。"② 张伯伟先生也指出："现代的文学理论研究，其最大的弊病之一就是远离了文学现象，因而也远离了文学本质。"③

《左绣》文学评点以随性的艺术感悟代替了抽象的经义探讨，以精妙的文法分析代替了刻板的训诂笺注，使批评呈现一种诗性的、优美的意境。中华文化的精义是以文悟道、文与道融合为一的，《左绣》"以文求义"的理论范式对我们建设有民族特色的文学批评理论体系④实有重要的

---

① 我们应该借鉴西方社会抽象性、系统性的理论体系，但不应从根本上放弃民族特色的文学批评精义，西方社会所谓形而上的哲学建构是唤不起国人乃至民族的真正感情的。一些著名学者如陈衍、夏敬观、严复、梁启超、黄节、马其昶等都有多种评点著作；国学大师黄侃先生著作甚少，但留传下来的即是具有评点特色的《黄侃手批白文十三经》，而当代似乎越来越缺少具有广泛影响的评点著作。

② 康来新：《晚清小说理论研究》，大安出版社，1990年，第36页。

③ 张伯伟：《中国古代文学批评方法研究》，中华书局，2002年，第266页。

④ 有部分学者也极力倡导重建我国传统的文学批评理论，如聂震宁先生《再倡中国传统评点方法》云："阐述了中国传统评点方法的诸种意义，也就阐明了再倡中国传统评点方法的理由。如果我们扬弃掉传统评点方法中的一些弱点和弊病，诸如缺乏全局观念，缺乏整的参照系，以及穿凿附会、耽于训诂、夸大感觉、故弄玄虚，等等，那么，传统评点方法获得历史上的再度辉煌，将是完全可能的。我甚至有一个强烈的希望，希望将来能在世界文学批评格局中，人们承认有一种流派，它的名称便是'中国评点派'，它的原则、手法以及形式都明显区别于其他流派，它将在世界范围内被批评家们广泛使用。倘能如此，那该多么好！"（参见聂震宁：《再倡中国传统评点方法——〈古典文学名著评点系列〉总序》，《出版广角》1995年第1期，第35页。）

借鉴意义。

二 与科举及八股文之密切联系的再思考

《左绣》评点中常见"点题""搭题""两扇""三扇""四扇""上截""下截""两截""钓""渡""挽"等时文术语，时文评点也当之无愧为《左绣》评点之最大特色。正如科举制度与八股文的负面性一样，《左绣》的时文评点也受到了包括四库馆臣在内的诸多批评。然而事实上，四库馆臣对以《左绣》为代表的《左传》评点总体持否定态度有其内在原因，我们对于《左绣》与科举及八股文之间的密切联系也应客观评价。这一点我们可以先以科举制度与八股文存废间的历史评论为参照。

科举制度与八股文尝一度受到最严厉的批判，"明清两代五六百年间的科举制度，在中国文化、学术发展的历史上作了大孽，束缚了人们的聪明才智，阻碍了科学的发展，压制了思想，使人脱离实际，脱离生产，专读死书，专学八股，专写空话，害尽了人，也害死了人，罪状数不完，也说不完"[1]。"大到说国家的命运，国破家亡是八股文断送的。小到个人的遭遇，考不中功名，作不了官，潦倒终生，也是八股文害的。"[2] "愚以为八股之害，等于焚书，而败坏人材，有甚于咸阳之郊所坑者但四百六十余人也。"[3]

不过时过境迁，众多论者已逐渐为科举制度"平反"，如梁启超先生云："夫科举，非恶制也。所恶夫畴昔之科举者，徒以其所试之科不足致用耳。昔美国用选举官吏之制，不胜其弊，及一八九三年，始改用此种试验，美人颂为政治上一新纪元。而德国、日本行之大效，抑更章章也。世界万国中行此法最早者莫如我，此法实我先民千年前之一大发明也。自此法行而我国贵族寒门之阶级永消灭，自此法行，我国民不待劝而竞于学，此法之造于我国也大矣。人方拾吾之唾余以自夸耀，我乃惩末流之弊，因噎以废食，其不智抑甚矣。吾故悍然曰：复科举便！"[4] 钱穆先生在《中国

① 吴晗：《灯下集》，生活·读书·新知三联书店，1960 年，第 94 页。
② 邓云乡：《清代八股文》，河北教育出版社，2004 年，第 21 页。
③ （清）顾炎武著，黄汝成集释《日知录集释》，栾保群、吕宗力校点，上海古籍出版社，2006 年，第 946 页。
④ 梁启超：《饮冰室合集》，中华书局，1989 年，第 68 页。

历史上之考试制度》中同样认为清政府废止科举无异于因噎废食："（科举制度）因有种种缺点，种种流弊，自该随时变通。但清末人却一意想变法，把此制度也连根拔去。民国以来，政府用人，便全无标准。人事奔竞，派系倾轧，结党营私，偏枯偏荣，种种病象，指不胜屈。不可说不我们把历史看轻了，认为以前一切要不得，才聚九州铁铸成大错。"① 当代研究者也多趋向于重新认识科举制度的历史作用与地位，认为不应将科举制度的具体内容和功能相混淆；就制度本身而言，科举制度在中国历史上发挥了极其重大的作用，其积极部分在当代仍然值得我们继承和发扬。刘海峰先生即总结道："造纸、火药、印刷术、指南针，是举世皆知的中国的四大发明。但是，中国历史上的科举制对世界文明的贡献却鲜为国人所知。英、法、美等西方国家的文官考试制度的建立曾明显受到中国科举制的影响……从对世界文明的影响来说，科举制可称之为'中国的第五大发明'。"②

在科举制度得到"平反"的同时，八股文的价值也逐渐被重新认识。如周作人先生宣称："八股文的价值却决不因这些事情而跌落。它永久是中国文学——不，简直可以大胆一点说中国文化的结晶，无论现在有没有人承认这个事实，这总是不可遮掩的明白的事实。"③ 俞樾在其《春在堂杂文》中云："自明以来，以八股时文取士，至今几五百年矣。及西学入中国，人见其新奇可喜，翕然从之，议取士者几欲舍时文而改从西学。然日照丁氏，世以时文名天下。公亦善为时文，少时为文，刻香为度，尽一寸成一篇。坊塾盛行南北七名家，公其冠也，乃能出新意，造奇器，为西人所叹服。然则言西学者，必不能兼工时文，而正时文者，未始不可以兼工西学也。夫时文诚敝，然圣贤精义亦或借此以存一线。若废去之而别谋所以取士，用诗赋乎，空言而已矣；用策论乎，陈言而已矣。若竟改用西学，则人所童而习之者，惟是机械之巧，穷思极虑，求为杀人之利器。人人有矢，人惟恐不伤人之意。而义利之界，理欲之途，竟无有言及者矣。于世道人心不亦大有害乎？"④ 俞樾在承认自明以来八股取士之弊端的基础上，对于"西学入中国，人见其新奇可喜，翕然从之，议取士者几欲舍时

---

① 钱穆：《国史新论》，生活·读书·新知三联书店，2001 年，第 293 页。
② 刘海峰：《科举制——中国的"第五大发明"》，《探索与争鸣》1995 年第 8 期，第 41 页。
③ 周作人：《中国新文学的源流》，江苏文艺出版社，2007 年，第 65 页。
④ （清）俞樾：《春在堂杂文》，文海出版社，1969 年，第 1954—1955 页。

文而改从西学"的现象进行了深刻的反思。其坚定地认为"夫时文诚敝，然圣贤精义亦或借此以存一线"，指出全盘改用西学的危害，并称八股文以科举制度为依托，使"圣贤精义亦或借此以存一线"，对于文统与道统及世人道德信仰的建构实有其根本的文化根源；而不建立在传统文化基础上的西学会使人无视义利之界，会妨害世道人心，造成整个社会道德缺失的局面。

　　客观地说，我们不必过于苛求《左绣》与科举及八股文的内在联系，这在其建构文统与道统及世人道德信仰的历史过程中，应是无可跨越的历史阶段。从历史发展的眼光来看，康熙帝以帝王之尊倡导《左传》评点，致力于文统与道统的双重建构，在国家文化建设及政治经济发展上无疑交了一份令世人瞩目的答卷。周予同先生尝认为："经是可以研究的，但是绝对不可以迷恋的；经是可以让国内最少数的学者去研究，好像医学者检验粪便、化学者化验尿素一样；但是绝对不可以让国内大多数的民众，更其是青年的学生去崇拜，好像教徒对于莫名其妙的《圣经》一样。"[1] 周予同先生以历史的眼光客观对待经学研究是值得称赞的，然"经"也绝不应该仅停留在让国内最少数的学者去研究的视域，在建构当代文统、道统以及信仰价值体系[2]的进程中，《左绣》"以文求义"之解读《左传》经典的范式，是值得我们深思和借鉴的。

---

[1] 朱维铮编《周予同经学史论著选集》，上海人民出版社，2010年，第366页。

[2] 萧功秦《从科举制度的废除看近代以来的文化断裂》一文认为："由于科举制度是以儒家的政治标准和价值来选拔人才、凝聚人心和构成获取地位、名望和权力的基本途径的，科举制度的废止，从长远来看，就使国家丧失了维系儒家意识形态和儒家价值体系的正统地位的根本手段。这就导致中国历史上传统文化资源与新时代的价值之间的最重大的一次文化断裂。"参见萧功秦《从科举制度的废除看近代以来的文化断裂》，《战略与管理》1996年第4期，第15页。事实上，废除科举后，当代青年一辈确实存在对经学元典的解读能力逐步下降、对国学信仰日渐缺失的情况；国人由此也有古道日远、不明大义、缺乏真正精神信仰的感慨。

附录 《左传》评点目录汇编

一 说明

1. 本目录收录《左传》评点著作 140 余种，始于南宋，终于民国初年。具体包括两类：一为《左传》文章评点之古文选本；二为《左传》专书评点，其中包括全本与节本。

2. 本目录所收，皆现存之本；其有目无书者，暂不录之。

3. 本目录以真正具备评点体式作为收录标准，然其中如吕祖谦《东莱左氏博议》《左氏传说》《左氏传续说》等书，虽不真正具备评点之体式，却于嗣后之《左传》评点诸作影响深远，故特予收录。至于如王夫之《续东莱左氏博议》之类，则不复收录。

4. 坊刻多有集评之本，代表如孙鑛、钟惺、韩范三家合评本等，其常用底本有《春秋经传集解》《左传句解》《左传详节句解》等，皆属坊贾为谋利计，而集诸家之评题于《左传》。此类评本，刊刻甚多，名虽不一，其实无异，故不再收录。

5. 本目录之排序，不依现存之版本年代，而以各书之始成时间为断，主要依据各书所收之序跋题署。对一人而有多种《左传》评本者，以其成书最早本排序，其余各本随后附见。其年代不明者，则以评点者年代之先后略为断定。①

6. 本目录主要参考了李卫军《〈左传〉评点研究》（华东师范大学

① 有部分未能明确著作及评点者具体时间，待考证后补充。就笔者所知尚有：1.《左传约编》二十一卷，清邹美中辑评；2.《三研斋左传节抄》十五卷，清不著撰人。

2008 年博士学位论文），刘宗棠《清代〈左传〉文献研究》（山东大学2008 年博士学位论文），罗军凤《清代春秋左传学研究》（人民出版社，2010 年），张高评《左传之文学价值》（文史哲出版社，1990 年），简宗梧、周何《左传论著目录》（洪叶文化事业有限公司，2000 年），李启原编著《左传著述考》（编译馆，2003 年）。

二　《左传》评点目录

（一）形成期的《左传》评点（明嘉靖以前）

南宋 乾道四年（1168）

1. 《东莱左氏博议》二十五卷，宋吕祖谦（1137—1181）撰。

2. 《春秋左氏传说》二十卷，宋吕祖谦撰。

3. 《春秋左氏传续说》十二卷，宋吕祖谦撰。

绍定五年（1232）

4. 《文章正宗》二十四卷，宋真德秀（1178—1235）辑评。

淳裕元年（1241）

5. 《妙绝古今》四卷，宋汤汉撰。

南宋末期

6. 《古文集成前集》七十八卷，旧本题庐陵王霆震亨福编。

元代

7. 《音点春秋左传详节句解》三十五卷，元朱申撰。

明代 洪武三十一年（1398）

8. 《文章类选》四十卷，是编为明庆靖王朱㮵所选。

明初

9. 《左传撷英》三卷，明何乔新著。

10. 《新刊批点古文类钞》十二卷，明林希元辑。

（二）发展期之《左传》评点（明嘉靖至明末，约 1522—1644）

明嘉靖三十五年（1556）

11. 《文编》六十四卷，明唐顺之编选。

嘉靖四十四年（1565）

12. 《文章指南》不分卷，明归有光（1507—1571）撰。

万历六年（1578）

13. 《古文隽》十六卷，明赵燿选。

万历十年（1582）

14. 《左传鸿裁》十二卷，明穆文熙（1528—1591）辑评。

15. 《左传钞评》十二卷，明穆文熙辑评。

16. 《春秋左传评苑》三十卷，明穆文熙辑评。

17. 《春秋经传集解》三十卷，明穆文熙辑评。

万历十二年（1584）

18. 《春秋左传节文注略》十五卷，明汪道昆（1525—1593）撰，周光镐（1536—1616）注。

万历十六年（1588）

19. 《春秋左传注评测义》七十卷，明凌稚隆辑著。

万历十八年（1590）

20. 《春秋左传释义评苑》二十卷，明王锡爵（1534—1614）撰。

万历十九年（1591）

21. 《文章正论》十五卷，绪论五卷，明刘祜编。

万历时期

22. 《左氏兵略》三十二卷，明陈禹谟（1548—1618）撰。

23. 《镌侗初张先生评选左传隽》四卷，明张鼐选评。

24. 《左传文苑》八卷，明张鼐评选。

25. 《古文正宗》十卷，明张鼐评选。

26. 《名文化玉》六卷，是编题明张鼐评选。

27. 《左传龙镶》四卷，明陈继儒（1558—1639）撰。

28. 《名公注释左传评林》，明欧阳东凤评。

29. 《左传奇珍纂注评苑》，明顾起元评注、叶向高参注、李廷机校阅。

30. 《新刻大魁堂详注春秋左传选玉狐白评林精要录》，明张以诚注。

31. 《春秋左传节文》十五卷，明汪道昆撰。

32. 《春秋左传分类旁注评选》，明龚而安评。

33. 《增补汤会元遴辑百家评林左传狐白》，明汤宾尹撰、林世选补。

34. 《新锓李阁老评注左胡纂要》，明李廷机撰。

35. 《春秋左传评林选要》，明李廷机辑。

36.《新锲评释东莱吕先生左氏博议》，明李廷机评。

37.《左国评苑》，明李廷机辑、焦竑批点。

38.《左传三注旁训评林》，明叶向高评、李廷机注。

万历二十七年（1599）

39.《古今旷世文渊评林》三十卷，明徐宗夔选评。

万历三十一年（1603）

40.《春秋左翼》四十三卷，明王震撰。

万历三十四年（1606）

41.《左传神驹》八卷，明梅之焕（1575—1641）订选。

万历三十六年（1608）

42.《左传芳润》三卷，明吴默（1554—1640）撰。

万历三十八年（1610）

43.《左传狐白》四卷，明汤宾尹（1568—？）辑。

44.《醉竹园左传钞》四卷，明王云孙辑。

万历四十二年（1614）

45.《左氏始末》十二卷，明唐顺之编，徐鉴评。

万历四十四年（1616）

46.《闵氏家刻分次春秋左传》十五卷，明孙鑛评点。

47.《左氏芟评》二卷，明孙鑛批点。

48.《重订批点春秋左传狐白句解》三十五卷，明孙鑛批点。

49.《春秋左传详节句解》三十五卷，明孙鑛批点。

50.《重定批点春秋左传详节句解》六卷，明孙鑛批点。

51.《合诸名家评注左传文定》十二卷，明孙鑛评选。

52.《左传评苑》，明孙鑛评、钟惺注。

天启、崇祯时期

53.《左传文髓》二卷，明王世贞（1526—1590）撰。

54.《左氏兵法测要》二十卷，明宋徵璧撰。

55.《奇赏斋古文汇编》二百三十六卷，明陈仁锡（1581—1636）评选。

56.《历代古文国玮集》一百四十一卷，明方岳贡评选。

57.《春秋四传》，明钟惺、邓名扬评，钟天墀、钟越注。

58.《新刻张宾王删补左传神驹》，明张榜删补，钱谦益评。

59. 《春秋左传纲目定注》，明李廷机撰。

60. 《左国类函》，明郑元勋、王光鲁辑。

崇祯二年（1629）

61. 《批点左氏新语》二卷，明郝敬（1558—1639）撰。

崇祯四年（1631）

62. 《春秋左传》三十卷，明钟惺（1574—1624）评。

63. 《左藻》三卷，明惺知主人撰。

崇祯六年（1633）

64. 《永怀堂古文正集》十卷，续集不分卷，明葛鼐、葛鼏评辑。

崇祯十三年（1640）

65. 《周文归》二十卷（明崇祯刻本），是编旧题明钟惺编。

崇祯十七年（1644）

66. 《春秋左传》五十卷，明韩范评。

（三）全盛期之《左传》评点（清初至乾隆年间，约 1644—1782。以《四库全书总目》编纂完成为标志）

清朝初年

67. 《唱经堂左传释》不分卷，清金圣叹（1608—1661）撰。

68. 《天下才子必读书》十五卷，补遗一卷，清金圣叹批。

69. 《批点春秋左传纲目句解汇隽》六卷，清韩菼（1636—1704）重订。

70. 《左传快评》八卷，清刘继庄（1648—1695）撰，金成栋辑。

71. 《文章练要左传评》十卷，清王源（1649—1710）撰。

72. 《义门读书记》，清何焯（1661—1722）撰。

73. 《左传义法举要》，清方苞（1668—1749）讲述，门人王兆符、程鉴传录。

74. 《方氏左传评点》二卷，清方苞撰。

75. 《隆文堂新刻古文快笔贯通解》四卷，清杭永年评解。

康熙元年（1662）

76. 《古文斫前集》十六卷，清姚培谦评注。

康熙五年（1666）

77. 《古文汇钞》十卷，清蒋铭评选。

康熙十一年（1672）

78.《绍闻堂精选古文觉斯定本》，清过珙选评。

79.《详定古文评注全集》十卷，清过珙选评。

康熙十五年（1676）

80.《左传统笺》三十五卷，清姜希辙撰。

康熙十六年（1677）

81.《左传经世钞》，清魏禧撰。

82.《左传经世钞》二十三卷，清魏禧撰，彭家屏参订。

康熙二十年（1681）

83.《山晓阁选古文全集》，清孙琮评选。

康熙二十一年（1682）

84.《古文析义》十四卷，清林云铭评注。

康熙二十四年（1685）

85.《御选古文渊鉴》六十四卷，清徐乾学（1631—1694）奉敕编选。

康熙二十七年（1688）

86.《左颖》六卷，清高士奇撰。

康熙二十八年（1689）

87.《左传分国纂略》十六卷，清卢元昌撰。

康熙三十一年（1692）

88.《读书堂古文晨书》十二卷，清徐陈发、宋景琛评选。

康熙三十三年（1694）

89.《古文观止》十二卷，清吴楚材、吴调侯选编。

康熙四十三年（1704）

90.《立雪轩古文集解》八卷，清程润德选评。

康熙四十四年（1705）

91.《正谊堂古文汇编》十二卷，清冯敬直辑。

康熙四十五年（1706）

92.《古文知新》十二卷，清高朝璎选评。

康熙五十一年（1712）

93.《左氏条贯》十八卷，清曹基撰。

康熙五十四年（1715）

94.《古文赏音》十二卷，清谢有辉评选。

康熙五十七年（1718）

95.《于埜左氏录》不分卷，清盛谟批点。

康熙五十九年（1720）

96.《左绣》三十卷，首一卷，清冯李骅、陆浩评。

雍正四年（1726）

97.《左传选》十四卷，清储欣（1631—1706）评选。

雍正七年（1742）

98.《左传评林》八卷，清张昆崖辑评。

雍正十年（1732）

99.《古文约编》十卷，清倪承茂选评。

雍正十一年（1733）

100.《古文嗜凤新编》八卷，清汪基钞评。

乾隆元年（1736）

101.《古文检玉初编》八卷，清林云铭评，许锵增释。

乾隆五年（1740）

102.《左传翼》三十八卷，清周大璋撰。

103.《增订古文精言》，题桐城周大璋撰。

乾隆六年（1741）

104.《古文翼》八卷，清唐德宜编选。

乾隆七年（1742）

105.《古文析观详解》六卷，清章禹功辑评。

乾隆九年（1744）

106.《古文眉诠》七十九卷，清浦起龙（1679—1762）评选。

乾隆十四年（1749）

107.《左传释文新评》六册，清周正思辑。

乾隆二十八年（1763）

108.《文章鼻祖》六卷，清杨绳武编。

乾隆三十三年（1768）

109.《读左补义》五十卷，清姜炳璋（1736—1813）辑评。

乾隆三十四年（1769）

110.《古文评注便览》十二卷，清朱鑑选，朱心炯辑评。

乾隆三十七年（1772）

111.《左鉴》十卷，清杨潮观（1712—1791）撰。

乾隆三十八年（1773）

112.《左传日知录》八卷，清陈震撰。

乾隆四十年（1775）

113.《左传评》三卷，清李文渊撰。

114.《古文分编集评》二十二卷，清于光华辑评。

（四）延续与余辉期之《左传》评点（乾隆末年至民国初年）

乾隆五十二年（1787）

115.《左传快读》十八卷首一卷，清李绍崧选订。

乾隆五十三年（1788）

116.《高梅亭左传钞》六卷，清高辑评。

乾隆五十六年（1791）

117.《自怡轩古文选》十卷，清许宝善选订，杜纲同辑。

乾隆五十八年（1793）

118.《春秋左氏传评林》七十卷，日本播州奥田元继辑著。

约乾隆、嘉庆年间

119.《左传说》三十卷，卷首一卷，清王系撰。

120.《左传钞》，清武亿（1745—1799）评点。

121.《左传兵法》，清李元春（1769—1854）撰。

嘉庆五年（1800）

122.《重订古文释义新编》，清余诚选评。

道光七年（1827）

123.《春秋左传杜注》三十卷，清姚培谦（1693—1766）注，庞佑清集评。

道光十六年（1836）

124.《左传易读》六卷，清司徒修辑。

道光三十年（1850）

125. 《古文一隅》二卷，清朱宗洛评选。

咸丰二年（1852）

126. 《古文资镜》二卷，清王寿康选辑。

咸丰三年（1853）

127. 《会心阁春秋左传读本》十二卷，清豫山编。

约道光、咸丰年间

128. 《守山阁左传选》，清钱熙祚（1800—1844）评定。

129. 《古文四象》四卷，清曾国藩（1811—1872）辑。

130. 《春秋左传文法读本》，清方宗诚（1818—1888）评点。

光绪十年（1884）

131. 《左传做史录》，清杨景盛撰。

光绪十四年（1888）

132. 《选批左传》，清魏朝俊刻。

光绪十九年（1893）

133. 《字湖轩读左比事》不分卷，清刘霁先撰。

光绪二十五年（1899）

134. 《左传连珠》一卷，清俞樾撰。

光绪三十三年（1907）

135. 《古文选读初编》二卷，清李右之编选。

光绪三十四年（1908）

136. 《古文学馀》三十四卷，清毛庆藩编选。

清末民初

137. 《左传点勘》三十卷，清吴汝纶（1840—1903）点校。

138. 《左传撷华》二卷，民国林纾（1852—1924）选评。

139. 《左传菁华录》二十四卷，民国吴曾祺（1852—1929）选评。

民国五年（1916）

140. 《古文评注补正》十卷，清过珙评选，蔡铸补正。

141. 《左传文法读本》十二卷，民国吴闿生、刘培极合评。

142. 《左传微》十二卷，民国吴闿生评。

143. 《春秋左传撷要》二卷，民国杨钟钰辑。

主要参考文献

一　基本文献

（清）冯李骅、陆浩评辑《左绣》三十卷，文海出版社，1967 年。

（清）冯李骅、陆浩评辑《左绣》三十卷，《四库存目丛书》第 141 册，齐鲁书社，1997 年。

（清）冯李骅、陆浩评辑《左绣》三十卷，清康熙五十九年李光明庄刊本。

（清）冯李骅、陆浩评《春秋左传》三十卷，华川书屋光绪戊戌刊。

（春秋）左丘明撰，（魏晋）杜预集解《左传》，上海古籍出版社，1997 年。

杨伯峻：《春秋左传注》，中华书局，1981 年。

沈玉成：《左传译文》，中华书局，2006 年。

郭丹、程小青、李彬源译注《左传》，中华书局，2012 年。

李卫军：《左传集评》，北京大学出版社，2016 年。

（宋）真德秀：《文章正宗》，台湾商务印书馆，2013 年。

（宋）真德秀辑，（明）唐顺之批点《文章正宗》二十六卷，商务印书馆，1936 年。

（宋）吕祖谦：《增注东莱吕成公古文关键》二十卷，北京图书馆出版社，2006 年。

（明）钟惺评《春秋左传》三十卷，《四库存目丛书》经部第 126 册，齐鲁书社，1997 年。

（清）徐乾学编《古文渊鉴》，清康熙四十九年内府刻四色套印本。

（清）王源：《左传评》十卷，清康熙五十五年刻本。

（清）盛谟：《于埜左氏录》，清同治五年课花别馆重刊。

（清）方望溪口授，王兆符传述《左传义法》，广文书局有限公司，
　　1977 年。

（清）吴楚材、吴调侯选《古文观止》，中华书局，1959 年。

（清）吴楚材、吴调侯选注，安平秋点校《古文观止》，中华书局，
　　1987 年。

（清）吴闿生：《左传微》，黄山书社，1995 年。

（清）库勒纳等撰《日讲春秋解义》，清乾隆二年武英殿刻本。

（清）王掞等撰《钦定春秋传说汇纂》，清康熙六十年内府刻本。

（清）傅恒等辑《御纂春秋直解》，清乾隆二十三年刻本。

（清）顾栋高辑，吴树平、李解民点校《春秋大事表》，中华书局，
　　1993 年。

（清）阮元校刻《十三经注疏》，中华书局，1980 年。

郭丹：《春秋左传直解》，《十三经直解》第三卷上，江西人民出版社，
　　1996 年。

（宋）吕祖谦编著，黄灵庚、吴战垒主编《吕祖谦全集》，浙江古籍出版
　　社，2008 年。

（宋）朱熹等撰，朱杰人、严佐之、刘永翔主编《朱子全书》，上海古籍出
　　版社、安徽教育出版社，2010 年。

（清）昆冈、李鸿章等编修《钦定大清会典事例》，清光绪二十五年重
　　修本。

（清）张廷玉等撰《明史》，中华书局，1974 年。

（清）赵尔巽等撰《清史稿》，中华书局，1977 年。

黄鸿寿撰《清史纪事本末》，上海书店，1986 年。

钱仲联：《清诗纪事》，江苏古籍出版社，1987 年。

郑天挺主编《明清史资料》，天津人民出版社，1980 年。

谢国桢：《明清笔记谈丛》，上海古籍出版社，1981 年。

范文澜、蔡美彪等：《中国通史》，人民出版社，1994 年。

南炳文、白新良主编《清史纪事本末》，上海大学出版社，2006 年。

王炜编校《〈清实录〉科举史料汇编》，武汉大学出版社，2009 年。

陈水云、陈晓红校注《梁章钜科举文献二种校注》，武汉大学出版社，
　　2009 年。

李舜臣、欧阳江琳编著《历代制举史料汇编》，武汉大学出版社，2009 年。

（清）方苞：《方望溪全集》，中国书店，1991 年。

（清）方苞著，刘季高点校《方苞集》，上海古籍出版社，1983 年。

（清）戴名世：《戴名世集》，中华书局，1986 年。

（清）袁枚：《小仓山房诗文集》，上海古籍出版社，1988 年。

（清）纪昀著，孙致中等点校《纪晓岚文集》，河北教育出版社，1991 年。

（清）姚鼐：《惜抱轩全集》，中国书店，1991 年。

（明）王守仁：《王阳明全集》，上海古籍出版社，1992 年。

（明）金圣叹著，陆林辑校《金圣叹全集》，凤凰出版社，2008 年。

二　专著

郭丹：《史传文学：文与史交融的时代画卷》，广西师范大学出版社，
　　1999 年。

郭丹：《左传战国策研究》，人民文学出版社，2004 年。

郭丹：《左传战国策讲演录》，广西师范大学出版社，2008 年。

张高评：《左传导读》，文史哲出版社，1982 年。

张高评：《左传之文学价值》，文史哲出版社，1982 年。

张高评：《左传文章义法撢微》，文史哲出版社，1999 年。

张高评：《春秋书法与左传学史》，上海古籍出版社，2005 年。

沈玉成、刘宁：《春秋左传学史稿》，江苏古籍出版社，1992 年。

童书业著，童教英校订《春秋左传研究（校订本）》，中华书局，2006 年。

张素卿：《叙事与解释——〈左传〉经解研究》，书林出版有限公司，
　　1988 年。

孙绿怡：《左传与中国古典小说》，北京大学出版社，1992 年。

张文国：《左传名词研究》，中国社会科学出版社，1998 年。

赵生群：《〈春秋〉经传研究》，上海古籍出版社，2000 年。

蔡妙真：《追寻与传释——左绣对左传的接受》，万卷楼图书股份有限公
　　司，2003 年。

潘万木：《〈左传〉叙述模式论》，华中师范大学出版社，2004 年。

黄鸣：《〈左传〉与春秋时代的文学》，中央民族大学出版社，2009 年。

罗军凤：《清代春秋左传学研究》，人民出版社，2010 年。

刘成荣：《〈左传〉的文学接受与传播研究》，南京大学出版社，2014 年。

高方：《〈左传〉文学研究》，中国社会科学出版社，2014 年。

高本汉：《左传真伪考及其他》，山西人民出版社，2015 年。

孙锡芳：《清代〈左传〉学研究》，中国社会科学出版社，2017 年。

戴维：《春秋学史》，湖南教育出版社，2004 年。

赵伯雄：《春秋学史》，山东教育出版社，2004 年。

童书业著，童教英校订《春秋史（校订本）》，中华书局，2006 年。

文廷海：《清代前期〈春秋〉学研究》，中国社会科学出版社，2012 年。

林颖政：《明代春秋学研究》，致知学术出版社，2014 年。

马宗霍：《中国经学史》，商务印书馆，1937 年。

（清）皮锡瑞：《经学通论》，中华书局，1954 年。

（清）永瑢等：《四库全书总目》，中华书局，1965 年。

余嘉锡：《四库提要辨证》，中华书局，1980 年。

（清）黄本骥编《历代职官表》，上海古籍出版社，1980 年。

陈乃乾：《室名别号索引》，中华书局，1982 年。

钱锺书：《管锥编》，中华书局，1979 年。

谢国桢：《明末清初的学风》，人民出版社，1982 年。

江藩：《国朝汉学师承记》，中华书局，1983 年。

蒋伯潜：《十三经概论》，上海古籍出版社，1983 年。

钱锺书：《谈艺录》，中华书局，1984 年。

王德昭：《清代科举制度研究》，中华书局，1984 年。

陈柱：《中国散文史》，上海书店，1984 年。

梁启超著，朱维铮校注《梁启超论清学史二种》，复旦大学出版社，1985 年。

（清）黄宗羲著，沈芝盈点校《明儒学案》，中华书局，1985 年。

吕思勉：《先秦学术概论》，中国大百科全书出版社，1985 年。

王钟翰点校《清史列传》，中华书局，1987 年。

刘声木撰，徐天祥点校《桐城文学渊源考·撰述考》，黄山书社，1989 年。

吴应天：《文章结构学》，中国人民大学出版社，1989 年。

王镇远：《桐城派》，上海古籍出版社，1990 年。

金振邦编著《文章技法辞典》，东北师范大学出版社，1991 年。

谭学纯、唐跃、朱玲：《接受修辞学》，上海教育出版社，1992 年。

谭帆：《金圣叹与中国戏曲批评》，华东师范大学出版社，1992年。

张希清：《中国科举考试制度》，新华出版社，1993年。

郭瑞：《金圣叹小说理论与戏剧理论》，中国文联出版公司，1993年。

胡经之、王岳川主编《文艺学美学方法论》，北京大学出版社，1994年。

杨向奎：《清儒学案新编》，齐鲁书社，1994年。

朱世英等：《中国散文学通论》，安徽教育出版社，1995年。

王运熙、顾易生主编《中国文学批评通史》，上海古籍出版社，1996年。

嵇文甫：《晚明思想史论》，东方出版社，1996年。

陈洪：《金圣叹传论》，天津人民出版社，1996年。

浦安迪：《中国叙事学》，北京大学出版社，1996年。

寸镇东：《语境与修辞》，贵州人民出版社，1996年。

李幼蒸：《结构与意义》，中国社会科学出版社，1996年。

钱穆：《国学概论》，商务印书馆，1997年。

袁定基、易泉源、黄世礼译注《金圣叹选批才子古文》，四川大学出版社，
　　1997年。

（清）金圣叹：《金圣叹选批才子古文》，四川大学出版社，1997年。

胡适：《胡适文集》，北京大学出版社，1998年。

赵园：《明清之际士大夫研究》，北京大学出版社，1999年。

林岗：《明清之际小说评点学之研究》，北京大学出版社，1999年。

周中明：《桐城派研究》，辽宁大学出版社，1999年。

孙琴安：《中国评点文学史》，上海社会科学出版社，1999年。

傅修延：《先秦叙事研究：关于中国叙事传统的形成》，东方出版社，
　　1999年。

左东岭：《王学与中晚明士人心态》，人民文学出版社，2000年。

启功、张中行、金克木：《说八股》，中华书局，2000年。

吴雁南主编《清代经学史通论》，云南大学出版社，2001年。

杨武泉：《四库全书总目辨误》，上海古籍出版社，2001年。

梁启超：《论中国学术思想变迁之大势》，上海古籍出版社，2001年。

许福吉：《义法与经世：方苞及其文学研究》，学林出版社，2001年。

谭帆：《中国小说评点研究》，华东师范大学出版社，2001年。

于立君、王安节：《中国诗文评点史研究》，时代文艺出版社，2001年。

张伯伟：《中国古代文学批评方法研究》，中华书局，2002 年。

章培恒编《中国文学评点研究论集》，上海古籍出版社，2002 年。

朱万曙：《明代戏曲评点研究》，安徽教育出版社，2002 年。

王昕：《话本小说的历史与叙事》，中华书局，2002 年。

谭君强：《叙事理论与审美文化》，中国社会科学出版社，2002 年。

朱一玄编《〈聊斋志异〉资料汇编》，南开大学出版社，2002 年。

王凯符：《八股文概说》，中华书局，2002 年。

杨怀志、潘忠荣主编《清代文坛盟主桐城派》，安徽人民出版社，2002 年。

邸永君：《清代翰林院制度》，社会科学文献出版社，2002 年。

赵建章：《桐城派文学思想研究》，北京图书馆出版社，2003 年。

陈平原：《中国小说叙事模式的转变》，北京大学出版社，2003 年。

〔美〕王靖宇：《中国早期叙事文研究》，上海古籍出版社，2003 年。

（清）刘师培：《清儒得失论》，中国人民大学出版社，2004 年。

刘世南：《清诗流派史》，人民文学出版社，2004 年。

（清）皮锡瑞著，周予同注释《经学历史》，中华书局，2004 年。

邓云乡：《清代八股文》，河北教育出版社，2004 年。

李树：《中国科举史话》，齐鲁书社，2004 年。

商衍鎏：《清代科举考试述录及有关著作》，百花文艺出版社，2004 年。

刘海峰、李兵：《中国科举史》，东方出版中心，2004 年。

段建军、李伟：《写作思维学导论》，中国社会科学出版社，2004 年。

高小康：《中国古代叙事观念与意识形态》，北京大学出版社，2005 年。

张岱年：《中国哲学史方法论发凡》，中华书局，2005 年。

李世愉：《清代科举制度考辩》，沈阳出版社，2005 年。

刘海峰：《科举学导论》，华中师范大学出版社，2005 年。

熊礼汇：《中国古代散文艺术史论》，湖北人民出版社，2005 年。

周振甫：《周振甫讲古代文论》，江苏教育出版社，2005 年。

周振甫：《周振甫讲修辞》，江苏教育出版社，2005 年。

黄强：《八股文与明清文学论稿》，上海古籍出版社，2005 年。

龚笃清：《明代八股文史探》，湖南人民出版社，2005 年。

黄卓越：《明中后期文学思想研究》，北京大学出版社，2005 年。

张少康：《中国文学理论批评史》，北京大学出版社，2005 年。

梁启超：《清代学术概论》，上海古籍出版社，2005 年。

卢子震：《理学基本理论概说》，河北教育出版社，2005 年。

刘继保：《红楼梦评点研究》，北京图书馆出版社，2005 年。

耿占春：《叙事与抒情》，中国社会科学出版社，2005 年。

翁绍军：《中国学术思潮史》，上海社会科学院出版社，2006 年。

刘大杰：《中国文学发展史》，复旦大学出版社，2006 年。

钟锡南：《金圣叹文学批评理论研究》，上海古籍出版社，2006 年。

龚笃清：《八股文鉴赏》，岳麓书社，2006 年。

周振甫：《中国修辞学史》，江苏教育出版社，2006 年。

黄霖主编《20 世纪中国古代文学研究史，散文卷》，东方出版中心，
　　2006 年。

胡奇光：《中国文祸史》，上海人民出版社，2006 年。

张世君：《明清小说评点叙事概念研究》，中国社会科学出版社，2007 年。

王日根：《中国科举考试与社会影响》，岳麓书社，2007 年。

夏丏尊、刘薰宇：《文章作法》，中华书局，2007 年。

朱行能：《写作思维学》，人民出版社，2007 年。

（清）顾炎武撰，陈垣校注《日知录校注》，安徽大学出版社，2007 年。

周作人：《中国新文学的源流》，江苏文艺出版社，2007 年。

王运熙、顾易生主编《中国文学批评史新编》，复旦大学出版社，2007 年。

吴士余：《中国古典小说的文学叙事》，上海古籍出版社，2007 年。

丁建新：《叙事的批评话语分析：社会符号学模式》，重庆大学出版社，
　　2007 年。

董上德：《古代戏曲小说叙事研究》，广东高等教育出版社，2007 年。

王鸿生：《叙事与中国经验》，同济大学出版社，2008 年。

（唐）刘知幾撰，（清）浦起龙通释，吕思勉评《史通》，上海古籍出版
　　社，2008 年。

龚鹏程：《六经皆文：经学史／文学史》，学生书局，2008 年。

（清）章学诚撰，吕思勉评《文史通义》，上海古籍出版社，2008 年。

徐世昌等编纂，沈芝盈、梁运华点校《清儒学案》，中华书局，2008 年。

张思齐整理《八股文总论八种》，武汉大学出版社，2009 年。

刘海峰编《二十世纪科举研究论文汇编》，武汉大学出版社，2009 年。

（清）方苞编，王同舟、李澜校注《钦定四书文校注》，武汉大学出版社，
　　2009 年。

吴子林：《经典再生产：金圣叹小说评点的文化透视》，北京大学出版社，
　　2009 年。

吴伟凡：《明清制艺今说："八股文"的现代阐释》，学苑出版社，2009 年。

黄霖：《中国古代小说叙事三维论》，上海书店出版社，2009 年。

杨义：《中国叙事学》，人民出版社，2009 年。

赖玉芹：《博学鸿儒与清初学术转变》，中国社会科学出版社，2010 年。

朱维铮编校《周予同经学史论著选集》，上海人民出版社，1996 年。

左东岭：《李贽与晚明文学思想》，人民文学出版社，2010 年。

赵基耀、李旭等编著《清代八股文译注》，上海古籍出版社，2011 年。

吴家荣、江守义、钱奇佳：《中西叙事精神之比较》，安徽大学出版社，
　　2011 年。

冀运鲁：《聊斋志异：叙事艺术之渊源研究》，黄山书社，2011 年。

王炎平：《科举与士林风气》，东方出版社，2011 年。

赵炎秋：《明清近代叙事思想》，湖南师范大学出版社，2011 年。

钱穆：《中国近三百年学术史》，九州出版社，2011 年。

束有春：《理学古文史》，大象出版社，2011 年。

郭预衡：《中国散文史》，上海古籍出版社，2011 年。

陈来：《朱子书信编年考证》，生活·读书·新知三联书店，2007 年。

钱穆：《朱子学提纲》，生活·读书·新知三联书店，2014 年。

蔡方鹿：《朱熹经学与中国经学》，人民出版社，2004 年。

吴展良：《朱子研究书目新编1900—2002》，台湾大学出版中心，2004 年。

束景南：《朱熹年谱长编》，华东师范大学出版社，2001 年。

张品端主编《东亚朱子学新论》，厦门大学出版社，2012 年。

陈支平、叶明义主编《朱熹陈淳研究》，厦门大学出版社，2014 年。

尉利工：《朱子经典诠释思想研究》，中国社会科学出版社，2013 年。

郝永：《朱熹〈诗经〉解释学研究》，上海古籍出版社，2014 年。

檀作文：《朱熹诗经学研究》，学苑出版社，2003 年。

李永明：《朱熹〈楚辞集注〉研究》，上海古籍出版社，2015 年。

王玉琴：《朱子理学诗学研究》，南京大学出版社，2014 年。

方遥：《清初福建朱子学研究》，中国社会科学出版社，2016年。

潘立勇：《朱子理学美学》，东方出版社，1999年。

张健：《朱熹的文学批评》，台湾商务印书馆，1969年。

莫砺锋：《朱熹文学研究》，南京大学出版社，2000年。

吴长庚：《朱熹文学思想论》，黄山书社，1994年。

李士金：《朱熹文学思想述论》，中国文联出版社，2000年。

李士金：《朱熹文学思想研究》，人民文学出版社，2013年。

朱谦之：《日本的朱子学》，人民出版社，2000年。

姜广辉主编《中国经学思想史》（第三卷），中国社会科学出版社，2010年。

陈荣捷：《朱子新探索》，华东师范大学出版社，2007年。

田浩：《朱熹的思维世界》，陕西师范大学出版社，2002年。

许总：《宋明理学与中国文学》，百花洲文艺出版社，1999年。

王水照、朱刚主编《中国古代文章学的成立与展开——中国古代文章学论集》，复旦大学出版社，2011年。

王水照、侯体健主编《中国古代文章学的阐释与建构：中国古代文章学三集》，复旦大学出版社，2017年。

三 论文及其他

郭丹：《〈左传〉人物形象系列及其意义》，《福建师范大学学报》（哲学社会科学版）1991年第1期。

郭丹：《〈左传〉写人艺术综论》，《中国文学研究》1991年第4期。

郭丹：《史传文学与中国古代小说》，《明清小说研究》1997年第4期。

郭丹：《〈左传〉"言事相兼"的叙事特点》，《光明日报》2005年7月29日。

〔美〕王靖宇：《中国早期叙事作品的典范——〈左传〉》，《成都大学学报》1991年第1期。

吴承学：《评点之兴——文学评点的形成和南宋的诗文评点》，《文学评论》1995年第1期。

吴承学：《〈四库全书〉与评点之学》，《文学评论》2007年第1期。

吴承学：《从章句之学到文章之学》，《文学评论》2008年第5期。

吴承学：《中国文章学成立与古文之学的兴起》，《中国社会科学》2012年第12期。

蒋寅:《科举阴影中的明清文学生态》,《文学遗产》2004 年第 1 期。

祝尚书:《略论文章学研究的资源开发》,《文学遗产》2007 年第 2 期。

罗军凤:《文化和传统在"中国早期叙事文"中的迷失——对王靖宇〈左传〉研究的批评》,《中国文化研究》2006 年夏之卷。

罗军凤:《方苞的古文"义法"与科举世风》,《文学遗产》2008 年第 2 期。

罗军凤:《顾炎武与清初〈春秋〉经学》,《清史研究》2011 年第 1 期。

左东岭:《大文观与中国文论精神》,《文学遗产》2017 年第 1 期。

高明峰:《朱熹经学与文学关系探论》,《广西社会科学》2018 年第 10 期。

张健:《义理与词章之间:朱子的文章论》,《北京大学学报》(哲学社会科学版)2019 年第 3 期。

夏静:《〈文章正宗〉的文类意识》,《光明日报》2019 年 6 月 24 日。

李卫军:《〈左传〉评点研究》,博士学位论文,华东师范大学,2008 年。

赵维秋:《〈古文观止〉研究》,博士学位论文,首都师范大学,2009 年。

程玉佳:《金圣叹〈左传〉评点研究》,硕士学位论文,河北大学,2011 年。

顾明佳:《王源〈左传评〉研究》,硕士学位论文,安庆师范学院,2013 年。

卓莉:《林纾的〈左传〉选评本及其古文理论研究》,硕士学位论文,福建师范大学,2014 年。

张盼盼:《孙鑛〈左传〉评点研究》,硕士学位论文,河南大学,2014 年。

刘朋娜:《〈钟评左传〉研究》,硕士学位论文,河南大学,2014 年。

张烨:《王源〈左传评〉研究》,硕士学位论文,广西师范大学,2016 年。

何昶熠:《方苞〈左传义法举要〉〈史记评语〉"义法"研究》,硕士学位论文,陕西师范大学,2017 年。

马娟:《〈于埜左氏录〉评点研究》,硕士学位论文,华中师范大学,2017 年。

林静静:《魏禧〈左传经世钞〉研究》,硕士学位论文,河南大学,2017 年。

郑佳妮:《魏禧的〈左传〉文法评点研究》,硕士学位论文,西北大学,2018 年。

罗莉莉:《孙琮〈左传〉评点研究》,硕士学位论文,河南大学,2019 年。

金嫣然:《孙琮〈左传〉评点研究》,硕士学位论文,华中师范大学,2019 年。

Ronald Egan, "Narratives in Tso Chuan," *Harvard Journal of Asiatic Studies* 2 (1977).

Burton Waston, *The Tso Chuan*: *Selections from China' s Oldest Narrative History* (*New York*: *Columbia University Press*, 1989).

Stephen Durrant, "Smoothing Edges and Filling Gaps: Tso Chuan and 'General Reader'," *Journal of the American Oriental Society* 2 (1992).

后　记

本书是在我的博士学位论文基础上修订的。一路走来，凝聚了诸师、亲友太多的爱！硕士阶段主修的研究方向是元明清文学，博士阶段转到先秦文学的研究，深刻体会到自己为学基础的薄弱。感谢我的博士生导师郭丹教授，从论题的选定、写作、修改都得到了郭师一直的悉心指导；因初涉《左传》学研究，恩师郭丹教授本希望能对南宋后《左传》评点学进行整体研究，以更有益于《左传》学史；然因个人学力实在不足，故就《左绣》进行专书研究，权当作为学习《左传》学的一个开端。郭师用父爱的胸怀，包容了我作为一名学生诸多的不合格之处，让我从心底里更向往真正的学人境界！

感谢我的硕士生导师胡金望教授，胡师将我领进学术大门，让我明白什么是真正的学术精神，然却再也无法与他共话其乐。胡师不幸身患重病之时恰是我博士求学之始，在两年的反复化疗之中，真正陪在他身边的时间总是太少。2013 年 9 月 4 日，胡师不幸离世，让我真正感受到一位教导我成长的父亲从自己面前消逝的痛苦。胡师尝说现行环境下，读书人要与读书人在一起才是人间之大乐事，那音容笑貌历历在目。

特别感谢福建师范大学中国古代文学学科带头人陈庆元教授和王汉民教授，二师在胡师重病及办理丧事期间多方帮助、殷切慰问，也正因为有二师的教导与鼓励，才使我有了珍贵的博士求学经历。感谢福建师范大学博士生导师组齐裕焜教授、林继中教授、蒋松源教授、张善文教授、欧明俊教授、李小荣教授、涂秀虹教授等授课指导，感谢一路栽培的汤漳平老师、王春庭老师、肖庆伟老师、黄金明老师、施榆生老师、林大志老师、张则桐老师、王朝华老师、胡明贵老师、郑礼炬老师、陈良武老师等闽南师范大学教师，他们的学问人品皆让学生受益终身。同时感谢蔡如兴老师、魏丹婷老师、颜桂堤老师、林长飞老师、傅怡馨老师、程小青师姐、李彬源师兄、杜培响师姐、郭常斐师兄、郑丽霞师姐、黄元海同学、林晓玲同学、刘红旗同学、董国华同学、李志阳同学、任翔宇同学、鄢冬同学等师友各方面的照顾，感谢亲爱的家人一直以来的付出，感谢社会科学文献出版社责任编辑的辛苦工作。

感恩母校闽南师范大学的重新接纳，感恩闽南师范大学文学院黄金明老师、赵丽霞老师、陈练军老师、杨娟娟老师等党政领导的关怀。自2002年本科入学闽南师范大学以来，个人命运就与母校发展紧紧绑在了一起；母校正值全力推进博士点建设的热潮中，也正因母校的支持而有了本书的面世。此时离我博士毕业已五年有余，因2014年博士毕业后长时间在职业院校工作，没有接续学术事业；此次出版，本应将学界最新的相关研究成果搜全整理以重新创作，但因论文框架等原因，也没能对博士论文进行实质性修改；诸多学术成果未及征引及深化，深感愧疚，在此也深表歉意。本书既作为博士求学阶段的一个留念，更作为接续《左传》评点学及《左传》学史研究的一个新开始，它将鞭策我继续求学之路，以不负诸师、亲友一直的宽容与厚爱。

庄 丹

2020年2月于闽南师范大学

图书在版编目（CIP）数据

《左绣》与《左传》评点研究 / 庄丹著. -- 北京：
社会科学文献出版社，2021.2
ISBN 978 - 7 - 5201 - 7833 - 4

Ⅰ.①左… Ⅱ.①庄… Ⅲ.①中国历史 - 春秋时代 -
编年体②《左传》- 研究 Ⅳ.①K225.04

中国版本图书馆 CIP 数据核字（2021）第 022030 号

《左绣》与《左传》评点研究

著　　者 / 庄　丹

出 版 人 / 王利民
责任编辑 / 李建廷

出　　版 / 社会科学文献出版社
　　　　　地址：北京市北三环中路甲 29 号院华龙大厦　邮编：100029
　　　　　网址：www.ssap.com.cn
发　　行 / 市场营销中心（010）59367081　59367083
印　　装 / 三河市尚艺印装有限公司

规　　格 / 开　本：787mm×1092mm　1/16
　　　　　印　张：14.75　字　数：240 千字
版　　次 / 2021 年 2 月第 1 版　2021 年 2 月第 1 次印刷
书　　号 / ISBN 978 - 7 - 5201 - 7833 - 4
定　　价 / 98.00 元